臺灣歷史與文化研究輯刊

二 編

第 25 冊

澎湖古典詩研究（中）

陳 慦 汎 著

花木蘭文化出版社

國家圖書館出版品預行編目資料

澎湖古典詩研究（中）／陳慊汎 著 — 初版 — 新北市：花木
蘭文化出版社，2013〔民 102〕
目 4+204 面；19×26 公分
（臺灣歷史與文化研究輯刊 二編：第 25 冊）
ISBN：978-986-322-249-1（精裝）
1. 臺灣詩　2. 詩評
733.08　　　　　　　　　　　　　　　　　　102002856

ISBN-978-986-322-249-1

9 789863 222491

臺灣歷史與文化研究輯刊
二 編 第二五冊　　　　　　ISBN：978-986-322-249-1

澎湖古典詩研究（中）

作　　者　陳慊汎
總 編 輯　杜潔祥
出　　版　花木蘭文化出版社
發 行 所　花木蘭文化出版社
發 行 人　高小娟
聯絡地址　235 新北市中和區中安街七二號十三樓
　　　　　電話：02-2923-1455／傳眞：02-2923-1452
網　　址　http://www.huamulan.tw 信箱 sut81518@gmail.com
印　　刷　普羅文化出版廣告事業
初　　版　2013 年 3 月
定　　價　二編 28 冊（精裝）新臺幣 56,000 元

澎湖古典詩研究(中)

陳慤汎　著

目

次

第三章　日治時期（上）

　　當代臺灣文學研究學者柳書琴，將日治時期的臺灣文人分爲「祖代」和「父代」。「祖代」：指出生於清末文藝活動氣氛空前繁盛的 1860～1888 年間，享有相當時期的儒學教育經驗，其中年長者多具有科考經驗；「父代」：則是指在中法戰爭（1883～1885）結束後，劉銘傳推動臺灣第一波現代化工程（1886～1893）的歷史變動期之中出生的世代，有的幼年遭遇政權替換，有的在割臺之後出生，在教育方面僅存儒學教育日益單薄化下的書房教育經驗，詩社爲他們補充漢學教養的輔助場所，漢學教養之深度廣度遠不如前代。〔註1〕若以此來觀察日治時期澎湖文人，發現相同的軌跡運行者。陳梅峯、陳錫如、林介仁、吳爾聰是「祖代」代表；盧耀廷是「父代」代表；而吳爾聰是介於「祖代」與「父代」的重要橋梁，他承襲前期「祖代」的教養，在日治後期引領著「父代」，並前進到戰後的重要人物。更值得一提的是，在父權體制下崛起的女史蔡旨禪，是日治時代臺灣新女性的代表。以下就這幾位影響澎湖當地漢詩較著者，按出生先後論述。

第一節　扶鸞詩人——林介仁（1854～1933）

　　林介仁生平在「背景論」已敘述，此不再贅述。值得一提的是，林介仁早在大正七年（1918）到十年（1921）就在高雄市鹽埕區設帳教學，比陳梅

〔註1〕　參考柳書琴〈「新東亞」共同體的歧義演繹：以戰爭期臺灣漢文文藝誌《風月報》、《南方》爲例〉一文（行政院國家科學委員會專題研究計畫成果報告，執行期間：93 年 8 月 1 日至 94 年 7 月 31 日）。

峯、陳錫如更早前往外地傳播漢詩。高雄人今知陳梅峯、陳錫如，而不知林
介仁實爲前鋒。林介仁名聲未若陳梅峯、陳錫如響亮，筆者認爲是因爲二陳
結集弟子在高雄組第一個詩社，定期擊缽課題，並向全島徵詩，積極參與全
島漢詩活動，而林介仁並無此背景之故。林介仁一生除因乙未割臺，當年攜
眷離開澎湖到福建居住數年；大正元年（1912）至三年（1914），曾往廈門，
上海等處遊歷；以及在高雄市鹽埕區設帳三年外，多數時間均在澎湖設帳與
護持一新社活動。林介仁聯對中有關時事記載，是日治時代珍貴史料。昭和
元年（1926），林介仁籌組高雄澎湖廳民會，供同鄉人初到高雄得有歇腳處，
團結鄉親力量，互相照顧。林介仁爲此撰寫序言，〔註2〕也寫了一副對聯，云：
「澎島旅人藉茲聚會舟車同敦友誼，湖海賢士得此停留鞍馬暫寄萍蹤」，林介
仁爲鄉爲民服務的熱忱，讓人景仰。

　　據《西瀛吟社詩穗百年度專輯》〔註3〕記載，林介仁自明治四十四年到昭
和八年（1911～1933），擔任西瀛吟社社長二十二年，對澎湖漢詩發展，絕對
有相當的影響。可惜其詩作多散佚，今幸尚存手稿本《林介仁聯對》一本，
略可窺見其文字風貌。遺留對聯中有一副描繪自己苦吟作詩的情形，云：「夜
雨催詩不見，片雲頭上黑；春風放膽可憐，細柳眼中青」，文字清雅，頗富
詩韻。

　　《林介仁聯對》〔註4〕手稿本存世，有多方的價值。除聯對內容透露的訊
息外，林介仁在聯對之前也都清楚的交待寫此聯對的來由，從中得以窺得
許多文學資訊，可增補澎湖文學史，以及方志史料之不足。下就聯對交織
的文人網絡、記錄文學活動、日治初期澎民去留的縮影、宮廟楹聯等諸特
點探討。

一、聯對交織的文人網絡

　　聯對中有許多是林介仁以友朋名字、書軒鑲嵌成對聯，或慶賀、弔唁，
從這些名字中可建構他的交友網絡。林介仁分別替陳梅峯、陳鑒堂、吳爾聰、
康吟都等作對聯，云：

〔註2〕　參考蔡立平：《澎湖通史》（臺北：眾文圖書公司，1979 年），頁 706。
〔註3〕　參考澎湖縣西瀛吟社主編：《西瀛吟社詩穗百年度專輯》（澎湖縣：澎湖縣西
　　　　瀛吟社出版，2005 年），頁 60。
〔註4〕　下所引聯對皆出自《林介仁聯對》手稿本，未避免繁瑣，不再註明出處。另
　　　　所引之作的標點符號爲筆者所加。

梅品竹心清虛第一，峰形石質奇古無雙。

鑒朗衡平文章定價，堂升室入美富竝觀。

爾室不致於人何愧，聰能過四隅知反三。

吟詩興到開心日，都邑聲聞灌耳雷。

內容皆稱揚諸友及晚輩，文學表現卓越，這幾位都是當時澎湖重要的詩人。林介仁還有一聯爲陳桂屏書軒而寫，小序云：「爲本處沙港鄉陳桂屏作釀花軒對」對聯云：

釀爲酉襄甲帳酉山襄琴甚樂，花合艸化苔痕草色化雨春風。

此聯運用中國字特有的結構，將陳桂屏的書軒名，拆字爲聯。足見文人雅好爲書軒命名，藉此傳達自己的品味與期許。陳梅峯就將自己的書軒命名爲「杏園」，陳錫如命名爲「留鴻軒書房」。林介仁在廈門馬巷廳時，也曾爲魏世臣「薰陶軒」作對聯，〔註5〕云：

薰草盈庭，名花滿室，消遙半世；陶公愛菊，周子好蓮，炳耀千秋。

薰風來琴榻，明月照書樓，仰昔賢一曲，鳴琴三餘，讀書留意，琴
書無曠日；陶業羨富豪，崔官炎貴勢，望吾輩文章，作富天爵，爲
貴念情，富貴若浮雲。

足見澎湖與廈門聲氣相通。自古澎廈往來密切，澎湖祖先多自廈門來，廈門是清時將文化輸出澎湖的重要港口。如前所介紹的一新社扶鸞，也是澎士前往大陸赴試，途中所見而引回澎湖的。

對聯中所舉昔時賢人陶淵明和周濂溪，都是品德高雅，淡泊名利的人，林介仁期勉薰陶軒主人能如陶公、周子，何嘗不也是自我期許。林介仁更殷切期勉「我輩」讀書人，要將文章「作富天爵，爲貴念情」，將「富貴」視「若浮雲」的高尚情操，處處顯現剛正不阿的性情。第二副對聯長達五十六個字，如同一首律詩，而對聯需考慮上下聯平仄相對，詞性相應，比律詩更加費心。此聯句式多變化，聲情合一，可見其功力。

另外，從輓聯中也可以看出林介仁往來之人，如題「爲一新社諸同人輓郭鑑清聯」，云：

知非五載謝紅塵，堂上反添慈母淚；行善十年登紫府，社中共哭故
人喪。

此聯是郭鑑清逝世，林介仁爲一新社同人所作的對聯。林介仁也以自己名義

─────────────

〔註5〕　對聯小序云：「爲馬巷魏世臣作薰陶軒聯對」。

作一對聯，題「輓友聯文」，云：「所讓功名，所爭氣節，爲卅六島除苛救弊；或重泰山，或輕鴻羽，享五十年，雖死猶生。」輓聯對友人郭鑑清生前做爲深表敬仰。雖僅得年五十，但是一生棄功名，爭氣節，爲澎湖除苛救弊，讓人掛念難忘，故雖死猶生。除此，也看到林介仁對生命價值的定義：生命不在長短，不在功名，而在人格高尚與否。

二、記錄文學活動

在林介仁二副楹聯中，喜獲一則後人遺漏的訊息，就是他與七位文友結一「梅社」。聯云：

梅號聖李祿仙古名儒超凡俗輩，社結朋樓造鳳眞氣誼會大文章。（之一）

梅子黃時爐火青候願我輩功夫到此，社結白蓮園名金谷仰昔人興會如斯。（之二）

小序云：「辛巳年八人結一槑社會文楹聯二對」，林介仁生於 1854 甲寅年，卒於 1933 癸酉年，故「辛巳」當指光緒七年（1881）的辛巳。林介仁與友人結「槑社」，以文會友，互相切磋琢磨，以古名儒自許，期盼彼此文章都能達到爐火純青的境界。日治時期，澎湖文人精進的一面，足爲後人楷模。林介仁還有一聯「天爵會社聯對」，云：

天風凜烈，海浪奔騰，誰覺回頭是岸；

爵位顯榮，家財豐富，那知轉眼成空。

「天爵會社」於何年成立？不知。但光憑文字，可以看到一群不爲名位，不慕榮華富貴，苦口婆心勸戒世人的修行者身影。

三、日治初期澎民去留的縮影

聯集中有二聯，記錄著乙未割臺，林介仁在小春時節，攜眷前往福建龍溪縣烏嶼，以及福建廈門同安馬巷山頭鄉。聯云：「烏蒙推愛鳩喜藉居邀來燕友三家遊亂待清聊棲新土，嶼島縈迴岡巒體勢看偏龍溪一帶鍾靈毓秀無過此鄉」聯對小序：「乙未小春，遊亂挈眷到烏嶼，寄寓吳家閑室，就烏嶼冠首聯對」得知林介仁光緒二十一年（1895）因乙未中日戰役，小春攜眷避難福建龍溪縣烏嶼，寄居在吳家（就目前資料不知吳家是指誰）。另一聯序云：「借銅山媽祖舘作書軒，將銅山冠首對聯」，聯對云：「銅鐘催詩就，山屏入畫工」。知林介仁曾借用福建南部銅山媽祖舘做爲書軒。另一聯小序云：「丙申年，彰

玉洲鄉結彩樓，諸董乃囑友託作對聯。乙未小春，石美、海滄兩鄉已先結完」
丙申是光緒二十二年（1896），證明林介仁日治初期不願受日人統治，避亂寄
居廈門；並看到林介仁漢學素養深受肯定，連寄居廈門，石美、海滄、玉洲
各鄉結彩樓，均紛紛請林介仁爲他們作對聯。聯云：

> 元夕則蠟炬輝煌，中秋則蟬光朗耀，觀新樓美麗百人，倘適逢二節
> 之間，備覺流珠屑玉。

> 海滄曾良工構結，石美曾巧匠舖張，觀此夜光革無敵，更超出兩鄉
> 之外，何殊仙界瀛洲。

記錄了廈門各鄉，在元夕到中秋結彩樓，火樹銀花，熱鬧無比的風情。丙午明
治三十九年（1906），賦有「丙午年在馬巷下山頭鄉柏葉堂祠堂啓舘聯」，云：

> 山間明月，江上清風，名學士灑落襟懷，千秋共仰；
> 頭願樑懸，股甘錐刺，苦心人棲遲道藝，一節□師。

從此聯可斷明治三十九年（1906），林介仁人在福建同安馬巷下山頭鄉，並借
柏葉堂祠堂設舘講學。這些對聯記錄了他乙未割臺渡廈，這一段日子的生活
影像。

四、宮廟楹聯

澎湖多廟宇，廟柱、大門常是澎湖文人揮灑的空間之一，林介仁也有許
多副是爲宮廟所作的楹聯。「水仙宮楹聯」，云：

> 水土治平，民居得所，屈指四千年，豐功盛烈魁三代；
> 仙班萃處，神道尊崇，虔心二百載，瀛海商郊祀五王。

此聯可見澎湖民間信仰。楹聯上聯寫水仙尊王的源頭歷史，是來自夏禹治水
有功；下聯寫澎湖水仙宮的歷史。清康熙三十六年（1697），按察使郁永河乘
船巡視臺灣，不料在海上遭遇颶風，船隻受損，幸好以「划水仙」平安抵達
澎湖。郁永河有感水仙尊王的庇佑，隨後命令當時的澎湖游擊薛奎興建水仙
宮加以祭祀，成爲當時媽宮地區漁民另一處信仰中心。澎湖水仙宮供奉大禹、
屈原、王勃、伍員、李白五位水仙尊王。

還有一聯題「福德正神」，云：「福祿來臨由善果，德心克廣本嫭修。」、
「福臻祥降家家願，德大功宏處處歌。」歌頌福德正神，護佑人間。另有一
聯寫澎湖官民費資修建大廟的情形，云：

> 聖神昭赫濯，上下官民，倡捐踴躍，慳囊破費煥雍宮，咸欽祀典千

秋奉：后德徧瀛壖，東西僑客，采取殷勤，大木運來成巨室，奚用
工師一旦求。

此聯未註小序，就對聯首字「聖、后」觀之，應是寫修建天后宮之事。此類
楹聯，反映澎湖的民間信仰。

日治時期，澎湖文人風行聯對的書寫，有為宮廟、祠堂撰楹聯，有為居
室、商號撰對聯，有為友人名字，或道賀遷居、結婚等等撰寫對聯，不僅林
介仁有此創作，陳錫如、吳爾聰、盧耀廷等都有不少聯對傳世。此風蓋與日
治時期詩社盛行詩鐘創作有關，對聯與詩鐘體制相似，最大不同是詩鐘限時
限韻而作；而對聯的創作，則更貼近百姓生活面，值得研究。

昭和二十二年（1933），林介仁去世，各界輓詩頗夥。陳文石有〈輓林介
仁先生〉長詩一首，云：「皓首一先生。經書通學府。天未喪斯文。風騷幸有
主。善誘稱循循。教人以規矩。春風絳帳生。海濱盛鄒魯。先生年少時。下
帷自攻苦。弱冠弄柔翰。生員弟子補。滄海忽栽桑。遂鍛冲霄羽。吾道豈終
窮。潔身重自處。甘旨奉慈幃。萊衣時戲舞。剛直志不阿。氣節獨高樹。恤
困與救災。肯常行義舉。宣講聖諭勤。彰善發聾瞽。清談寓談諧。東方曼倩
侶。妙趣解人頤。燈前射文虎。強記古人言。時對後生語。已逾古稀齡。弄
孫期踵武。大限似前知。開筵設酒脯。親故相會談。告歸清淨土。嗚呼明達
人。塵事敢逆觀。名教永維持。一世相仰俯。遺稿有兒編。嘉言人爭取。音
容雖渺然。高風足千古。」〔註6〕可為其一生最佳註腳。從此詩「遺稿有兒編」
句，知林介仁先生有詩文集傳世，可惜未見，今只見「對聯」之作。林介仁
哲嗣林祖盼也作二詩，表達對父親的哀思，云：

一生品德兩堪欽，如此嚴君亦罕尋。附勢求榮非素志，固窮持節守
青衿。消磨歲月謀公益，振起文風培士林。為悟真銓塵網脫，掀髯
紫府覓知音。（之一）

纔祝年華過古稀，那知一疾道山歸。酬思謾說披萊服，侍膳何從舞
綵衣。眼淚汍汍春雨濕，精魂杳杳暮煙飛。靈前兒女聲聲哭，萬綠
千紅慘不肥。〔註7〕（之二）

〔註6〕 參見陳文石《漱齋詩草》，頁63。從此詩「遺稿有兒編」句知林介仁先生應有
詩文集傳世，可惜未見，今只見「對聯」之作。

〔註7〕 二律收於莊東撰述：《澎湖縣志・人化志》（馬公：澎湖縣文獻委員會，1997
年再版），頁156。

所寫印證林介仁輓郭鑑清對聯時所傳達的價值觀——不趨炎附勢，不求榮華富貴，一生謀公益，振起文風，培育士林。林介仁也有一副八十自述的對聯，云：

> 人生宜看淡，念氏八十年，甘苦備嘗，歷盡許多景況。
>
> 造化實難移，近今廿餘載，窮通俱見，何期有此兒孫。

說明自己一生甘和苦，窮困和通達都嘗過，最後他體認造化早定，是很難去改變的，故云「人生宜看淡」，榮辱別太在意。「造化實難移」，有些宿命的味道，但林介仁可沒因此而消極沮喪，還是積極的從事公益活動，並從起起伏伏的人生中，看破凡事不宜著的體悟，生命更加通透。

第二節　一代儒師——陳梅峯（1858～1937）

一、生平傳略

陳梅峯，名精華，清咸豐八年（1858），生於湖西鄉沙港村。光緒八年（1882）生員，昭和十二年（1937）卒，享壽八十。陳梅峯精通經史，尤善詩文。協助金門舉人林豪纂修《澎湖廳志》，擔任採訪分校的工作。在故鄉沙港開設「杏園堂」私塾數十年。光緒二十一年（1895）清廷割讓臺澎後，曾前往鷺江（廈門），居住一段時間。〔註8〕回澎湖後，與諸友成立澎湖第一個

〔註8〕陳梅峯待在鷺江的時間不確定。按：明治三十一年（1898）春，日本名士山田善太郎（號天籟子）遊澎擬返北，當時澎湖廳長富田楨二郎、澎湖廳參事謝贊及島上詩人賦有送山田善太郎詩作。當年《臺灣新報》四月二日亦刊有陳梅峯〈奉送山田天籟先生之臺北〉詩，足見明治三十一年（1898）春，陳梅峯人還在澎湖。又明治三十八年（1905）十月三十一日，《臺灣日日新報》編輯黃植亭在所撰〈拾碎錦囊〉中云：「陳茂才梅峰，澎湖人，以滄桑故，僑寓鷺江。一夕旅況無聊，支頤悶坐。適友人吳輝岩見訪。吳君興化人，喜翰墨，為都閫薰識，寄跡是島。相與談心，不覺有同是天涯淪落人之感。……」就此判斷或在明治三十八年（1905）十月以前，陳梅峯仍待鷺江。又明治三十八年（1905）十月，臺灣總督府民政部職員舘森鴻、臺灣日日新報社長木下新三郎、羅秀惠共同發起徵詩，以唱和久任民政長官的後藤新平所作〈鳥松閣偶題〉七絕二首。時日僑及臺人和詩七百多人，之後尾崎秀真輯為《鳥松閣唱和集》，於明治三十九年（1906）十二月刊行，集中有陳梅峯和韻詩，推斷陳梅峯明治三十八年（1905）十月或已回到臺灣，才有此和詩，並停留在臺灣本島旅遊，才有明治三十九年（1906）一月三十日《臺灣日日新報》的〈遊劍潭〉詩作，明治四十年（1907）一月二十日的〈謁五妃廟〉。明治三十一年（1898）到明治三十八年（1905）間，報章未見陳梅峯訊息，推斷這

詩社「西瀛吟社」，昭和八年（1933）至昭和十二年（1937）擔任西瀛吟社社長，〔註9〕以傳播漢學爲職志。

　　大正十年（1921），高雄旗後各界青年團，包含畢業醫師及州、郡役場、商會及銀行各界菁英，託陳清泉爲紹介，聘請素以漢學維持爲己任的陳梅峯、陳錫如，到處講學。六月在高雄杏園別墅樓上啓館，教授詩文，每夜出席者甚多，並組織「旗津吟社」，按期徵詩。開始不久，因逢陳錫如遊滬，故陳梅峯獨擔大梁。大正十一年（1922），陳梅峯因榮陞湖西庄長，不能兼顧，則由陳錫如專任。〔註10〕

　　陳梅峯擔任青年團夜學講師，培養人才無數，可謂桃李滿天下。門下成就亦斐然，弟子陳春亭大正五年（1916）渡廈門，創設「廈門中學」；〔註11〕陳春林於大正十三年（1924）於高雄創設「萍香吟社」，後又接掌「雄州吟社」；〔註12〕陳月樵在屏東、東港、朴子、旗山等地設館授徒；〔註13〕陳春鵬在潮州授課；曾學行二十六歲遊學日本，歸臺從事教職，後入商會；〔註14〕楊爾材大正年間在嘉義朴子創設「朴雅吟社」；吳爾聰從昭和十二年（1937）四月接掌其師陳梅峯西瀛吟社社長之職，至民國四十五年十一月過世止，長達十九年半之久，又輔導當地子弟成立小瀛吟社；〔註15〕陳鑑堂、陳月嬌、陳春鵬、陳瑾堂、歐炯菴、陳家駒，以至臺灣本島陳皆興、王天賞等人，皆其門下高足，可謂枝繁葉茂，實爲澎湖一代儒師。

　　　一段時間陳梅峯應是居住在鷺江。故《澎湖縣志‧人物志》稱陳梅峯先生明治三十六年（1903）任澎湖廳參事，值得商榷。又「明治四十年（1907）五月現在」的《臺灣總督府職員錄》確切載有澎湖廳參事蔡汝璧、鄭馨秋、陳梅峯三人。

〔註9〕　參考澎湖縣西瀛吟社主編：《西瀛吟社詩穗百年度專輯》（澎湖縣：澎湖縣西瀛吟社出版，2005年），頁60。

〔註10〕參考《臺灣日日新報》大正十年（1921）六月二十六日，和《臺南新報》大正十一年（1922）七月二十九日報導。

〔註11〕參見《高雄市詩人聯誼會十週年紀念詩集》，頁373。

〔註12〕參見《高雄市詩人聯誼會十週年紀念詩集》，頁370；胡巨川：《民初以來高雄市的詩社概況》，頁4。

〔註13〕參見《高雄市詩人聯誼會十週年紀念詩集》，頁379；《高雄市古典詩集目初錄》，頁63。

〔註14〕參見《高雄市詩人聯誼會十週年紀念詩集》，頁220；《高雄市古典詩集目初錄》，頁72。

〔註15〕參見賴子清：〈古今臺灣詩文社（二）〉（《臺灣文獻》第10卷第3期，1959年9月），頁84。

　　明治三十三年（1900）獲頒紳章，曾任澎湖廳參事。《臺灣列紳傳》稱其：
「爲人英敏豁達，義理明晰；精通經史，旁能詩文。曾放浪閩粵，到處講書
授徒，受教者約一萬二千……家塾頗盛。澎瀛吟社，君實執其牛耳云……」
梅峯先生培育不少人才，受教者約一萬二千，日本佔領臺灣之後，認爲全臺
學者有六位，陳梅峯爲其中之一，見學問深厚。〔註16〕

　　大正十一年（1922）擔任湖西庄役場庄長，昭和七年（1932）因年老退
職。在職十年，對地方興革事宜頗有貢獻。昭和八年（1933）與學生吳爾聰
發起重刊《澎湖廳誌》，以保存地方文獻。常參與臺灣詩壇活動，晚年兼任臺
灣日日新報社通訊記者。吳爾聰〈陳棨峯先生略傳〉一文中云：

> 陳棨峰先生台澎之名士也，少攻苦好學，及冠補第子員，地方滄桑，
> 後進取途絕，日與詩友林价仁、陳錫如等唱和消遣諸居，以樂得英
> 才教育爲懷。遇子弟可以栽培者，家貧不能脩束脩亦攸容而教之。
> 後進受其栽成，得爲塾師者數過半百，桃李盈門齊沾化雨。〔註17〕

《澎湖縣誌・人物志》亦載：

> 其教學方法，採啓發主義，因材施教，循循善誘，不遺餘力，且對
> 於貧寒學子，均不計束脩。

由於陳梅峯秉著有教無類的精神，對於貧寒學子均不計束脩，門生爲感謝他
的作育之恩，在大正十四年（1925），集資建贈一「恩師樓」於沙港住宅旁，
做爲先生飴養讀書之所。〔註18〕發起人陳文石有一文記載此事，全文錄於下
（標點符號爲筆者所加）：

> 竊維飲水者必思其源，知恩者必報其本。梧檟成材，專藉場師之養；
> 太璞成器，敢忘玉人之功？我等莩菲庸材，碔砆頑石，幸逢我　恩
> 師梅峰夫子，挾邊韶之經笥，授范質之鉢衣，善誘循循，悔人不倦。
> 鏡不嫌于屢照，鐸何厭夫頻鳴。費光陰過四十載，成達材已千百人。

〔註16〕參見澎湖縣政府編：《西瀛鴻儒特展解說資料》（馬公：澎湖縣政府，2010
　　　　年3月27日），頁12～13。

〔註17〕參見吳爾聰先生遺稿。

〔註18〕陳文石所著〈募建恩師堂啓〉一文，於文末書上「中華民國十四年　月　日
　　　　發起人謹啓」由此簡短的十四字中，我們看到了三個訊息，一是提建恩師堂
　　　　的發起人是陳文石；二是發起時間爲民國十四年，三是當時是日治時期，而
　　　　其文末所標日期卻以中華民國註記，可見其濃厚之民族意識。此文見於吳爾
　　　　聰先生所遺文稿。此外，從吳爾聰所著〈恩師樓敍〉一文中得知恩師樓落成
　　　　年代亦爲民國十四年。

是誠朽木能彫，堪稱良工手妙。燕石化玉，共推工師功也。第以受
恩不思報復，難免得魚忘筌貽譏，感德無敢或忘，願效小雀啣環微
意，爰邀同志謀建恩師之堂，聊供吾師藉充頤養之所。然而，需費
孔多，成裘必待于集腋，眾擎易舉，黽勉還冀夫同心。乞傾向義之
囊，得盼成功之日。蟻慕舒誠，謀事雖出自吾輩；鴻恩圖報，成事
全賴諸同人。

      中華民國十四年　　月　　日　　　　　　　　發起人謹啓〔註19〕

楊爾材也作了一首詩記錄此事，詩云：「東漸歐化道凌夷，欲報師恩更有誰，
難得龍門高弟子，為營鹿洞記箴規。升堂桃李爭妍笑，入室芝蘭馥郁宜，此
日欣成輪奐美，愧無佳句當傾葵。」陳文石也有詩云：「桃李敷陰好，栽培力
在茲。小樓同結構，教澤感吾師。」弟子紛紛賦詩撰文，感謝恩師的培育。

二、詩作析論

    陳梅峯是清末和日治時期，澎湖屬一屬二的文學家，可惜其著作未見集
刊，散見各處。筆者訪其子嗣陳其琛先生，告知其父有詩文手稿，被人借閱，
未再歸還，今不知在何處？甚憾！今詩作從《覺悟選新》，林欽賜《瀛洲詩集》，
館森鴻、尾崎秀眞《鳥松閣唱和集》，鷹取田一郎《壽星集》，曾笑雲《東寧
擊缽吟集》，連橫《臺灣詩薈》、《臺灣詩鈔》，賴子清《臺灣詩海》、《臺海詩
珠》，許成章《高雄市古今詩詞選》，《臺灣日日新報》等輯錄，〔註20〕存留者
多為日治時代所作，僅一首是清時所作，收於《覺悟選新》。下就目前所見，
探討其創作旨趣。

（一）時事抒懷

    《臺灣詩海・武備門》收有陳梅峯〈佛蘭西攻澎〉一詩，云：

    酒酣談往事，慷慨輒低昂；只此一丸地，曾為百戰場。荷蘭曾抒虎，
    鄭氏亦亡羊；佛寇頻窺此，南洋險北洋。〔註21〕

〔註19〕見於吳爾聰先生所遺文稿。

〔註20〕關於陳梅峯文章，散見於當時期刊報紙等的刊載，如《崇文社文集》、《臺灣
　　　　日日新報》；吳爾聰詩文聯集遺稿中有兩篇文章，〈澎湖海防戰守論〉及〈壬
　　　　申勒題詩集序〉；莊東《澎湖縣誌・文化志》收有其文三篇，分別為〈壬申勒
　　　　題詩集序〉、〈驅疫鬼檄〉、〈徒取諸彼以與此然且仁者不為〉；《高雄苓洲吟社
　　　　徵詩初集・序》一篇。今學者胡巨川從《臺灣日日新報》、《詩報》等，輯出
　　　　不少陳梅峯詩作。

〔註21〕參見賴子清編：《臺灣詩海》，頁114。

此詩首聯藉由酒酣談論往事起，寫到澎湖區區一丸地，卻爲百戰場，心中不免慷慨激昂。頸聯回溯歷史，寫荷蘭、鄭成功、都曾涉足此地，傳達澎湖歷來被兵家視爲必爭之地，卻因此戰火頻仍，百姓生活屢屢受擾的無奈，現在法國也頻頻窺探此地。法軍佔領澎湖的舉動始於光緒十一年（1885）三月，法軍派出步兵一大隊、砲兵一分隊，分乘六艘戰艦，一艘運輸艦，兵員總數九百人，攻打澎湖，到六月法軍才離開。澎湖駐軍爲了抵禦法軍而召募勇丁造成民不聊生，加以添募潮勇兩營，百姓負擔更重。陳梅峯以一在地人的角色，又身歷其事，感受特別深刻，心中不由得悲憤的稱佛蘭西（法國）爲「佛寇」。

另有一詩〈次莊櫻癡君見贈瑤韻〉：「薛騰爭長隱憂深，忍看泯梦付陸沈；家國興亡知負責，何時止武得安心？」〔註22〕反映陳梅峯對於日本與中國日漸緊張的氣氛，表示要求東西和平須謀日華親善的觀點，此觀點深受日本大東亞主義的影響。

昭和六年（1931）日本發動九一八事變，強佔中國東三省，次年又再上海發動一二八事變，但是日本對臺灣殖民地放送的理由是爲大東亞和平而戰。柳書琴在〈「新東亞」共同體的歧義演繹：以戰爭期臺灣漢文文藝誌《風月報》、《南方》爲例〉一文，深入探討日本人對臺灣殖民地與在中國佔領區的廣大漢文文化圈做「東亞主義」思想的洗腦，使得當時《風月報》、《南方》一再出現殖民主義話語，如同文同種、漢文雄飛、新東亞、（大）東亞共榮、東亞和平、日滿華融合、大陸進出、南方進出、文化興亞、八紘一宇、皇民、皇國、大和魂、大和民、協力、獻身、現代、新時代、建設、興亞、青年……。其中1940年代南方汪政權的「和平運動」宣傳，尤其直接地影響到《風月報》、《南方》的編輯言論及東亞論述內容。〔註23〕

當時在日本神戶經商並兼神戶心聲吟社社長的莊玉波，也是《風月報》主筆之一，向全臺甚至域外華僑廣徵〈欲求東亞和平須謀日華親善論〉，澎湖陳梅峯、吳爾聰、盧三多等也都就此題發表了支持日華親善的看法。莊玉波收到文章後，特別賦詩一首，〈讀陳梅峯老詞長並吳爾聰盧三多兩詞兄寄到拙

〔註22〕 參見昭和八年（1933）七月十三日《三六九小報》。
〔註23〕 參考柳書琴：〈「新東亞」共同體的歧義演繹：以戰爭期臺灣漢文文藝誌《風月報》、《南方》爲例〉一文（行政院國家科學委員會專題研究計畫成果報告，執行期間：93年8月1日至94年7月31日）。

者所主徵之「欲求東亞和平須謀日華親善論」荷蒙惠稿有感賦此寄贈〉表達謝意，詩云：「讀君傑作隱憂深，忍看狂瀾撼陸沉；救國文章元定筆，書陳治亂見婆心。」〔註24〕之後莊玉波又廣徵〈黃種同胞急起團結實施共存共榮論〉一文，還特請陳梅峯擔任徵文文宗。〔註25〕此時我們看到澎湖也瀰漫著大東亞共榮的日華親善論。

（二）遊覽名勝

文人遊覽名勝，自古有之，也常留下斐然詩文。透過詩人的筆觸，使得名勝更富人文色彩；詩人遊覽記勝，也反映了一時一地的文人好尚。陳梅峯留下的遊覽詩作中，可看到這樣的訊息。當他身處廈門時，友人吳輝岩來訪，陳梅峯選擇雲頂巖做為同遊之處。〔註26〕〈登雲頂巖（距良□港□九□里）〉云：

> 雲頂欽名勝，清遊屐共攜（是日同遊者吳輝岩方□□□□□□□□□）；
> 扶桑來咫尺，太武現高低。恍涉蓬瀛島，如登甲乙梯；倦飛時已暮，
> 禪榻□□棲。〔註27〕

首聯點出與友人同遊雲頂巖，並點出此地的不凡。他們是慕著它的名氣而來。雲頂巖是廈門島最高峰，那裡有廈門島內最早的紀年摩崖石刻「天際」，刻於明洪武十四年（1381），還有相傳南宋丞相陸秀夫擁幼帝趙昺逃亡時留下的「龍門」題迹。洪濟山上奇巖奇洞眾多，雲頂岩（巖）是其中一岩，風光奇麗又富含歷史文化的內蘊，文人多登遊。頷聯寫已登上頂眺望所見，頸聯承遠眺而有飄然如至蓬瀛島的感覺。詩略過登臨的過程，而直接著墨於登頂風光與感受。詩淡然富禪味。

至於臺灣地區的名勝，從詩中看到陳梅峯先生遊臺灣時，到過劍潭、五妃廟、阿里山，這都是日治時期臺灣文人常題詠的地方，代表著那時期人們的思維與好尚。〈遊劍潭〉云：

> 劍潭十丈瀉寒流，風物蕭疏宿雨收；雁陣嘹天聲斷續，漁燈逐浪影
> 沉浮。霜鋒無復分龍虎，雪彩空餘犯斗牛；二百年□銷霸氣，只今

〔註24〕 參見昭和八年（1933）七月十三日《三六九小報》。
〔註25〕 參見昭和八年（1933）八月一日《詩報》。
〔註26〕 此消息見於明治三十八年（1905）十月三十一日，《臺灣日日新報》編輯黃植亭在所撰〈拾碎錦囊〉中。
〔註27〕 詩見於明治四十三年（1910）九月二十四日《漢文臺灣日日新報》，多處字跡渙散，不易辨識。

惟見水悠悠。〔註28〕

劍潭在台北圓山麓，潭之畔有茄冬樹，圍合抱，相傳荷蘭開鑿時，插劍於樹，樹忽生皮，包劍於內，不可復見。〔註29〕陳梅峯藉由今所見之景，「雁陣嘹天聲斷續，漁燈逐浪影沉浮」，反襯荷人當年的霸氣不再，再透過「只今惟見水悠悠」，看破歷史興替無常。詩韻綿長。〈謁五妃廟〉一詩，云：

> 五妃大節昭千古，彪炳重瀛耀南土；江山此日雖變更，廟宇巍峨特
> 如故。王死國兮妾死夫，滿腔義氣凌天衢；年年魁斗山前路，春草
> 平疇綠半蕪。〔註30〕

五妃廟位於台南，首建於明永曆三十七年（1683），爲追思明寧靖王朱術桂五位從殉姬妾的廟宇。永曆三十七年（1683），寧靖王朱述桂以身殉國，其五位姬妾袁氏、王氏、秀姑、梅姐及荷姐跟隨寧靖王自縊，後人將五人合葬於魁斗山，始稱「五烈墓」，後稱「五妃墓」。乾隆十一年（1746），臺灣府海防補盜同知方邦基將五妃墓地加以增建廟宇，遂稱爲「五妃廟」。陳梅峯此詩饒富古韻。讚揚這樣的忠貞節烈，不論江山如何更易，朝代如何興替，五妃永受後人景仰。末聯「年年魁斗山前路，春草平疇綠半蕪」，以景作結，也透過年年春草綿綿，寫出五妃精神的綿延不朽。

　　而關於阿里山之作，是因昭和九年（1934）四月七、八二日，嘉義地區嘉社在嘉義市公會堂主辦全島詩人大會，〔註31〕曾住嘉義的姪子陳文石，一

〔註28〕 此詩載於《漢文臺灣日日新報》明治三十九年（1906）一月三十日。連橫《臺灣詩鈔》所載略異，題〈秋日遊劍潭〉，云：「劍潭十丈瀉寒流，衰柳蕭疏宿雨收；雁陣嘹天聲斷續，漁燈逐浪影沉浮。江山自古盤龍虎，干櫓當年犯斗牛；霸氣未銷豪聲減，哦詩空對水悠悠。」；賴子清編《臺灣詩海》亦載錄此詩，但「豪聲」字作「豪氣」。《臺灣詩薈》第十一期亦作「豪氣」。筆者按：依格律平仄，以「氣」爲宜。但前有一「霸氣」，一句連用二次「氣」，又嫌重複。

〔註29〕 參見賴子清編《臺灣詩海》〈地理門〉輯陳精華〈秋日遊劍潭〉詩下之按語。施士洁〈題王純卿司馬劍潭夜光圖即用高個丞吏部韻〉二首，詩序云：「劍潭寺在淡水廳北三十里，潭深數十丈，夜輒有光。相傳潭有荷蘭古劍；或云潭邊有茄冬樹，荷蘭人以劍插之，樹生皮合，劍在其內，故名。」

〔註30〕 詩見於明治四十年（1907）一月二十日，《漢文臺灣日日新報》「藝苑」欄。

〔註31〕 事見於昭和九年（1934）四月十四日《臺南新報》，報導云：「澎湖廳湖西庄長陳梅峯氏，疇昔與西瀛吟社吳爾聰、鮑迪三、高子騰、陳午橋諸氏，赴嘉義主催之全島詩人大會後，子騰、午橋二氏，因事先下屏東，而陳梅峯及吳、鮑三氏，九日會登山隊，登阿里山，飽賞風光。十日下山，復受嘉義、樸子諸鄉親開歡迎會。十二日由水上驛搭汽車南下屏東，一行五人。」

再向他推薦阿里山很有趣，因此陳梅峯以七十七高齡還特地前往參加，期待的是會後四月九日、十日，隨登山隊，上阿里山一遊，故此行是專為看山而來。陳梅峯賦有〈登阿里山即景〉、〈祝山觀日〉二詩，以「西瀛老梅」發表於《臺南新報》。〈登阿里山即景〉云：

> 石壑高深徑路斜，檜櫻錯處有人家；黃收早熟田生稻，青簇荒陬竹不花。舊住茅蘆還待補，新添濁酒不須賒（番人雜處，嗜酒居多，每沽飲共為笑樂）；閒來醉飽無餘事，好把硬筠作箭牙（沿驛番人持竹弓試射，雖無鐵鏃，其鋒甚銳。吳子瑜氏購弓一把、箭五枝，金一圓五十錢）。〔註32〕

全詩清新可讀，記錄了沿途所見。首聯、頷聯寫山村景致優雅恬靜，人居住其間，自也是一派優閒。頸聯、尾聯即書寫住在此處的原住民生活樣貌。詩中小註用「番人」語，可見是以漢人的視角書寫。陳梅峯一路上專注的觀察當地風情，對原住民投以好奇的眼光。

上阿里山觀日出，是必備行程。此趟，一行人老老壯壯、男男女女亦登上祝山觀日，〈祝山觀日〉云：

> 祝峰幾何高，海拔數千米（山高八千二百三十六尺）。行行目欲窮，升高步不止。老健不自知，老興心不死（文石姪來書謂阿里山趣甚，此行專欲看山，吟詩特餘事耳）。馬援吾縱輸，廉頗吾欲比。數百餘級層，聯袂相錯趾（初層九十餘級，中層百零八級，三層五十餘級。沿途又甚長，約行三十分始至）。引導杖贈余，感激心靡已（一內地人引導，至半途，以杉杖贈余）。少者步向前，余夾中央裡。一登最上峰，東望雪山似。同行指告余，新高即此是。皚皚佈山腰，恍如天積水。攬鏡耀八荒，大觀抵有此。竹簫信口吹，天懷澄無始（吳燕生女士握望遠鏡，照覽日東，鄭香圃君沿途吹竹簫，其樂無窮）。乍奈顧塔山，塔山轉委靡。一覽小眾峰，獨立可知矣（塔山、獨立，俱山名）。特不解天驕，岱宗欲興媿。無乃謂天高，天高伊胡底？寄語戒驕奢，平和作根柢。〔註33〕

詩首先以祝山海拔高聳，寫出自己真是不服老，還興致濃濃隨人爬了數百餘階到祝山觀日。詩自稱「馬援吾縱輸，廉頗吾欲比」，語氣豪健。「引導杖贈余，感激心靡已」，特別記載途中引導贈送杉杖給他，心中感念不已。可以看出陳梅峯對於他人施給恩惠，念念不忘的修養。登上峰頂，向東遠眺，看到

〔註32〕見於昭和九年（1934）五月十四日《臺南新報》。
〔註33〕見於昭和九年（1934）五月十四日《臺南新報》。

遠山山腰有皚皚白雪，晃亮如鏡，讓他嘆爲觀止。回顧旁邊的塔山，頓覺矮小；若和一群小山峰相比，獨立山卻又顯得特高，詩人由此興寄託寓，戒人莫驕奢，要以平和爲根柢。詩映射出陳梅峯的人生哲理與修爲。

　　觀覽它處名勝，詩人總帶著獵奇探幽的心情，而遊覽自己家鄉的名勝，則多一分溫馨熟識的感覺。陳梅峯有一詩記載著中秋後三日，和友人林价人（仁）、蔡錫三等重遊觀音亭，〈中秋後三日同林价人蔡錫三郭健秋等重遊觀音亭〉云：

> 憑欄束履此勾留，鴻爪雪泥感未休；人地百年思往事，主賓幾輩憶
> 重遊。友因好□頻饒舌，佛自多情默點頭；飽看雲檣欣得句，詩成
> 歸去□□不？〔註34〕

觀音亭，奉祀南海觀世音菩薩，位於馬公澎湖灣畔，始建於清康熙三十五年（1696），中法戰爭（1884）時，一度被毀，而於光緒十七年（1891）改建，是騷人墨客常遊覽之處。就此詩發表時間，大正元年（1912）十一月看，陳梅峯時年五十五，已過天命之年，詩中對往事多所興嘆。與好友在中秋團圓節後三日，重遊媽宮觀音亭，今景昔事縈繞於心，帶有時光流逝的感嘆。頸聯寫一群人遊觀音亭喋喋不休頻饒舌，道出大家歡聚的氣氛，移情的想像觀音亭內的諸佛，看了也默默點頭稱許彼此珍貴的情誼。尾聯以大家飽看觀音亭前港灣內雲集的帆檣，詩句滿囊的回家作結，看到文人一同遊賞，吟詠賦詩的雅趣。林介仁也有一首〈重遊觀音亭〉，云：

> 韶華荏苒過中秋，景色風光感昔遊；綠水依然當日面，青山頓改舊
> 時頭。重來猶是同蘇子，前度何妨學老劉；最愛上人邀共話，禪機
> 參破了凡愁。〔註35〕

此與陳梅峯詩，是同用尤韻的七言律詩，再依內容，以及陳梅峯詩題看，林介仁此詩應是和陳梅峯之作。全詩基調也是由中秋後重遊觀音亭，興起時光消逝之嘆。林介仁也察覺凡人常爲瑣事煩憂，尾聯便拉出喜與上人聊天，因他常能參破凡人之憂，故愁與不愁，在於一念思維間。詩清朗有禪味。

（三）贈答唱和

　　日治時代，因爲全島詩會活絡，南北各地詩人齊聚一堂的機會很多，可結識許多詩友，因此送往迎來，吉凶慶弔也特別繁複。就今可見詩作，陳梅

〔註34〕參見大正元年（1912）十一月十三日《臺灣日日新報》。
〔註35〕此詩收於蔡平立：《澎湖通史》。

峯贈答唱和詩作頗多，有和居處、有祝賀陞遷、有祝壽、有弔唁、有送別、
有題懷友人等。

1. 和居處之作

明治三十八年（1905）十月日人木下新三郎、館森萬平以及羅秀惠以後
藤新平作的兩首七絕〈鳥松閣偶題〉，聯合向全臺徵詩。不拘體、不限韻，一
隨作者之意，且隨得隨錄，悉照原人手筆，不加點竄，以存原貌，最後集為
《鳥松閣唱和集》。〔註36〕陳梅峯也有和詩，云：

> 嵯峨傑閣勢雄豪，矗立雲霄蘸彩虹；怪底鴻鈞工點綴，老龍飛舞畫
> 圖中。蔥蘢聳拔欲參天，久沐氤氳造化權；漫道秦皇豐事纍，遺材
> 東海竟茫然。〔註37〕

鳥松閣為當時臺灣民政長官後藤新平在臺北之書齋。此次唱和者達七百多
人，或真有到過鳥松閣者，或根本未親臨的，也都憑空想像，大加頌揚一番。
不知陳梅峯到過否？就內文觀之，如臨其境，辭語典麗。又〈謹和橫田先生
玉玲瓏山房〔註38〕題壁瑤韻〉四首，錄二首見其貌，云：

> 山秀水明瀛海東，詩人幽隱在其中；秋光籬外數叢菊，冬景牆頭幾
> 樹楓。遠俗身疑蓬島近，觀書神與古人通；無邊勝景迎眸是，仙館
> 參差碧瓦瓏。（之一）

> 種竹蒔花屏俗塵，漁樵不誤養閒身；釣餘喜與溪鷗近，耕罷還將野
> 老親。一笑佛前談絮果，三生石上證蘭因；物情參透閒情遠，飽看
> 山光簇簇新。（之四）〔註39〕

風格與〈鳥松閣偶題〉不同，此詩清雅淡然。透過山房四季變化，寫出玉玲
瓏山房主人遠離俗塵，幽靜恬適的生活。

2. 賀陞遷之作

明治四十二年（1909）十月二十五日，臺灣總督府第七次修改地方制度，
當時澎湖廳長山田寅之助改任海港檢疫官，陳梅峯賦有〈恭祝山田明府德政
陞敍〉，云：

> 循吏勳高指日陞，文章經濟舊知名；帝資傳說為霖雨，人道鮮于是

〔註36〕 參見許雪姬編：《臺灣歷史辭典》，頁 864～865。
〔註37〕 此詩收於館森鴻、尾崎秀真編：《鳥松閣唱和集》。
〔註38〕 橫田先生玉玲瓏山房，目前未見詳細資料可資說明。
〔註39〕 參見明治四十二年（1909）六月二十日《漢文臺灣日日新報》。

福星。愛國仁民徵素抱，興財除弊洽輿情；萬家生佛萬家祝，榮敘
臚獻頌聲。〔註40〕

題爲祝賀山田寅之助榮陞，實寫他在澎湖的政績卓越，德澤廣被，爲眾人的
活菩薩，榮陞是意料中事。

3. 祝壽之作

　　詩人彼此賦詩祝壽情形很常見，有時詩人會在自己生日時抒懷，詩友再
步其韻。許紫珊爲己卅四初度賦詩抒感，陳梅峯有〈謹步許紫珊上舍卅四初
度瑤韻〉四首，全錄如下：

　　大著淋漓筆湧波，清詞妙語慰蹉跎；文章經濟微諳練，世道人情事
　　研磨。時雜仙心寧近俚，支惟仁輔不嫌多；舉頭欲把衷懷訴，一瓣
　　心香達素娥。（之一）

　　浮雲收盡眼青中，對月長飲雅亦風；老我無能双鬢白，兒時有味一
　　燈紅。年和人壽家家樂，菊瘦蟹肥處處同；幸有微吟可相證，餘音
　　聊效應聲虫。（之二）

　　獨賞孤芳處士家，前身修到認梅花；三生石上證蘭絮，八月秋中列
　　果瓜。俗冗剗縈情已發，功名有分願難賒；也知德邵因年進，其奈
　　滄桑歷數加。（之三）

　　卓立中流腳不移，醒時研易醉哦詩；興來索句清詩債，狂劇酣歌成
　　酒癡。山水是耽解組早，琴書自樂課兒遲；伏戎不起烽烟靖，喜見
　　熙朝全盛時。（之四）〔註41〕

第一首詩針對壽星事蹟而寫，之後三首則是藉此抒發個人情感。就此詩刊
登時間明治四十二年（1909）算起，陳梅峯時年五十二，距離臺、澎改隸
已十四載，大勢已定，已無戰火，故言「伏戎不起烽烟靖，喜見熙朝全盛
時」，人民也認清並接受日人統治。此組聯章詩與一般的祝壽詩作風格不同，
內容多是對生命的省思。又王友竹六十大壽，陳梅峯〈壽王友竹先生六秩〉
云：

　　此老非凡老，浮沈六十年；阨窮能不憫，遺逸豈徒然！託酒逃塵累，
　　哦詩養性天；世間多富貴，未及等身賢。〔註42〕

〔註40〕參見明治四十二年（1909）十一月十九日《漢文臺灣日日新報》。
〔註41〕參見明治四十二年（1909）十二月十六日《漢文臺灣日日新報》。
〔註42〕輯自《臺灣詩鈔》，頁431。

王松（1866～1924），清淡水廳竹塹（今新竹）人，字友竹，少孤，事母甚孝。
稍長好吟詠，寖以詩名。割臺後杜門不出，有勸其出應日聘者，不答應。自
號滄海遺民，著有《四香樓餘力草》、《如此江山樓詩存》、《臺陽詩話》，另有
《友竹行窩遺稿》均已梓行。〔註43〕據詩題知此詩寫於1925年，王松六十歲
之壽詩，陳梅峯時年六十八。起句「此老非凡老」即對王松頗高之評價，雖
是浮沈六十年，但世間富貴無能及之。當日人奄有全臺之際，王松堅其志節，
〔註44〕生活如陳梅峯所言，日日「託酒逃塵累，哦詩養性天」，詩篇流露孤憤，
傷國悲民，頗動人心。乙未割臺時，王松正值三十，三十歲生日時王松賦〈乙
未生日感作〉，詩云：「我今三十乃如此，便到百年已可知！孤憤惜無青史分，
不才閒過黑頭時。太平得壽方爲福，離亂全生祇賞詩。此日豈惟毛義感，涓
埃未報負男兒！」〔註45〕以示己志。陳梅峯此詩題爲祝壽之詩，其實是對王
松一生作爲的讚賞，用辭眞切誠懇。

日治時期，除個人私交的壽詞外，自己生日或父母生日，常向全島徵詩
以賀壽，後還結集成冊。全島唱和踴躍，蔚爲風氣，詩成遊戲之作，熱鬧非
凡，但陳梅峯的祝壽詩卻無遊戲之味，語句肯綮。昭和八年（1933）十二月
一日《詩報》載有陳梅峯〈李少菴先生壽集題詞〉云：

> 琳琅一卷盡珠璣，廣樂群仙詠好詞；莫笑我如曾子固，無從搜索晉
> 清詩。（之一）

> 壽詞遽便獻華壇，恃有知音爲斧刪；麗澤相資分析易，澆漓之際立
> 言難。文將覆瓿疑天醉，道異傳薪何日安；且喜扶輪逢大雅，不從
> 工拙見褒彈。（之二）

李少菴，名友泉，臺北詩人。〔註46〕此集是他四十初度，有〈書懷〉七言律
詩四首索和，當時和詩者多人，有施梅樵〈次李少菴君四十書懷玉韻〉，余煥
章〈敬步李少庵先生四十初度書懷韻錄呈郢政〉、趙雲石〈和李少菴君四十感
懷原韻〉等。〔註47〕從「壽詞遽便獻華壇，恃有知音爲斧刪」句中，可見陳
梅峯對於一般壽詞競相華豔的風氣深表不妥。認爲華壇需有知音爲斧刪，但

〔註43〕參考林正三等輯錄：《臺灣近百年詩話輯・三臺詩話》，頁254。

〔註44〕同上註，頁254。

〔註45〕參見王松撰：《滄海遺民賸稿》（南投縣：臺灣省文獻委員會，1994年。）

〔註46〕參見曾朝枝編：《東寧擊鉢吟前集・作者姓名錄》（臺北市：青木印刷工場印
刷，昭和九年三月三十日）。

〔註47〕參見昭和八年（1933）七月一日《詩報》。

是在人情淡薄之際，要立言卻是很難的。詩明褒暗貶。

4. 弔唁之作

陳梅峯的詩作，有不少弔唁的詩，〈輓蔡啓運先生〉云：

> 南社會開始識荊，扶輪大雅舊知名；望隆泰斗唐韓愈，病渴消磨漢長卿。大地無情麒麟失，老天不恤杜鵑鳴；中郎一去詩星黯，竹櫟吟壇孰主盟？（之一）

> 慘月愁雲動地哀，驚聞弔鶴下蓬萊；飄零世孰憐賓客？俊逸天應妬鬼才。櫟雨竹風英氣減，劍沈琴渺壯心灰；玉樓誰見親承詔，枉送文星入夜臺。（之二）〔註48〕

蔡啓運（1862～1911），名振豐，字啓運，以字行，又字見先，號應時。淡水廳竹塹（新竹市）人，〔註49〕累世武職。光緒十二年（1886）將竹社、梅社改組為梅竹吟社，並自任社長。光緒十七年（1891），取進新竹縣學，後遷居苗栗苑裡。乙未割臺之際，曾襄助丘逢甲抗日。明治三十年（1897）年，與許劍漁共創鹿苑吟社。同年，任苗栗辦務署參事，並修纂《苑裡志》。明治三十九年（1906），與林癡仙、林幼春等人創立櫟社，為創社九老之一。明治四十年（1907），任苑裡區長。明治四十三年（1910）新竹奇峰吟社，因新竹縣知事櫻井勉離去，啓運受邀擔任社長。〔註50〕久負詩名，活躍於新竹、苗栗、台中、彰化一帶，由詩中「竹櫟吟壇孰主盟」、「櫟雨竹風英氣減」可知。第一首首聯陳梅峯回憶久聞蔡啓運詩名，而二人正式會面在明治四十四年（1911）二月十一日，臺南南社在臺南公會堂開大會，柬邀全島各地詞宗參加時。但才剛會面後沒幾個月，便聽聞蔡啓運逝世，陳梅峯驚愕與惋惜之情可見。從詩中「病渴消磨漢長卿」，知蔡啓運患有病渴之疾，即消渴疾，今日所謂的糖尿病。詩內容表露出詩壇巨星殞落的哀愁；技巧上，陳梅峯善用典故，用字典雅，雖是輓詩，但沒有哭天喊地的悲痛激情。

大正元年（1912）三月，澎湖廳參事、西瀛吟社社長蔡汝璧逝世，澎島文士弔唁者多，陳錫如、陳鑑堂、陳梅峯、吳爾聰等都有輓詩，陳梅峯先生詩云：

〔註48〕參見明治四十四年（1911）六月二十一日《漢文臺灣日日新報》。

〔註49〕胡巨川〈西瀛泰斗仰梅峯〉一文言蔡啓運苗栗苑裡人，有誤。（見《硓𥑮石》第 60 期，2010 年 9 月，頁 110。）

〔註50〕參考許雪姬總策劃：《臺灣歷史辭典》，頁 1233。

詩星黯淡殞澎津，天日無光爲愴神；三代直聲推故友，千鈞負荷屬斯人。夜臺月冷魂何處，東閣路遙夢未眞；此後吟壇知減色，香奩鬥韻孰翻新。〔註51〕

蔡汝璧（1843～1912），字古圓，號玉成，風櫃尾人。同治十三年（1874），日本與臺灣生蕃滋事。臺澎戒嚴時，以文石書院總董事身份，奉諭就書院設局辦團。光緒十年（1884）中法戰役時，臺澎沿海戒嚴時，復奉諭與郭鶚翔、黃濟時等協辦民團以資守望。光緒十七年（1891），由文生報捐訓導未赴任，而臺澎改隸。日治後明治三十年（光緒二十三年，1897）任澎湖廳參事，同時授紳章。每次賑災貢獻頗大，國計民生之事不遺餘力。倡修文石書院，協修澎湖廳誌，創設「西瀛吟社」出力頗多。陳梅峯和蔡汝璧同爲澎湖人，共同爲澎湖努力，有深厚的革命情感。首聯「詩星黯淡殞澎津，天日無光爲愴神」可看出陳梅峯心中強烈的悲痛。蔡汝璧逝世，天日無光，舉澎哀悼，痛失巨星。往後句句都道出心中萬分不捨，情感明顯與弔蔡啓運不同。

5. 留別之作

詩人離別，常有留別詩作，自古有之，但在日治時期的臺灣，此作特別風行。蓋當時日人喜賦詩，亦藉漢詩攏絡臺人，常常有詩人前往他處，報章媒體便發布訊息讓方家和詩。明治四十三年（1910）八月十一日，《臺灣日日新報》刊出安江五溪〈將遊清國作此留別〉詩三首，次日該報〈編輯日錄〉云：「安江五溪君今次將遊清國，旅裝已整，只日期未定耳，其留別詩章，昨經錄報紙，以便大方和聲。」當時本島詩人謝雪漁、顏雲年、洪以南等皆有和詩刊出，陳梅峯亦有和詩〈遙送安江先生遊南清即次留別瑤韻〉三首，見於十月十二日《臺灣日日新報》，詩云：「盛名鼎企幾多年，冀識荊州思欲顚；人□□椽傳魯骨，新詩八十擬唐篇。雪泥鴻爪□他印，三竺六橋舊有緣；此去海山添韻事，記遊詩草筆花鮮。（之一）」詩針對安江五溪此行而寫，並推想安江五溪此去必定詩文滿囊。詞多應酬語，無特別寓意。

另外，陳梅峯有〈遙和許允伯先生留別瑤韻〉七律四首，下錄二首，云：

匹夫有責豈瓜飽，漫始宗周失貢茅；西藏暗圖蠶食葉，外蒙獨立□

分業。滿胡推倒局終險，世界競爭擔忍拋；來往鷺鯤衣帶水，親鄰
善友契邦交。（之一）

俄庫紛乘抗議嚴，稍輕退讓即□瞻；允宜棘手斬藤蔓，慎莫低頭過
屋檐。世變原同雲狗幻，才高漫效蟄龍潛；中華民國初成立，憲法
□君起筆尖。（之二）〔註52〕

許南英（1855～1917），字子蘊，號蘊白、允白，自號窺園主人、留髮頭陀、
龍馬書生、毘舍耶客、春江冷宦，清臺灣府人。光緒十六年（1890）登進士
第。乙未（1895）之役，率兵抗日，後知事不可為，便將私蓄盡數散給部下後
離臺內渡。民國成立後，被舉為革命政府民事局長。曾回臺省親。〔註53〕內
渡前有〈留別南社同人〉七律四首，〔註54〕陳梅峯即和該組聯章詩。從「中華
民國初成立」見此詩成於中華民國初建立時。「來往鷺鯤衣帶水，親鄰善友契邦
交」也寫出許南英臺、廈兩岸奔波，並為時局奉獻己力。詩中陳梅峯也為當
時西藏、外蒙紛紛想獨立，感到憂心，見其「大一統」之思想。對於蘇俄庫頁
抗議頻繁，世界局勢詭譎多變，也頗憂心，而深深期盼許南英，「才高漫效蟄龍
潛」，能快快起草憲法，調和五族融洽相處，見「大東亞主義」深植其心。

6. 題懷友人

今存詩作，有一首是會晤胡南溟後所作，詩中可以感受到陳梅峯待友真
誠。〈晤胡南溟君有作〉云：

桂花香裡着先鞭，翽鍛秋風共愴然；或者蹉跎能補壽，更將鎔鑄當
編年。珂鄉風景濃於酒，囊日賓朋散似煙；君耐盛時甘大隱，耕經
耨史作良田。〔註55〕

胡殿鵬（1869～1933），字子程，號南溟，臺南人，光緒年間生員。光緒十七
年（1891）與許南英、蔡國琳等組「浪吟詩社」。乙未割臺時，內渡寓居廈門，
次年局勢稍定後始返臺。明治三十一年（1898）任《臺灣日日新報》記者，
明治三十五年（1902）任《臺南新報》記者，明治三十八年（1905）任《福
建日日新聞》編輯。明治三十九年（1906）南社創立，為該社重要社員。胡
氏詩風頗奇，尤擅長作古體歌行，與其豪蕩不拘之性格兩相照映。胡南溟曾

〔註52〕參見大正二年（1913）五月七日《臺灣日日新報》。
〔註53〕參考許雪姬總策劃：《臺灣歷史辭典》，頁807。
〔註54〕參見許南英：《窺園留草》，頁132。
〔註55〕參見林欽賜編：《瀛洲詩集》（臺北州臺北市：林欽賜發行，昭和八年二月十
　　　　七日），頁202。

自云：「夫南溟自六十年來，長篇不可刪，短篇不可增，散文渾而灝，駢文沉而麗。窮古之英，貫古之識，其思想最高、最奇、最雄、最健」，其詩文作品特色大抵如是，而其狂妄不羈之性格亦由此可知。生性豪曠，文酒之外，不事生產。終至身世零丁，艱於衣食，落魄而卒。〔註56〕這首詩是陳梅峯會見胡南溟所作，對其行跡有讚嘆也有不捨，也看到乙未割臺，「舊文人」〔註57〕不同的相應之道。

7. 題詩畫集

因多次與外界接觸，陳梅峯的詩文聲譽傳遍全臺，大正十年（1921），陳梅峯受聘到高雄旗後設帳，當時王寶藏特別拜訪，有詩〈旅旗津得晤陳梅峯先生賦此奉呈〉云：「騷壇南北久知名，此日來旗始識荊」〔註58〕可見。故常有友朋請其題跋、序或題詞。如莊玉波詩集《壬申敕題詩集》的〈跋〉和〈序〉都是請陳梅峯撰寫，並刊登在《詩報》、《臺灣日日新報》、《三六九小報》。

除友人請託外，有些或許是陳梅峯自己題寫。大正七年（1918）十二月三十日，《臺灣日日新報》載有陳梅峯〈題許蘊白先生吟草〉，是在許南英逝世後一年所寫，詩云：

化行三水已如神，況復詩書有替人；數卷棗梨留手澤，香山遺草壽貞珉。

此詩第一句「化行三水已如神」，即寫許南英擔任三水知縣事；第三句「數卷棗梨留手澤」，寫許南英遺留下珍貴的詩作。許南英篤好詩文，景仰蘇黃，除舊學根柢深厚外，對於新學也極力潛心研究，是個富有時代意識的文人，詩作中也使用許多當時的新名詞。

陳梅峯享壽八十，弟子眾多，投入其門下者數千人，再加上他弟子的弟子，受其影響者不可勝數。素以獎勵後進知名，不計束脩厚薄，因此至今「梅峯先生」之名，澎民猶多耳熟能詳。

〔註56〕 參考許雪姬總策劃：《臺灣歷史辭典》，頁610。

〔註57〕 柳書琴在〈「新東亞」共同體的歧義演繹：以戰爭期臺灣漢文文藝誌《風月報》、《南方》為例〉一文指出：「在臺灣歷史中確實只有一個知識的世代，在主要教育完成後，同時經歷了1895年。臺灣割讓的重大歷史變局，以及1920年代新舊文學論戰引發的文化領導權變異之雙重衝擊，唯有經歷「雙重舊化」經驗衝擊、淘洗的他們，有資格稱得上『舊文人』。」

〔註58〕 參見王寶藏：《鵲園詩草》，頁6。

第三節 提倡女學——陳錫如（1866～1928）

一、生平傳略

陳錫如，名鍾靈、天賜，以字行，號紫髯翁，別號近市居士，〔註59〕馬公長安里人，生於同治五年（1866）。自幼好學，頗有大志，光緒十二年（1886）秀才。又從文石書院山長俞秉文學習，接著前往閩縣學，以監生赴試秋闈，不第，就回澎湖，潛心於文學、兵韜。乙未割臺，異族日人統治臺澎，眼見漢學失怙，以維持漢學為己任，不願接受日人安排的澎湖廳參事要職。明治四十四年（1911）與陳梅峯參加「南社」詩會。〔註60〕與陳梅峯、蔡汝璧等共組澎湖詩社，作〈西瀛詩社緒言〉一文記載創西瀛吟社始末。

大正二年（1913）見袁世凱稱帝，渡海參加二次革命，遠赴大江南北，希望能展現平生抱負。〔註61〕臨行前寫了一首長詩〈別家赴蘇從軍〉以表達自己救國的決心。

大正十年（1920），陳錫如和陳梅峯到旗津教授漢學，當地沒有詩社，因此以他們的弟子為主要成員，組織成立了高雄第一個詩社——旗津吟社，並為社長。定期課題與對外徵詩，於大正十一年（1921）刊行《高雄旗津吟社徵詩集》，大正十二年（1922）又刊行《高雄旗津吟社徵詩續集》。陳錫如在旗津待了三年，有詩〈冕景波祉生國琳奬卿諸同學〉云：「樂得英才教一堂，三年何幸已成章；冰生自水寒於水，雪降由霜冷過霜。翰墨因緣須締結，詩書誦讀莫拋荒；他時不賤多同學，老我無能與有光」，臨別前勉勵學生精益求精。

離開高雄後，回澎湖講學，大正十五年（1926），將澎湖的男弟子組成「小瀛吟社」，女弟子則成立了「蓮社」。昭和二年（1927），他又應弟子陳皆興之邀，赴苓雅寮開設書房，並主持「苓洲吟社」。昭和三年（1928）暮春，因病逝世於高雄，享年六十三歲。〔註62〕宗族知友陳梅峯〈行錄〉云：

〔註59〕 參考蔡旨禪：〈留鴻軒詩文集・敘〉（《留鴻軒詩文集》，高雄州高雄市：苓洲吟社，昭和二年十二月十一日發行。）（標點筆者所加）

〔註60〕 大正十三年五月二十九日，《臺南新報》，第 7999 號刊出之〈澎湖通信〉欄載：「自辛亥年陳梅峯陳錫如兩氏，赴南社大會有感，回澎後，遂創設澎瀛吟社……。」

〔註61〕 《澎湖縣誌》載陳錫如「日人據臺後，雖欲俾以澎湖廳參事要職，卻而不受。及民國成立後，二次革命發生時，乃慨然起投筆從戎之志，遠赴長江南北，思一展期平生抱負。」

〔註62〕 葉連鵬〈斷裂？！再生——日治時期澎湖古典文學發展析論〉一文言陳錫如

太學生陳公諱鍾靈，錫如其字，本年六十有三齡。改隸後絕意功名，
別號近市居士。性耿介，不與凡儔伍，以故落落寡合，然學識宏博，
諳于五大州事畧，前橫山明府甚青鑒，名聞學界。本年再應苓洲吟
社聘，得病謝世。喆嗣世英等專舟運梓，卜葬觀音山北坐乙向辛，
因敬鐫事畧以誌不忘。（標點為筆者所加）

戊辰年孟夏之月〔註63〕

陳梅峯長陳錫如八歲，兩人相交甚篤，同組西瀛詩社外，大正十年（1921）
六月，又應高雄旗津青年團之聘，擔任漢學講師。〔註64〕回澎後，昭和二年
（民國十六年，1927）陳錫如再至高雄苓雅寮講學，與弟子創「苓洲吟社」，
將月課與徵詩輯十期之作以成卷，求序於陳梅峯，陳梅峯〈苓洲吟社徵詩初
集序〉云：

余本不文，藏筆已久，謬蒙不棄，以序相求，雖去歲遽歸道山，而
死生交誼，難忘其夙志，爰勉掇數言以弁諸篇首。

昭和四年歲次巳己〔註65〕　　月　　日

陳梅峯本已藏筆許久，因好友相託，爰再執筆。詎料詩集尚未刊成，好友竟
於昭和三年（1928）病逝高雄。陳錫如子嗣陳世英等專舟運梓回鄉，葬於澎
湖觀音山。

當時澎湖宿儒具開放的心胸，在父權體制下，也未莫視女子求學機會，
林介仁、陳梅峯、康吟都，都有收女弟子。陳錫如女弟子蔡旨禪〈留鴻軒詩
文集附女弟子詩鈔上卷・敘〉，特別提到她的老師陳錫如：「好以詩文勸誘後
進，而於女學之興，尤致意焉。」〔註66〕對於女學之提倡尤為著力。

是民國十五年赴苓雅寮講學（《文化研究月報》第 25 期，2003 年 3 月 15 日。）
就陳錫如〈苓洲記〉一文自稱：「是歲丁卯，余受該地諸青年夜學之聘，為漢
文主講。」（《留鴻軒詩文集附女弟子詩鈔》）應是昭和二年丁卯（民國十六
年，1927）到苓雅寮的。另葉連鵬同文又言陳錫如死於澎湖，據陳梅峯〈行
錄〉，陳錫如是病逝於高雄。
〔註63〕參考吳爾聰遺留文稿。
〔註64〕王玉輝《日據時期高雄市詩社和詩人之研究－以旗津吟社為例》引胡巨川
《民初以來高雄市的詩社概況》言陳錫如是在大正九年（1920）九月應旗津
青年團之聘。
〔註65〕參見《高雄苓洲吟社徵詩初集》，所刊「巳己」應為「己巳」之誤。
〔註66〕參見陳錫如：《留鴻軒詩文集附女弟子詩鈔》（高雄市：苓洲吟社，昭和二年
十二月十一日發行）。

二、詩作析論

陳錫如的三蔡女弟子（蔡旨禪、蔡雲錦、蔡月華），有感於其恩師爲振興漢學，而踴躍應徵文社、詩社的徵文、徵詩，且屢獲各大方家青睞，不是冠軍即前茅，但積帙已多，卻散而不集，屢請其師予以集刊。但是陳錫如認爲這些都是草率的詩文，不足集刊。陳錫如〈留鴻軒詩文集附女弟子詩鈔下卷·序〉，透露他對於詩作好壞的見解，以及不願刊行的原因。云：

> 詩之一道，難言之矣。今人爲詩，悉本古人之成規，而古人爲詩，
> 多爲今人所訾議。杜李乃詩中之豪，而固放之評難免；王黃亦詩中
> 之俊，而疎縱之議嘗聞。他如以韓孟爲澁拗，盧李爲險怪，元白爲
> 俗易，溫劉爲佻達，欲求一無爲後人所疵議者，蓋亦難矣！唐代之
> 詩人，猶如是，而宋元明之詩人，更可知矣！〔註67〕

陳錫如認爲今人作詩，學自古人，卻又常常批評古人之詩，唐朝詩人多所被論，更何況是宋、元、明的詩人。何以會如此？陳錫如言因爲「人心不同，如其面。人情所好，各有偏閱」，常「就其性之所近，而愛好之；非所愛好者，則指之、摘之、擯之、屏之」。故認爲「詩詞自古無憑據，取舍由人各不同」，詩詞的好、壞，隨人而定。陳錫如認爲自己的詩作「類多老生常談句，皆老嫗可解，鄙俗淺粗」〔註68〕，稱自己的詩雖常被掄元，也只是好尚不同罷了！因此，才遲遲未許蔡旨禪等女弟子請求集刊之事。

三蔡不忍其師數年的心血徒費無聞，一再懇請，終獲其師首肯，得刊印成冊，題爲《留鴻軒詩文集附女弟子詩鈔》。〔註69〕陳錫如詩作，無難解難知，有益後學，又可矯白話詩之弊。陳考廷〈留鴻軒詩文集附女弟子詩鈔上卷·序〉云：

> 文所以載道，道之理微，賴文以顯之；詩所以言志，志之向適，藉詩
> 以宣之。故作文貴能剴切詳明，無佶屈聱牙之語；作詩貴能清新雅
> 正，無牽強硬拗之辭，而後古人之道可明，斯人之志得晰。〔註70〕

〔註67〕 參見陳錫如：〈留鴻軒詩文集附女弟子詩鈔下卷·序〉（《留鴻軒詩文集》，高雄州高雄市：苓洲吟社，昭和二年十二月十一日發行。）（標點筆者所加）

〔註68〕 參見陳錫如：〈留鴻軒詩文集附女弟子詩鈔下卷·序〉（《留鴻軒詩文集》，高雄州高雄市：苓洲吟社，昭和二年十二月十一日發行。）（標點筆者所加）

〔註69〕 參考蔡旨禪：〈留鴻軒詩文集附女弟子詩鈔·敘〉（《留鴻軒詩文集》，高雄州高雄市：苓洲吟社，昭和二年十二月十一日發行）。

〔註70〕 參見陳考廷：〈留鴻軒詩文集附女弟子詩鈔·序〉（《留鴻軒詩文集》，高雄州高雄市：苓洲吟社，昭和二年十二月十一日發行。）（標點筆者所加）

陳考廷主張作文貴在剴切詳明，沒有佶屈聱牙的語句；作詩貴在清新雅正，沒有牽強硬拗的辭句。他所以如此主張，主要是認為文章就是要載道，若寫得聱牙艱澀，沒人看得懂，道就無法張顯；詩也是如此，要寫得讓人看得懂。陳考廷即讚其師陳錫如詩作：「輕清朗潤，如白香山之措辭，老嫗可解，無句讀之艱深，無辭華之浮泛。道之所存，千人共見，志之所在，一目瞭然。」〔註71〕不但有助於初學者，而且又可匡當時新文學趨重的白話詩之弊──不取古人詩文之典贍深奧，但卻又失之俚俗，聲調盡喪。〔註72〕陳錫如在其〈論詩〉絕句四首中，也表明對聱牙句、故作僻典的不認同，之三云：「詞多膚廓句聱牙，泛設居然號大家。僻典拗來人費解，深微奧妙自矜誇。」可見。下就此集和散見報章雜誌上的詩作，探討其創作旨趣。

（一）關懷鄉土

明治三十五年（1902）、三十九年（1906），澎湖因鹹雨、颱風、癘疫等天然災害，澎民貧病相交，陳錫如寫〈澎湖荒年歌〉，云：

> 哀我澎湖民，僻處洋海濱。嗟我澎湖島，地瘦又民貧。是年維丙午，慘象倍壬寅。鹽雨颱風遍，天災地震頻。夏秋遭癘疫，貧病兩相因。死亡何頃刻，醫藥乏金銀。豈知禍不一，飢饉復洊臻。遍野無青草，玉米且桂薪。食少三餐繼，家徒四壁隣。告貸無人應，安望指一囷。採無地瓜葉，拾僅海藻蘋。欲食難下咽，惄焉倍傷神。相約撈蚌蛤，備嘗艱苦辛。每食嗟不飽，何以養双親。終日不舉火，釜甑嘆生塵。丁男皆離散，老病苦吟呻。無奈嬌子女，悲啼囑諄諄。一朝離別去，涕泣淚沾巾。或有將妻賣，煢煢子一身。入宮傷不見，鬱鬱莫能伸。更有吃苦菜，葉滿毒蟲螷。面目形黧黑，口角吐涎津。值此荒凶歲，我生實不辰。山窮海又竭，絕糧似在陳。餓殍塗常有，災黎苦莫申。徧觀卅六島，多半菜色人。那得陳疏上，再見鄭圖新。顛連困苦甚，補救賴士紳。所望賢君子，彼此視同仁。捐資施賑恤，庶免溝壑填。救荒如救火，輸粟惟望秦。嗟我澎湖島，哀我澎湖民。〔註73〕

〔註71〕 參見陳考廷：〈留鴻軒詩文集附女弟子詩鈔·序〉（《留鴻軒詩文集》，高雄州高雄市：苓洲吟社，昭和二年十二月十一日發行。）（標點筆者所加）
〔註72〕 參考陳考廷：〈留鴻軒詩文集附女弟子詩鈔·序〉（《留鴻軒詩文集》，高雄州高雄市：苓洲吟社，昭和二年十二月十一日發行。）
〔註73〕 詩見於〈留鴻軒詩文集附女弟子詩鈔下卷〉。以下凡所引詩出自此，未免繁瑣，不再加註。非出自此，方加註。

澎湖荒年詩，自蔡廷蘭〈急賑歌〉起，皆以歌行長詩表達，所寫內容也大多相近。但不論是在清朝或日治時期，詩人處其境，眼所見，身所歷，自己也是災民，所寫字字都是血淚。一句「哀我澎湖民」，又一句「嗟我澎湖島」，聲聲哀嘆，未往下看，就已深深揪痛讀者的心。「是年維丙午」起，寫明治三十九年（1906），澎湖遭受一連串的天災地變，民不聊生。由「死亡何頃刻」到「口角吐涎津」，從各方面具體的描繪災民所過的生活，生命朝不保夕的恐懼，字字血淚。詩末疾呼善心人士能人飢己飢，發揮愛心，捐錢捐粟，賑濟澎民。結語再以「嗟我澎湖島，哀我澎湖民」做結，讀之令人盪氣迴腸。

此外，陳錫如亦時時關心鄉土的一磚一瓦，〈擬修登瀛樓（內祀魁星）〉云：「昔年學士登瀛去，此際空餘舊畫樓；目睹全臺遭變劫，心懷傑閣擬重修。鰲頭獨占無雙品，鳳手高標第一籌；他日議成新補綴，觀瞻壯麗足千秋。」登瀛樓在文石書院內，是通判胡建偉任內所建，昔日是士子常登樓遠眺的地方，今改隸後，科舉不再，樓亦舊，陳錫如看了心疼，故擬發起重修，讓此樓得以傳千秋。詩中所賦之深情可見。又有一首〈吉貝燈樓〉，云：

> 吉貝偏西一嶼浮，也同外塹建燈樓；巍峨氣象沖雲漢，閃爍光芒射
> 斗牛。焰火空騰臨水面，征帆夜渡認山頭；自從締造成功後，海上
> 無虞已十秋。

就尾聯所言，此詩寫於吉貝燈樓，明治三十五年（1902）建成後十年，即1912年。詩題所標「吉貝燈樓」，就是今所稱「目斗嶼燈塔」，此塔是繼清朝外塹西嶼燈塔後，知名的燈塔，竣工時，是遠東最大的「銑鐵造燈塔」，首聯「吉貝偏西一嶼浮，也同外塹建燈樓」即就此而寫。吉貝島北海，海底險惡，不是暗礁就是逆流，清人渡海就已嘗過其險惡。孫元衡渡海詩〈乙酉三月十七夜渡海遇颶天曉覓澎湖不得回西北帆屢瀕於危作歌以紀其事〉提及：「況聞北嶕沙似鐵，誤爾觸之為粉虀」，周凱〈澎湖雜詠二十首和陳別駕廷憲〉之十二亦云：「最怕北礁礁畔過，雄關鐵板鎖長沙」，當燈塔未建前，無數商船、漁船擱淺此處，但從它建成後，「巍峨氣象沖雲漢，閃爍光芒射斗牛。焰火空騰臨水面，征帆夜渡認山頭」，海上未聽聞船難已十年。就此陳錫如破例歌頌了日人建造的吉貝燈樓，指引著夜渡的船隻，功不可沒。

（二）堅貞民族情操

陳錫如一直以中國大陸為祖國，乙未割臺後，便絕意功名。民國二年

（1913），前往大陸參加二次革命，〈別家赴蘇從軍〉云：

> 滄桑變劫至。心異非族類。昂藏七尺軀。侷促何所避。空負十年前。
> 寒窗夜不寐。涉獵得陰符。簡練揣摩備。忽接故人書。鄂軍倡大義。
> 革命已成功。洪憲違眾議。滇黔起義師。蘇贛應響遂。閱罷心怦然。
> 躍躍思一試。連夜治行裝。清晨欲策騎。吩咐家中人。音書切莫寄。
> 倉皇戎馬間。徒擾亂人意。老妻前致辭。當局擬位置。願君遲此行。
> 將任廳參事。不知勝國民。日祿非所冀。成算已在胸。用齊管子志。
> 碧女扣行裝。未言先墮淚。彈雨礮烟中。事非同兒戲。那曉大丈夫。
> 胸懷具壯氣。馬革能裹屍。男兒方不媿。英兒泣牽衣。阿爺勿造次。
> 兒身願隨行。軍中好奉侍。嗟汝方青年。學休中道棄。余身一出門。
> 賴汝家事治。叮嚀復叮嚀。余言切須記。依依訣別情。舉家盡酸鼻。
> 相送出門前。此際神情異。相視各無言。如癡亦如醉。汽笛聲一催。
> 加鞭急縱轡。

詩風如古樂府〈出東門〉，句句緊扣，毫無遲滯，寫出別家赴蘇從軍之急，片刻不容緩。由己心已堅決和家人的擔憂不捨，強烈的拉出戲劇的張力。「老妻前致辭，當局擬位置。願君遲此行，將任廳參事」，日本當局將任其為澎湖廳參事，陳錫如不為所動，亦不聽老妻勸，其性情之耿介可見。「碧女扣行裝，未言先墮淚」、「英兒泣牽衣，阿爺勿造次。兒身願隨行，軍中好奉侍」，陳錫如出門的情景如現眼前，讀之令人鼻酸。「汽笛聲一催，加鞭急縱轡」，多麼具體的畫面，縱馬揚長而去，留下淚滿面的家人。

二次革命討袁失敗，陳錫如沮喪地回家鄉，賦〈歸途自慨〉云：「久挾匡時策，周遊奮隻身；勳名猶未建，禍患已先臻。期望空諸友，悲愁累至親；江東歸此日，赧赧見鄉鄰。」一路勳名未建，白白地讓親友操心，深感歉咎。

此外，陳錫如詩中時常流露臺澎易主的悲愁，與時時凝眸中國大陸的想望。〈新高山上望海〉云：

> 名山第一說新高，〔註74〕直上巒巔逸興豪；放眼神州新土宇，凝眸
> 大陸舊江皐。鯤身雨化翻狂浪，鹿耳風生起怒濤；太息英雄曾割據，
> 興亡往事水滔滔。

〔註74〕 1895 年臺灣因為清廷敗戰簽訂了馬關條約，割讓給日本，使得玉山也成為日本管轄。來到臺灣的日本人發現玉山的高度超越了日本的第一高峰富士山（海拔 3776 公尺），因此明治天皇在 1897 年六月二十八日下召，將玉山更名為新高山，意指日本領土新的最高峰。

站在日人所謂的新高山——玉山上，心所想到的是視線之外的鯤身與鹿耳，曾是鄭成功統治的起點，如今山河易色，都翻狂浪起怒濤。心情低落無奈，不禁凝眸神州，興起興亡無常的慨嘆。又〈次鮑迪三詞友重九登高雅韻〉云：「滄桑變易已多年，佳節常逢念倍牽；縱酒談情懷故友，登高寫興慕前賢。風催雨急龍山帽，序作詩成滕閣篇；故國江山何處是？瀛西樓上盼流連。」登高遠望，興起懷鄉懷國。〈鼓山曉望〉流露相同的情感，云：

> 壽山名號錫優隆，〔註75〕聖跡登臨破曉中；大陸風雲看變幻，神州
> 宮闕辨微濛。澤沾草木露猶白，光照乾坤日乍紅；遍覽寰瀛開眼界，
> 皇圖丕展慰宸衷。

首聯寫破曉時分登臨壽山；頷聯立即入筆寫曉望所勾起的心思，早已飛馳到大陸神州。頸聯才回筆寫到曉景，露沾草木，太陽升起，光照天地。此時遠眺，眼界大開，而心又馬上掛念著「皇圖丕展慰宸衷」。全詩四聯由實虛、實虛相構，一、三聯實以寫曉之景，二、四聯虛以寫望之情。

（三）關心時事

陳梅峯說陳錫如「學識宏博，諳于五大州事畧」，從陳錫如詩作確實可證。歐戰爆發，陳錫如以〈歐洲戰爭行〉為題，賦長詩三首。甲寅（1914）十月作〈歐洲戰爭行〉，以四十八句七言長詩記載開闢以來，世界最慘烈的戰爭，起初歐洲八國決雌雄，後竟襲捲全球近二十四國參戰。從 1912 年到 1916 年，戰爭閱五年之久，死傷數千萬，實是人間浩劫。因為戰具日漸精良，飛行機（飛機）從空中丟擲炸彈，市街一切焚；鐵網條，電流日夜不停，群雄攻城掠地，生靈塗炭。

五年戰禍告終，陳錫如又作〈弭兵行〉，寫參戰國在海牙開平和會議，後又由美國發起，在華府開會，共同制定條約，「侵畧去猜嫌，領土各自保。相見玉帛將，尋盟且修好。毒礮禁不施，瓦斯亦非宜。飛機不濫製，潛艇勿輕為。戰艦有定限，礮壘戒整治。」陳錫如喜見「盡將戰備撤」，「太平有可期」，

〔註75〕　壽山位於高雄鼓山區，日治初期，還稱為打狗山，直到大正十二年（1923），當時日本裕仁（昭和），還是皇太子的時候，曾來臺巡視，臺灣總督府則在打狗山麓興建貴賓館供他駐蹕。裕仁太子於 4 月 21 日夜宿打狗山賓館，而 4 月 29 日為其生日，因此他的侍從官則將貴賓館命名為壽山館。當時臺灣第八任總督田健治郎，便把打狗山也一併改名為壽山，以頌祝人山並壽，從此打狗山改稱為壽山。陳錫如大正十年（1921）到高雄旗津，住了三年，此詩大概寫於大正十二年（1923）打狗山改名後。

人民可以安居樂業，雞犬不必再受到驚嚇，「萬邦慶協和」。豈料人類貪婪本性一再作祟，沒多久又爆發了第二次世界大戰。1939 年到 1945 年的第二次世界大戰，比第一次更加慘烈，戰爭進展到最高潮時，全球有六十一個國家參戰，有十九億以上的人口被捲入戰爭，戰火遍及歐洲、亞洲、美洲、非洲及大洋洲五大洲；交戰雙方同時也在大西洋、太平洋、印度洋及北冰洋四大洋展開戰鬥，死傷之慘重，可想而知。九泉之下的陳錫如若知，定會為天下蒼生深深嘆息。

　　清末列強瓜分中國，陳錫如有〈次蔡汝璧先生感懷時事原韻〉，云：

> 曾憶中東戰事殷，激昂慷慨莫如君；詞源倒湧流三峽，筆陣橫行掃萬軍。（時先生與予同獻防海議皆蒙取列優等）志憤藩疆多割讓，心憂國土勢崩分；儒生猶具匡時策，愧殺廷臣計不聞。（之一）

> 可惱權臣立念差，朝如田野政如麻；庸才誤國多旗籍，志士匡時只漢家。拳匪當年圖報李，（時共惟李來成為首）列強此日議瓜分；興懷遙憶燕京事，塗炭生靈最可嗟。（之二）

此詩是次蔡汝璧〈感懷時事〉之作（今不見蔡詩），由此知儒士心繫時事，憂國憂時。當時崇文社常就時事徵文，陳錫如、陳梅峯、蔡汝璧常踴躍投稿，提出自己的看法，也常獲列優等。第一首寫中東戰事頻仍時，他們激昂慷慨的討論著，然中國本身情形也不怎麼好，他們都紛紛獻上「防海議」，表達儒生匡時救國的策略。第二首語句激切的譴責清朝內部喪權辱國的腐臣，盡是一些庸才的旗籍人士；奔走匡時的志士，都是漢人。身在澎湖，想起燕京事，國家遭到列強的瓜分，但最可憐的還是老百姓。詩人常常繫念蒼生之苦。

（四）徵詩課題之作

　　陳錫如詩集中徵詩課題之作最夥，有〈虞美人〉、〈晏嬰〉、〈伍員〉、〈范蠡〉、〈廉頗〉、〈岳飛〉、〈劉銘傳〉、〈劉永福〉、〈吳季子挂劍〉、〈申包胥泣秦廷〉、〈漢高祖築壇拜將〉、〈諸葛亮高臥隆中〉、〈王勃作滕王閣序〉、〈李愬雪夜入蔡州〉、〈岳少保奉詔班師〉、〈鄭所南畫蘭〉、〈昭君出塞〉、〈文君當鑪〉、〈孫夫人投江〉、〈梁夫人親執桴鼓〉、〈桃葉渡〉、〈臥龍岡〉、〈黃金臺〉、〈銅雀臺〉、〈圯橋進履圖〉、〈五月渡瀘〉、〈張子房〉、〈無絃琴〉、〈映雪讀書〉、〈玉笋班〉、〈太公垂釣〉、〈陶潛賞菊〉、〈紅拂妓〉、〈文姬歸漢〉、〈二喬觀兵圖〉、〈管仲〉、〈子產〉、〈吾季札〉、〈西門豹〉、〈蘇秦〉、〈屈原〉、〈賈誼〉、〈荀卿〉、〈藺相如〉、〈蒙恬〉、〈李斯〉、〈曹參〉、〈董仲舒〉、〈嚴子陵〉、〈王景略〉、〈王

安石〉、〈王導〉、〈宋太祖〉、〈鄭成功〉、〈荊軻入秦〉、〈呂尚釣渭〉、〈范少伯載西施入五湖〉、〈黃石授書〉、〈蘇武持節〉、〈彌衡撾鼓〉、〈劉楨平視〉、〈孟嘉落帽〉、〈狄武襄奪崑崙〉、〈文君再寡〉、〈西施〉、〈文姬〉、〈昭君〉、〈飛燕〉、〈綠珠〉、〈道韞〉、〈太眞〉、〈息夫人〉、〈崔鶯鶯〉、〈關盼盼〉、〈薛濤〉、〈買臣妻〉、〈李香君〉等，從詩題可以看出當時命題的傾向，居多以歷史人物、事件、小說人物爲題，需諳知歷史、掌故，方能下筆，故可藉此建立民族意識，涵養史觀。部分以當代新事物爲題，如〈無線電〉、〈飛行機〉、〈探海燈〉、〈隧道〉等，與時代接軌，也大大擴展創作題材。筆者認爲這是日治時期全臺詩作最大特色，深具時代意義，非全不足取。

　　陳錫如詩雖多應各詩社徵募之作，限題又限韻，但其中也深藏作者特殊的見解，也不完全不可讀。如〈文君當鑪〉云：「男專滌器女當鑪，只爲風流情意孚；才子爲傭微伉儷，佳人執役信歡娛。釵光鬢影斜金甕，月貌花容映玉壺；從此鸂鶒休再貰，自家有酒自家沽。」對於一般人評論文君，「有驗之者，有醜之者，有惡其淫行而痛詆之者」，〔註76〕陳錫如則認爲文君是「美女也，才女也，具知人之特識，懷愛才之苦衷。使文君所遇而爲庸夫俗子，則其事不足掛人齒頰，其行亦污吾筆墨。文君而既遇相如，則是兩美相遇，兩才相逢，以美愛美，以才憐才，天從人願，故假新寡以成之。」〔註77〕詩多稱誇之詞。

（五）應酬遊覽之作

　　知交甚深的陳梅峯，稱其「性耿介，不與凡儔爲伍，以故落落寡合」，陳錫如〈留鴻軒詩文集附女弟子詩鈔上卷·序〉也自稱自己「生平少應酬遊覽之詩，凡所作者，皆應各詩社之徵募，爲題所限，削指就屨，難放步趨；爲韻所拘，斂才就規，莫能超脫，類多老生常談句，皆老嫗可解，鄙俗淺粗，知所不免。」雖少與凡儔爲伍，少遊覽，但陳錫如也有不錯的詩，如讀完蔡錫三到青螺虎頭山觀炭礦的百韻詩後，賦〈讀蔡錫三詞友青螺虎頭山觀炭礦百韻〉云：「隻身探蹟歷山巔，覽勝欣將妙筆傳；色色描來形畢肖，非非想入巧天然。螺峯景麗千年翠，虎穴觀寄百韻鮮；最愛詩情兼畫意，揮毫寫透白雲箋。」詩句清新流暢。又如在高雄設帳，遊旗山舊礮臺，作〈旗山舊礮臺懷

〔註76〕參見陳錫如：〈文君當鑪書後〉（《留鴻軒詩文集》，高雄州高雄市：苓洲吟社，昭和二年十二月十一日發行。）（標點筆者所加）
〔註77〕同上註。

古〉三首，之二云：「閒步旗山巔，觸目荒壘臺。雉堞已無存，礮架亦平毀。為問守者誰，黑旗劉氏子。威空振南天，備却形廢弛。一朝日軍臨，士卒盡披靡。至今戍地遺，空使後人指。」首聯寫悠閒觀覽古蹟，所得卻是觸目驚心的荒壘，成強烈對比。藉懷古道出山河易色之嘆，並對劉永福撇下臺灣，逃往大陸，有所貶斥。

第四節　尊孔良模——吳爾聰（1872～1956）

　　在清朝接受主要教育，同時經歷了 1895 年臺灣割讓的重大歷史變局，以及 1920 年代新舊文學論戰引發的文化領導權之爭的這些「舊文人」，他們經歷了科舉儒學教育，不少人曾參與科考；經歷過割讓戰爭中的憤怒和驚恐，有人是赴京請願的一員；經歷過國籍選擇，有人嘗試返回中國祖居地生活；有人與日本來臺第一代官僚用漢詩交際，是臺灣總督府官紳同宴、饗老典、揚文會上的座上賓，也有人終身以棄民自期；這個世代熱衷結社，他們是日治時期詩社、文社的創辦人或靈魂人物，「維繫斯文於一線」的使命感使他們共同創造了一個充滿危機意識、也充滿新可能性的漢文的文化共同體。〔註78〕從林介仁、陳梅峯、陳錫如的友朋網絡與詩作中，我們都可以看到這樣的訊息，他們都是前清的秀才，澎湖日治時期「祖代」的代表。而此節所要介紹的吳爾聰，正是「祖代」跨越「父代」的重要橋梁。

一、生平傳略

　　吳爾聰，名睿智，號啓東，〔註79〕同治十一年〔註80〕（1872）九月十六日生於澎湖廳港底村，卒於民國四十五年（1956）十一月十九日，享壽八十

〔註78〕　參考柳書琴〈「新東亞」共同體的歧義演繹：以戰爭期臺灣漢文文藝誌《風月報》、《南方》為例〉一文（行政院國家科學委員會專題研究計畫成果報告，執行期間：93 年 8 月 1 日至 94 年 7 月 31 日）。

〔註79〕　吳爾聰言：「僕少時有啓發東亞之志，故弱冠受提督學政試驗，即報名曰吳啓東。」此為其號「啓東」之來由。

〔註80〕　吳人驥〈父親生平紀略〉載其父吳爾聰生於同治二年，誤也。據《建國日報》載吳爾聰卒年中華民國四十五年十一月十九日；再據黃文藻〈澎湖耆彥吳爾聰先生傳略〉與莊東〈尊孔良模〉同載其師吳爾聰享年八十五來推算，應是生於同治十一。黃文藻〈澎湖耆彥吳爾聰先生傳略〉言吳爾聰生於民國四十年（1872）九月十六日；又總督府編《臺灣人士鑑》中記吳爾聰明治五年（1872）九月十六日生。（參見總督府編《臺灣人士鑑》，臺灣新民報社，昭和九年，頁 48。）

五。八歲起至二十一歲之十四年間，與秀才吳鳴鏘、陳梅峯等研讀四書、五經、歷史、左傳、古文、時文，並研究八比、論說、詩、賦等。〔註 81〕其天性誠實溫厚，聰穎拔羣，〔註 82〕成績超羣，弱冠應童子試，獨佔鼇頭，應院試復名列第一，馳名學界，學養湛深。〔註 83〕

　　二十二歲和洪涼結婚。二十三歲遇甲午戰役，乙未臺澎淪陷後，吳爾聰鑒及日人對殖民地苛虐蹂躪剝削，悲憤塡膺，不願受其統治，自備明朝服裝一套，以示民族氣節不移。原本打算挈家帶眷前往中國大陸，因爲老母年邁，不堪長途跋涉，且家中生活貧困而未果，吳爾聰引以爲憾，但爲求祖國的復興，民族的自由，乃毅然以傳播中國文化爲己任。〔註 84〕二十四歲至二十五在港底村設私塾，二十六歲至二十八在臺灣本島海口厝躬設絳帳，啓發後進不遺餘力。〈又錄前年舊作，步鑒堂芸兄留別原韻〉詩下小註云：「前年往東港郡林邊庄設教」，回憶前往東港郡林邊庄設帳之事，云：

　　　　杏園蔭茂多良木（前姑丈書房名杏園堂），一樹移根到港東（此句指鑑堂兄
　　　　一人往東港）。莫訝林邊桃李盛（桃李盛言生徒之多也），都因被拂有春風
　　　　（此句言皆受先生之善教也）。

筆者推測吳爾聰到東港郡林邊庄海口厝設教，可能是受陳鑒堂之邀。陳鑑堂湖西鄉沙港村人，與吳爾聰同爲秀才陳梅峯先生之門下，國學造詣至深，明治三十三年（1900）一月八日馬公國小創校時即到校服務，協助開學，努力教學研究，績效顯著。至大正二年（1913）六月二十八日離職，共服務該校達十三年半之久，日夜精勵恪勤盡職，功不可沒。離職後赴屏東縣東港鎮私設事房，自執教鞭。〔註 85〕

　　從東港返回澎湖後，自二十九歲起至五十五歲分別在媽宮公學校、網垵公學校、湖西公學校鼎灣分校等從事教員，凡二十七年有奇。〔註 86〕吳氏在

〔註 81〕 參見吳人驥先生爲其父吳爾聰撰寫的〈父親生平紀略〉。

〔註 82〕 參見黃文藻：〈澎湖耆彥吳爾聰先生傳略〉（《建國日報》，中華民國四十五年十一月二十日星期二，第四版。）

〔註 83〕 參見莊東：〈尊孔良模〉（《建國日報》，中華民國四十五年十一月二十日星期二，第四版。）

〔註 84〕 參考黃文藻：〈澎湖耆彥吳爾聰先生傳略〉（《建國日報》，中華民國四十五年十一月二十日星期二，第四版。）

〔註 85〕 參見鄭紹裘：〈日治時期馬公國校憶往〉（《硓𥑮石》第 12 期，1998 年 9 月），頁 50。

〔註 86〕 參見吳爾聰〈三十年之回顧〉一文。

澎湖媽宮執公學教鞭十五年受當局贈錶表揚，楊爾材有詩祝之，題〈吳爾聰先生執公學教鞭十五年受當局贈錶賦此以祝〉：

> 坐擁皋比十五年，門牆桃李喜爭妍；栽培不惜平生力，衣鉢原期次
> 第傳。師道自尊懸絳帳，我材無用老青氈；得邀當道隆褒錫，額頌
> 遙遙賦短篇。〔註87〕

期間屢經日人威脅與利誘，不為所動，且愛國忠誠隨年事而彌堅，常利用講學漢文科，灌輸愛國思想與培養民族精神。至大正十五年（1926）三月三十一日，時年五十五，因日人禁授漢文科，而離開國校。同年四月十日在馬公興辦私塾啓東書房，至昭和十二年（1937）因中日發生戰爭而停辦，同年七月十八日至昭和十三年（1938）六月四日在港底村國語講習所講學。〔註88〕

吳爾聰注重激發青年愛國思想，並潛研漢學；闡揚國父孫中山遺教，藉維大漢衣冠文禮，並以保存民族固有精神。門人中接受其熏陶，為謀光復臺澎而獻身地下革命工作者，不乏其人，如其高足李黃海在國父孫中山倡導革命時，即犧牲個人一切，回歸祖國，奔走呼號，參加革命實際工作。又如烈士歐清石由於領受吳爾聰之教誨有素，故能始終一貫，不貪生不怕死，抗日被捕，於獄中被美軍轟炸而亡，為革命犧牲而成仁。〔註89〕

昭和五年（1930）與陳錫如子陳世英倡設「小瀛吟社」，社員鮑弼臣等十數名，推舉陳世英為社長，社運持續約十年。又恐澎湖史跡湮沒，兼喚起民族精神，於昭和八年（1933），與老師陳梅峯發起重刊《澎湖廳誌》。歷數年，耗費甚多時間及精力，一字一字，一版一版，親自校正，將僅存之二、三部《澎湖廳誌》再行重刊，以傳後世。《臺灣日日新報》刊登了此消息，標題為「澎湖廳誌將出版以傳後世」：

> 澎湖自開闢以來之歷史，古人所編纂之澎湖廳志，至今有完璧尚存
> 者僅二、三部而已！恐再經數年，若被蠹害或受損，則開澎以來貴
> 重之歷史，後世有心之人無從考。茲幸有陳梅峯、吳爾聰兩茂才有

〔註87〕 參見楊爾材《近樗吟草》卷四七律，頁5；《臺灣日日新報》〈詩壇〉欄題〈澎湖吟社吳爾聰詞兄在澎湖媽宮公學校執教鞭勤勞繼續十五週年今蒙督府贈以時余不才爰賦一律以當祝意〉，1916.09.13。

〔註88〕 參見吳爾聰先生自撰的〈經歷概要〉。

〔註89〕 參考黃文藻：〈澎湖耆彥吳爾聰先生傳略〉（《建國日報》，中華民國四十五年十一月二十日星期二，第四版。）鄭紹裘：〈被遺忘的澎湖抗日烈士──歐清石〉（《硓𥑮石》第6期，1997年3月，頁16～31。）

鑑及此，日夜秉筆校正所缺，欲翻印多數以傳後世。但印刷之部數愈多，則其價格愈廉，是以希望有關心于澎湖歷史之仁人志士，各宜玉成一部，購置於座右暇時揣摩覽閱，並存傳後代，其益非淺。倘有希望者請向馬公街「啓東書房」吳爾聰氏聲明豫約，以便按額印刷云。〔註90〕

吳爾聰留下一份當時訂購《澎湖廳誌》的名冊資料，由此窺知獲得不錯的回響，購買者多為澎湖人。或居住當地，或旅居外地，他們對於澎湖文獻之保存皆盡了一份心力。〔註91〕其中多位是活躍當時詩壇的知名人士，如陳梅峯、吳爾聰、鮑迪三、紀經才、顏其碩、盧耀廷、陳文石、許君山、許成章等，事蹟屢見於《詩報》、《臺灣日日新報》、《南方》、《臺灣時報》、《台南新報》諸報。此外，名冊上加註預購者所在地，由此也獲知當時澎籍詩人的足跡。

在新舊文學交戰中，詩人興嘆聖道衰替，邪風日熾，為維護聖賢之道免世人為異說所惑，並為維持國文，國學免在異邦（日治時期）陷於衰頹，乃與同志人士組織「漢學研究會」。大聲疾呼當政者重視漢學之精神，令人感佩，弟子莊東稱其為「尊孔良模」，誠然如此。

吳爾聰亦耗費不少精神與時間，於昭和九年（1934）完成校對戴湘圃著、

〔註90〕見於《臺灣日日新報》漢文版，昭和八年九月八日，四版，第一萬二千零七號。（標點筆者所加）
〔註91〕吳爾聰先生所留下當時訂購的名冊資料：陳梅峯、吳爾聰、鮑迪三、高子騰、紀經才、顏其碩、高靖安、高選青、蔡及春、林錦村、陳世英、戴耀閣、蔡蔭堂、林顧卿、黃根棟、呂築、黃柏奇、高振坤、康瑞照、吳清主、張伯壎、郭孟裕、郭石頭、林長明、劉祿、尤伯魁、謝得、王國珍、吳寶額、林名、林廠、顏榮華、吳雙獅、洪如老、洪燈煌、蔡帕、陳潭海、陳全財、盧耀廷、許果旺、許瑤琴、謝國俊、高添財、王清雲、郭媽成、顏田疇、陳伯察、林交、高星、黃求神、許盆、葉發、陳雅、張溪泉、蔡梨、高有軒、陳氏柳、許朝壯、高為竹、郭禮、劉慶林、郭雨記、洪天送、鄭安邦、澎湖酒公司、馬公街役場、西溪高義、陳氏春、黃迺勳、何受恩、火燒坪蔡立賢、張能變、李柳、蔡開通、湖西庄役場、吳煥宗、廖振、黃貴、彭華、屏東陳家駒、嘉義陳文石、嘉義黃順孝、嘉義譚瑞貞、嘉義趙炳文、□水寮吳聰、高雄王伯佐、高雄李國琳、高雄王華堂、高雄陳肅堂、高雄許君山、高雄許成章、高雄吳國輝、高雄黃占魁、高雄涂東、高雄魏景雲、高雄黃格、羅東陳天瑞、清水街懷德齋書房、海山郡蘇維杰、台南陳旺珠、北港顏光城、鳳山蕭道成、鳳山林秋航、屏東郡里港呂批、高雄西瀛茂商店、台東廣加走灣許清泉、總督府國史館、鳳山街陳進興、陳鑑堂、陳雨村、陳春萍。

林豪箋釋《戴氏戒淫詩》與林豪續作五十餘首之註釋，〔註92〕並請林聯丁先生膽寫翻印，自費刊印百餘冊，分贈友好青年朋友爲座右銘，與各處寺廟、善堂等供給世人閱讀，〔註93〕以重振社會風氣，望風淳民美。

所著〈儒佛兩教並行不悖證〉一文，闡述儒與佛兩教並行不悖，儒之立教爲救民，孔子曰：「天下有道，丘不與易也。」佛之立教爲度眾生，佛曰：「我不入地獄，誰入地獄。」儒以仁爲第一義，佛以慈悲爲第一義，二者救世之心同也。清末時，澎湖的舉人和生員組成善社，定期從事扶乩和宣講活動，以教化流俗。「普勸社」是澎湖成立的第一個鸞堂，也是全臺灣最早的鸞堂。光緒十三年（1887）正月十三日午時，將「普勸社」改名爲「一新社」。光緒十七年（1891）正月十五夜，由玉皇大帝賜號「樂善堂」。〔註94〕在明治三十七年（1904）將這些乩文集合成書，成爲清末在臺灣撰作的第一本善書《覺悟選新》。對於賭博、吸食鴉片、械鬥、兄弟鬩牆、淫逸諸惡行加以批判，而著墨最多的社會問題是「戒淫」。全書中就有二十篇乩文與「戒淫」有關，可見這個問題在當時是一個很嚴重的社會問題，也見吳爾聰自費刊印《戒淫詩》，廣爲流布之用心。臺灣鸞堂，是儒、佛、道共構的，三者結合爲勸善教化百姓，共築和諧安樂社會。日治時期，澎湖「樂善堂」是文人常出入活動之所，也成爲漢文傳播的重要場域。

民國三十四年（1945）八月臺澎光復，民國三十五年（1946）四月澎湖縣成立參議會時，時年七十五歲，以德望膺選爲澎湖縣參議會第一屆議長，服務鄉梓。民國三十七年（1948）臺灣二二八事件發生，蔓延全省時，嘉義電臺向澎湖喊話：「臺灣各地都起來革命了，你們澎湖還在睡覺嗎？澎湖同胞趕快起來啊！」〔註95〕鄉人以及門生皆勸其率眾起義，他以澎湖形勢如古井，不宜輕舉妄動，安定地方爲要，使澎湖縣未發生不幸事件。民國三十九年（1950）六月三十日，於參議會議長任內受蔣中正總統召見。在當時視此爲極榮耀之事，其子吳人驥如是言：「拜辭時又蒙領袖親自送到會客室門口，如

〔註92〕吳人驥書吳爾聰行誼云：「完成戴湘圃先生所著作戒淫詩集一部之註釋（上下集計八十三首）」就陳維新序林豪箋釋戴湘圃《戴氏戒淫詩》所言，知此上下集計八十三首並非全爲戴湘圃所作，而是三十首戴湘圃作，五十餘首林豪作。歲次丙子仲夏之月，吳爾聰識此書之緣起云：「僕則擔校對箋釋之任」。

〔註93〕參見吳人驥書吳爾聰行誼。

〔註94〕參考宋光宇：〈解讀清末在臺灣撰作的善書《覺悟選新》〉（《砧砧石》，1997年6月，頁45～71。）

〔註95〕參見許雪姬：〈二二八事件在澎湖〉（《西瀛風物》創刊號，頁35。）

此荷蒙領袖之恩惠，實爲他一生之榮譽，亦爲吳家之一大光榮矣。」

　　吳爾聰走過臺灣清代、日治、國民政府三個政治時期，是跨越新、舊文學激變的見證者，近代澎湖重要級傳統文學作家。其一生寫作傳統漢詩文始終不輟，並從民國二十六年四月至民國四十五年（1956）十一月過世前，一直擔任西瀛吟社社長，熱中推動並參與詩社間的活動。曾公開發表詩文，然而只是分散發表，未作統整編輯，也從未結集出版過。筆者幸得洪敏聰先生提供吳爾聰先生詩聯文集及相關資料，得見其生前手稿，能對其一生及文學貢獻，有更深一步的認識。遺稿中有用十二行信紙，以毛筆抄寫之吳爾聰詩聯集，首頁中間寫著「詩聯集」，右方寫著抄寫時間「民國四十一年三月抄」，左下方寫著「爾聰」二字。所見之遺著，可分爲文、詩、聯三部分，本文不暇一一列舉，但從部分篇目即知其用心。文26篇，有書啓類、序跋類、哀祭類、論辯類等；詩131首，有時事詩、關懷民生詩、感遇詩、贈酬詩、遊覽詩等；聯計266對，有自作和代人作者，有門聯、楹聯、結婚聯、居屋落成聯、祝壽聯、輓聯、墓聯等等。另從《壽星集》、《東寧擊缽吟前集》、《高雄苓洲吟社徵詩初集》、《詩報》、《三六九小報》、《臺灣日日新報》、《臺南新報》、《臺灣時報》、《南方》等報刊詩集，搜集其詩作三十多首。

二、詩作析論

　　筆者從此未刊之詩聯文集與目前蒐得發表於報刊中之詩作，共輯146首。歌行體共9首，五言5首，六言、四言各1首、雜言2首。五絕5首，七絕72首，五律2首，七律58首。創作以七言近體爲多，此爲臺灣古典詩普遍現象，蓋與詩鐘、對子之創作有一定之影響。〔註96〕就目前所能掌握的詩作來看，大抵可將內容區分爲下列幾個主題：（一）時事詩；（二）生活感遇詩；（三）關懷民生疾苦；（四）詩會活動寫眞。（下文引用之文本有□者，爲字跡模糊難辨者。所引之詩出自未刊行之「吳爾聰詩文集」者，不另加註；出此之外，則加註輯錄之處。）

（一）時事詩

　　吳爾聰一生中走過清朝、日治、民國，而泰半的時間是在日人統治下的殖民地生活，對詩人有著強烈的打擊。他以中國四維八德之固有道德爲一生之金科玉律，奉行不忒。乙未割臺，不但以身被異族統治爲奇恥大辱，於滿

〔註96〕參考龔師顯宗教授講授〈臺灣文學史研究〉，97年6月19日。

清時期亦以堂堂大漢民族之大丈夫，不得不受清旗人之統治，亦常感悲憤。日治時期，翻閱我國書典，研究明朝時代漢族士人服裝之樣式，再即託友人自大陸買來綢緞之上等布料，請紀雙抱夫人裁製成明朝樣式的衣服、冠、履一套，於每年祭孔之大典時穿著，平時亦常穿中國樣式的長袍，以示身不幸雖陷於異族，但心永遠是與漢族相繫，表示身可殺，但志不可奪。他常稱在日治及滿清時期，生不能爲眞正之漢人，死後亦要做漢人鬼，並囑家人於其百年後，要爲其穿好明朝衣冠赴黃泉，以全宿願。〔註97〕〈感時〉云：

> 十年滄桑一局棋，疊遭兵燹最堪悲。武文衙署更新主，兵士依冠異昔時。小醜跳梁殲滅速，餘氛煽惑搖勤遲。烽烟滿眼何年了，寰海鏡清繫我思。

對於時局之變遷，兵火連連，江山易主，詩人悵望烽烟滿眼何時了。太平洋戰爭發生以來，昭和十九年十月十二日（1944）馬公初受美機空襲，十月十三日又受空襲，東町上帝宮附近及西町澄源堂附近均受害。馬公市民紛紛往鄉間避難或躲藏於防空洞、壕內。〔註98〕吳爾聰將防空壕取名爲「偷生窖」，又號「安樂窩」，〈築防空壕有感〉（命名偷生窖又號安樂窩）描繪戰亂期間築防空壕避難：

> 年過七三已算多，死生兩字聽爲何。倘遭爆擊命非正，隨眾營謀築土窩。（其一）
>
> 生來無益世分毫，亦到人間走一遭。眼看賢明爭解脫，獨留痴僕未沙淘。（其二）
>
> 東山高臥，空谷無音，不聞理亂，鎮日孤吟。鳴春小鳥，時弄好音，渾如相識，伴我清吟。別有天地，自成天地，非云忘世，聊避繁華。
>
> （以上諸詩題在「サイロ」〔註99〕表面埋入土中作防空壕爲百年後記念）

詩後又記載云：「偷生窖之出入口玄關隔一小室曰讀書靜室。」復作聯文云：

> 書還讀我，用倒裝句法，古詩：時還讀我書
>
> 廬亦愛吾，用倒裝句法，古詩：吾亦愛吾廬

〔註97〕 參考吳人驥〈父親生平紀略〉。

〔註98〕 參見顏其碩：《陋巷吟草・日誌摘要》（臺北縣：龍文出版，2001 年 6 月），頁14。

〔註99〕 「サイロ」是日語外來語，指筒倉；青貯窖，秣草保藏室；導彈發射井。

又載防空壕的狀貌云：「室上以烟突兩節埋在地中，上蓋玻璨爲窗引光讀書（偷一線光讀萬卷書）」〔註100〕時鮑迪三與鮑樑臣父子亦各和一詩，鮑迪三〈敬步瑤韻〉：「高明足以察秋毫，避難保身已兩遭。今日經營窩一所，安全三次免沙淘。」鮑樑臣〈謹詠偷生窖〉：「容身餘此地，一窖拓乾坤。不特偷生稅，奇書好獨翻。」足見時人於戰亂時期所過的生活，與詩人於兵馬倥傯之際仍不廢學的勤勉精神，於困頓處仍能尋得安身立命之所。雖如此，誰也都不願碰上戰火的摧殘。當他看到馬公北極殿被炸毀時，心中哀痛萬分，〈弔馬公北極殿被災〉：

> 毒彈汝亦太無情，北極神宮一爆平。今日我來觀實踪，傷心老眼淚
> 盈盈。

眼見生靈塗炭，神宮被毀，期待寰海鏡清，人民能過著無戰亂，安居樂業的生活。戰爭不論何方獲勝，受害的還是無辜的老百姓。〈寫懷〉一詩表明他的心聲：

> 家無儋石我無慮，腹有詩書亦足多，一事私心猶抱歉，日華兩國未
> 平和。

詩後云：「汝父一生專抱日華親善主旨，今雖決裂，老成謀國者，後日必出而平和之。」（標點符號爲筆者所加）吳爾聰曾應莊櫻痴徵文，作〈欲求東亞和平須謀日華親善論〉一心盼東亞能和平，人民過著無憂無慮，自在的生活。莊玉波讀後有感而賦詩〈讀陳梅峯老詞長吳爾聰盧三多兩詞兄寄拙者所主徵欲求東亞和平須謀日華親善論惠稿有感賦此贈寄並乞賜和以結翰墨因緣〉云：「讀君傑作隱憂深，忍看狂瀾捲陸沉。救國文章元定筆，書陳治亂見婆心。」〔註101〕吳爾聰賦〈次莊櫻痴君贈瑤韻〉和之：

> 東亞風雲日日深，時舒倦眼閱升沉。狂瀾倒挽嗟無力，胡越同舟空
> 有心。〔註102〕

詩人對東亞局勢動亂不安，憂心忡忡，滿心期待有老成謀國者，能力挽狂瀾。甲午戰爭因滿清政府腐敗無能戰敗，臺澎被割據後，他以德望才能，受日人重視，雖被日本政府派任爲眾人羨慕之庄協議會員及廳協議會員（爲澎湖之第一人）多年，但他並不以任斯職爲榮，而魚肉同胞，他是以利用其職務上

〔註100〕　見於吳爾聰詩文稿，標點符號爲筆者所加。
〔註101〕　見於《臺灣時報》「蓬瀛詩壇」，1933 年 8 月 1 日。
〔註102〕　見於《臺灣時報》「蓬瀛詩壇」，1933 年 9 月號。

之機會，儘量為民圖謀減輕受日人之壓迫，及爭取我國文化在異邦統治下能得永延於一脈。中日戰爭末期，日本敗戰之情形已甚明顯，日人為懷柔臺胞圖使其忘本，均力勸臺胞改名易姓，他雖亦受日本政府屢次之勸請，且告以要率先示範，但他終未被淫威屈服。〔註103〕〈虎倀蕃倀（當時有為日官坐偵探以害民者作此以諷之）〉一文引虎倀、蕃倀〔註104〕為喻，言臺灣雖幸無虎而生蕃則所在皆有。諷刺那些日本走狗，危害百姓的人能夠心存仁恕，不要引異類而戕害同類，不要引異類而戕害自己子孫。其民族氣節之凜然，當可知矣。

民國三十四年（1945）八月臺澎光復時，吳爾聰以重見天日，興奮與狂歡逾恆。被推為歡迎委員會會長時，自撰歡迎大會歌：

> 唱此歌，表歡迎，七萬島民同一聲，六十年今光復，歡喜莫名，如
> 嬰兒歸母抱，露出真情，願從茲，馬歸山，牛放野，不戰條約實行，
> 萬歲萬歲萬萬歲，天下太平。

吳爾聰以此歌領導臺眾，熱烈歡迎接收委員及國軍之來臨。從歌詞中見彼時詩人心中對日人統治之反抗，也看到臺灣人民的不願。大家渴望過太平日子，得重回祖國懷抱，讓人欣喜若狂。詩人是將漢民族一脈相傳的中國當作自己的原鄉。

（二）生活感遇詩

此類詩作頗能見詩人之人格、精神特質。吳爾聰一生以維護聖道、傳道授業解惑為己任。他曾寫〈三十年回顧〉一文來說明襄助日本籍校長齋藤遷移媽宮公學校至新校址原由，化解學生父兄對學校的誤解。賦有〈轉校餞別席上〉俚句：

> 一席寒氈二十秋，齒危髮禿不知休，荊妻低首向兒道，爺把黑頭換
> 白頭。

又：

> 入門髮何黑，出門髮何白，欲問此中情，解人終莫索。〔註105〕

〔註103〕參考吳人驥〈父親生平紀略〉。

〔註104〕虎倀：謂虎噬人，人死魂不敢他適，輒隸事虎。或曰人遇虎，衣帶自解，皆別置於地，虎見人裸而後食之。蕃倀：人遭生蕃馘首，死後引生蕃再殺他人亦名為倀。即祖若父或遇蕃害，其鬼亦引蕃來殺其子孫，是以祖孫于其忌辰不敢致祭，恐其引蕃入室。

〔註105〕參見鄭紹裘：〈日治時期馬公國校憶往〉《硓𥑮石》第 12 期，1998 年 9 月，

從此看到詩人對教育無私之奉獻，勞力又勞心，以至黑頭變白頭了。自二十九歲起至五十五歲分別在媽宮公學校、網垵公學校、湖西公學校鼎灣分校任教，凡二十七年有奇。奉獻教育亦受到當時日本政府的肯定，受四回表彰。在媽宮公學校服滿十五年，受當局贈錶，詩友楊爾材賦詩〈吳爾聰先生執公學教鞭十五年受當局贈錶賦此以祝〉祝賀。〔註106〕

又昭和六年（1931）一月起，前任管理員郭健秋（薦秋）先生逝世後，即被眾信徒推選爲孔廟管理人，至民國四十五年（1956）十一月逝世止，前後擔任該名譽職（無薪俸）將近三十年之久。其間並自願自動自費獨自居住在廟內，朝夕奉祠聖賢，及親自打掃廟宇多年，以表示尊仰聖賢及報答聖賢之教誨，因之曾受日本憲兵之懷疑及注意監視。在其任滿孔廟住持一年時有詩〈孔子廟住持滿一週年自祝〉云：

> 焚香掃地供清課，宗廟爲官滿一年。日與聖賢長晤對，不知老至樂陶然。

此詩不禁令人想起陸游詩句：「開編喜見平生友」，詩人日日在孔廟焚香掃地，與聖賢長晤對，陶然忘我，不知老之將至。又〈豪雨〉云：

> 那堪秋雨太滂沱，一陣越添一陣多。耳舍須臾驚入水，屋中屋外變江河。（之一）

> 祖孫抖擻大精神，排水施工費苦辛。乍奈雨多人力少，終歸無效此原因。（之二）

詩下小序云：「聖廟耳舍入水，彼時武、文兩孫夏休來廟學習漢學，幫余排水。」此二詩明白曉暢，時值秋天大雨滂沱，一陣強過一陣，孔廟的耳舍須臾間滿是水，屋中屋外都成了江河。幸好他的二位孫兒到孔廟學習漢學，和他一起合力排水，但因雨勢太大，三人仍不敵，足見孔廟失修漏雨之嚴重與排水之不良。因此，詩人發啓告示〈募修文廟啓〉，致力請求有關機關出資補助，或多方奔走募捐以整修孔廟。任孔廟管理人三十載，〔註107〕分別於昭和六年

　　頁52。）

〔註106〕楊爾材〈吳爾聰先生執公學教鞭十五年受當局贈錶賦此以祝〉：「坐擁皋比十五年，門牆桃李喜爭妍。栽培不惜平生力，衣鉢原期次第傳。師道自尊懸絳帳，我材無用老青氈。得邀當道隆褒錫，額頌遙遙賦短篇。」（楊爾材：《近樗吟草‧卷四‧七律》，門人薛咸中編、蔡國樑校，1952年，頁5。）

〔註107〕吳爾聰任孔廟管理人，時無管理委員會。據〈西瀛詩叢跋〉載「吳爾聰老先生於民國四十五年作古，四十六年爲改選社長而引起糾紛，乃由縣政府成立

（1931）〔註108〕、民國三十六年（1947）與民國四十四年（1955），先後計大修孔子廟三次，藉以喚起尊師重道精神及中華民國固有文化，並免聖廟損壞倒塌。陳錫如見「登瀛樓」年久失修，他倡擬整修以傳千秋，賦〈擬修登瀛樓〉，吳爾聰就此賦三首，云：

> 名勝天開獨此樓，紅塵隔斷似瀛洲。當頭幻景氤氳氣，爽眼奇觀旋轉流。門闔更無學士到，簷空惟有鳥聲啾。而今欲議重修事，時勢如斯何處籌。（之一）

> 登瀛樓即大魁樓，二百年來一創修。兵燹凌夷遭歷劫，風霜剝蝕幾經秋。沙堆原冀能成塔，腋集豫期得製裘。漫道久坍難卜築，僉同詢議企良謀。（之二）

> 大魁老去中書禿，奎閣傾頹實可羞。眺望已非新氣象，登臨大減舊風流。金雕玉琢嗟無補，棟折榱崩倍有憂。我亦聖門一小子，高樓百尺冀重修。（之三）

「登瀛樓」為澎湖文石書院建物中僅存的一座古蹟，奉祀魁星，樓高二層，建築樣式頗具藝術，從第一首詩中可窺知。登樓遠眺更是美不勝收，有詩〈上登瀛樓〉：「相將直上登瀛樓，天朗氣清快壯遊。檻外風光看未盡，夕陽欲下海門秋。」如此佳樓任其傾頹，身為聖門弟子怎忍足睹，而起重修之念。

任孔廟管理員，亦有一些溫馨小插曲，讀之見詩人真性情。在〈即事〉詩中云：

> 區區一飯亦艱辛，或則為炊或執薪。（武為炊、文執薪）我更從旁司掌火，全員總動費三人。（火柴不足以粗砥製，□□補充，孫小不曉吹，我旁坐代吹之。）〔註109〕（之一）

> 祖孫恩愛出天倫，脈脈深情分外親。最恐宵寒無覆體，提燈起視夜頻頻。（之二）

此二詩描繪了天倫之樂。祖孫三人在孔廟中炊飯之情景，雖然看似艱辛，又是執薪又是炊，忙得不可開交；但是教孫子生火炊飯，卻是溫馨的。到夜裡

『孔子廟財產管理委員會』，將原來一部份充為西瀛吟社之房租，全部收歸管理委員會管理。」足見孔廟管理委員會成於四十六年，吳爾聰先生卒後。

〔註108〕孔子廟庭院右牆有一昭和六年（1931）孟春所立之碑〈孔子廟重修捐題碑記〉，碑文刊刻義捐孔子廟重修費者芳名及金額。

〔註109〕此詩加註處之標點為筆者所加。

風寒，深怕孫兒將被子踢開了，著涼了，而一夜提燈頻頻起來看顧好幾回，愛孫心切，溢於言表。有一詩〈病齒〉誡其子：

> 一齒繫全身，相關痛癢意。爲深骨肉情，忍苦不甘棄。

詩末註云：「此詩頗有深意，兒宜熟讀而玩索之，勿草讀過也。」詩人從牙痛中領略人生至理：一齒痛全身痛，身體各器官息息相關，藉此爲譬骨肉情深，即使再艱苦亦不肯棄，來告誡其子，希望其子熟讀而玩索之，勿草草讀過。

又〈邇來逐月配給火油甚少，長夜臥以待旦，沙港春林歸梓，詩以相贈，余利用夜間和之以破岑寂，汝母以膏油關係勸阻，余刻吟二詩以示之，因遲至天明則忘卻也，故難以從命〉見其率眞一面：

> 臥床欣得句，起坐夜挑燈。書入備忘錄，天明待未能。（之一）

> 爲愛還詩情，夜深暗點燈，老妻生異議，有理我難聽。（之二）

物資嚴重缺乏，火油皆需配給，且數量越來越少。爲和沙港陳春林贈詩，半夜靈感一來，燃油燈欲記之，妻子爲節約膏油而勸阻，詩人以遲至天明則忘卻也，而難以從命，還是夜深暗點燈，繼續寫。讀之令人辛酸亦莞爾。

（三）關懷民生疾苦

吳爾聰先生一生服務大眾，不時爲民請命，爲民爭取最大福祉，詩人擁有悲天憫人的情懷。此類詩多以歌行體爲之，字字出自肺腑，〈勸捐歌〉云：

> 奉勸我庄民，須知重公益。衣食若有餘，陰功宜廣積。方便要利人，
> 金錢勿吝惜。濟困與扶危，普天受恩澤。況爲同一庄，休戚與有責。
> 建成宿泊所，休憩遠歸客。經營療養軒，病人居安宅。爲富能好施，
> 蒼穹即上格。積財與子孫，未必能發迹。積德與子孫，子孫留清白。

昭和十年，歲次乙亥（1935）季春，吳爾聰撰〈募建方便寄宿舍啓〉，希望勸募集資建方便寄宿舍。原由爲澎湖斥鹵，彈丸之地無厚產，人多離鄉背井以謀生。居住馬公市區者，交通尚便利，若是居住在更鄉下處，如西嶼、白沙、湖西還需先乘船至馬公，再乘船至臺灣本島。當時船出入港皆在夜間，碼頭無寄宿舍，庄人常冒夜歸里。若遇就診問醫，病體寄居無所，實堪矜憐。詩人便發起募捐善款以建方便寄宿舍，作遠歸人息足之區，並經潔淨閑軒，爲貧病者就醫之所，讓庄人不必再早夜奔馳。其同胞物予之胸懷，令人景仰。吳爾聰並賦詩歌一首，其中宣揚之樂善好施，積陰德予子孫的理念，與《覺悟選新》同。〈公益〉詩云：「自利自私不可行，何如人己共存榮。爲仁施德

存公道，聖訓凜尊著令名。」〔註110〕秉著聖人訓示，爲仁施德。又〈過中墩上下澤有感〉云：

> 淒風苦雨過中墩，兩道急流勢若奔。澤水無情沉粉黛，千秋海上尚含冤。（之一）

> 急流澤水說中墩，過此行人欲斷魂。安得興梁成有日，民無病涉頌君恩。（之二）

中墩爲於澎湖白沙中屯村與鎮海村的一處水澤處，日治時仍無橋，澎民經兩處多涉水而過，有時水流湍急，一失足便入海中。時年昭和十一年（1936），一女子身懷六甲，涉水而過爲浪捲走。詩人過此處想起此海上冤魂，心中悽然，並呼籲當局能早日搭建橋梁，使百姓不再恐懼。戰後賦〈訴苦〉一詩，云：

> 吁嗟澎民苦，苦情難悉數。抗戰經八年，無時得安堵。日匪防空壕，
> 爭先又恐後。幸賴我蔣公，鷹揚追尚父。行兵妙如神，戰勝攻必取。
> 鶴唳與風聲，倭奴盡慄股。屈服求行成，献還我土宇。臺澎祖國歸，
> 黎民盡腹鼓。謳歌樂太平，修文可偃武。誰料遭旱災，半年無下雨。
> 穀物少收成，粒食望誰與。薪桂米又珠，貧民飢欲死。又兼失業多，
> 無處謀升斗。萬竈冷無烟，何以充簞簠。一般黎桑人，將登餓鬼簿。
> 幸遇有仁人，救濟施恩溥。數萬孤島民，免長呼終窶。作歌以告哀，
> 我心亦良苦。

詩人首先苦訴澎民之苦難數，總起詩旨，下從歷經八年抗戰，日匪防空洞，後日人戰敗，終於將臺澎歸還，人民歡欣鼓舞，終可回祖國懷抱。然正在謳歌太平時，怎料竟又碰上旱災，半年無下雨，穀物收成欠佳，又兼失業，人民都將登餓鬼簿。詩人字字道來，讀之鼻酸。臺灣光復後，詩人撰一文〈呈省政府陳主席請配給糧米以救飢民〉，希望獲得政府之補助，以救飢民。澎湖陳桂屏亦撰一文〈請借帑金救濟古歌〉，同爲澎民呼喊。處處顯露詩人悲天憫人，人飢己飢，人溺己溺的仁者襟懷。

（四）詩會活動寫真

此類詩透露著當時文人的活動情形，反映著一個時代文人樣貌。〈文石書院雅集〉：「文石院中集眾賢，風流裙屐盡翩翩。鱟宮權作蘭亭地，好結騷人

〔註110〕參見吳爾聰：〈公益〉，《詩報》第252號，昭和十六年七月二十二日。（西瀛吟社夏日擊缽會，左詞宗吳清主、右詞宗許瀛洲，吳爾聰之作獲左花。）

翰墨緣。」載著當時詩人們會聚文石書院吟詩作賦之情形。除固定場所之雅
會外，詩會中經常有花朝賞花、上巳踏青、中秋賞月、重九登高之例，詩會
舉行時間，與這些節日關係密切。

　　上巳是遊春的節日。漢以前定陰曆的三月上旬巳日爲上巳，有修禊之俗，
以祓除不祥，魏晉以後則改在陰曆三月三日。宋吳自牧《夢梁錄》卷二：「三
月三日上巳之辰，曲水流觴故事，起于晉時。唐朝賜宴曲江，傾都禊飲踏青，
亦是此意。」遊春之俗在唐、宋已非常盛行。即使不在上巳日踏青，詩人亦
會在春日百花齊放時，尋一日相約郊野踏青賞花吟詠，這些詩作偏在娛賓遣
興，抒寫春日情懷。〈鳥鳴春〉云：

> 東皇經已轉鴻鈞，百鳥和鳴報早春。嘎嘎叫回芳草色，嚶嚶啼破杏
> 花晨。呼群喚友成天籟，應候知時率性眞。更有岐山未彩鳳，好音
> 一唱達楓宸。

此詩將春日鳥鳴寫得生動，群鳥和鳴就在耳側迴響般。頷聯最爲生動，嘎嘎、
嚶嚶聲，喚起大地春榮，好一句「叫回芳草色」與「啼破杏花晨」，把詩題「鳥
鳴春」生動鮮明的托出，又是好鳥相鳴，又是百花齊放的，又是嚶嚶盈耳，
又是綠紅滿眼，好不熱鬧。百花都被鳥兒喚醒了，〈花朝〉一詩云：

> 中和節後到花朝，滿眼風光景物饒。最是百花初度日，二分春色筆
> 難描。

「中和節」是中國民間傳統節日之一，流行於華北地區，尤以北平爲最。此
節日乃由唐德宗下詔成立。相傳每年農曆二月初一爲太陽眞君的生辰，民間
習於是日相互贈送百穀、瓜果，並以「太陽鳩糕」祀日，祈求農作物豐收。（見
新唐書·卷一三九·李泌傳。）中和節過後不久之陰曆二月十二日（或十五
日）爲百花生日，稱爲「花朝」。唐司空圖〈早春詩〉：「傷懷同客處，病眼卻
花朝。」此詩較感傷。吳爾聰這首則著眼於春景之美，寫道中和節之後的花
朝，春色怡人，筆墨難以描繪其美。〈踏青〉云：

> 二月風光滿郭青，連翩裙屐態娉婷。緩尋芳卉經平野，細訪名花過
> 短亭。覽勝人來山有色，遊春客去草猶馨。劇憐羞澀垂髫女，畏避
> 狂童步步停。

首句「二月風光滿郭青」寫出二月郊野一片清新的氣息，第二句「連翩裙屐
態娉婷」將郊野賞春人娉婷姿態細膩道出，人與景構成一幅賞心悅目的春野
圖。末聯文意一翻轉云：「劇憐羞澀垂髫女，畏避狂童步步停」將女孩嬌羞的

一面刻畫入微，也將狂童在春郊恣行撒野的頑皮貌活靈活現的展現出。

　　春遊後是端午，吳爾聰〈競渡〉描繪端午節情景：

　　　　粘蒲香粽祭端揚，俗尚龍舟倣楚湘。畫鼓喧天聲激越，錦標閃電影低昂。輕航急櫓撞蛟室，綠女紅男繞水鄉。憑弔忠魂循故事，千秋江水尚留芳。〔註111〕

其師陳梅峯亦有〈競渡詩〉：

　　　　一年佳節屆端陽，舟楫安排弔國殤。鼓振靈鼉聲激烈，旗翻彩鷁影飄颺。水天形勝遺荊楚，今古才人感棟樑。努力錦標期奪得，百杯蒲酒待傾觴。〔註112〕

此二詩皆就端午節之特色，如愛國詩人屈原、粽香、喝蒲酒、龍舟競賽等題材加以著墨。

　　而最為詩人所樂道與團聚之節日，當是中秋賞月。值得一提的是：在昭和八年（1933）的十月三日（農曆八月十四日），林獻堂一行六人乘壹岐丸來到澎湖，十月五日（農曆八月十六日）離開。〈灌園先生日記〉中的澎湖遊記，記載了其初抵澎湖所見「遠望澎湖島，如經大火之後，毫無青蒼可愛之色，亦無高山，所見皆是沙崙而已。」後云：「六時十分下錨，郭禮、蔡獎、王興武、戴耀閣、王再興、陳金瀛、劉永耀外數氏下壹岐丸歡迎，岸上有西瀛吟社吳爾聰暨社員數十人迎接，棧橋人眾擁擠出觀余等，乃乘自働車直抵松島紀念館。」〔註113〕足見林獻堂到澎湖受到澎湖詩人熱烈之歡迎。鮑迪三〈步林獻堂先生和吳爾聰詞兄中秋玩月瑤韻〉：

　　　　一聲汽笛響如雷，名士追隨日夜陪。知否澎山遊覽遍，都因問俗採風來。

詩中最後一句寫道此次林獻堂至澎湖是為問俗採風而來，來澎後受到當地文人盛情款待，日夜相陪。鮑迪三又云：「識荊逢此夕，如願得佳賓。寸念關風土，高才出俗塵。行言堪法則，歌詠極清新。奚讓古元白，瀛東有幾人。」此詩多為讚美林獻堂之辭，言其詩詞不讓唐代元稹、白居易。《灌園先生日記》中載有此事：「新十月四日，舊八月十五日，……十時餘同出步月，梅峯、爾聰相待於蔡獎店中，遂招之一同泛舟觀月。天際時有微雲，常娥或隱或現，

<hr>

〔註111〕　參見曾朝枝（笑雲）：《東寧擊缽吟後集》，昭和 11 年（1936）5 月 19 日，頁 147。

〔註112〕　參見曾朝枝（笑雲）：《東寧擊缽吟後集》，頁 147。

〔註113〕　參見林獻堂著，許雪姬等註解：《灌園先生日記》，民國八十九年，頁 382。

十餘人分乘兩舟並行，暢談頗歡，十二時方返。」〔註114〕吳爾聰〈澎江觀月會跋〉也詳實描繪：

> 夫聚文星于孤島，勝會不常，開雅集于三秋，良辰難再，以故命仙槎而徑去。袁宏懷泛渚之游，備文宴以聯吟；庾亮盡登樓之樂，久已傳仕途之佳話，紀藝苑之風騷矣！邇者筵屬洗塵，會開觀月，人來千里，圓喜十分。夜宴方開，天上捧來玉鏡，遊踪欲引，當前御出水輪，照本無私，光原有象，不須剗灼，借玉宇之晶毬。若欲催詩，擊禪房之銅鉢，群賢畢至，饒有豪情，少長偕來，咸多逸興。命題拈韻，使君則壇坫生光，伸紙吮毫，文士則詞源門捷，吟成明月，直敲得意之鐘，寫出秋光，合拍驚奇之案。聯主賓以偕樂，結文字之因緣，斯固滕王高閣之遊，彼開先路，會稽〔註115〕蘭亭之會，我步後塵矣！某樗櫟庸材，草茅下士，嘆文章已憎命，有慚王勃逞才，幸大雅之得親，敢學魏羞藏拙，謹掇蕪詞以誌盛會，是為跋。

讀此文，澎江觀月會似不亞於會稽蘭亭之會！由此略知當時文人雅會擊鉢吟詩之情形。高子騰亦賦詩助興〈林獻堂先生游澎湖有作依韻卻寄〉：

> 崇樓秋節夜，煮酒宴佳賓。慷慨陳胸曲，豪雄見性真。風煙千里靜，水月一時新。解纜中流去，好為擊楫人。（之一）

當日澎地士人，煮酒宴佳賓後，陪林獻堂泛舟賞月。風煙俱靜時，水中明月分外新，解纜縱舟而去，海上明月共此生，好一幅中秋賞月圖，極其雅致。賞景之餘，面對局勢之不安，詩人亦多感慨，又賦詩云：

> 蓮島瀠迴卅六開，孤臣嘗膽此登臺。廿年心力支明朔，一夜颱風便楚材。外塹戍兵空設險，西城戰壘已成灰。追攀真問施劉跡，黃裔淪夷事可哀。〔註116〕（之二）

此詩從臺澎為日人所據，發出感慨。外塹為西嶼鄉之尾（今名外垵），高丘上築有砲台，但有何用？還不都成了砲灰。

民國三十五年（1946）中秋夜，吳爾聰也寫了一篇〈觀月會跋〉，意旨與〈澎江觀月會跋〉相近，然此次觀月會是在臺澎初光復，多一分昇平之氣。

〔註114〕同上註，頁386。
〔註115〕原文寫此「嵇」字。
〔註116〕見於吳爾聰詩聯文集資料。

夫寄遊興於蟾宮，古傳唐主；泛靈槎於牛渚，事記袁公。良夜难逢，清遊不再，久已！紀高風於昭代，傳佳話乎藝林矣。廼者縣宰風流，會開覘月，騷人逸興，意寄吟風，才思翩翩，主賓盡東南之美。吐詞娓娓，入座俱時髦之流，若欲催詩，坐船幸有風笛；無須秉灼，天上自有晶毬。舉世昇平，光原有象，同人和靄，照却無私。況值天河洗甲之秋，應作寰海鏡清之頌。與士民以偕樂，表僚佐之融和。斯固赤壁之遊，彼導先路；蘭亭之會，我步後塵矣。僕襪線短才，布衣下士，頌太平而才拙，喜大雅之躬親，爰撚蕪詞以誌盛會。

風流縣宰開觀月會，詩人齊聚一堂，意寄吟風，賓主盡歡，熱鬧非凡。多麼有人文氣息的中秋夜。吳爾聰先生賦有多首玩月詩，茲錄一首〈中秋夜贈王勻滌〉略見其貌：

三五平分九十秋，良宵得月倍清幽。風飄丹桂從天落，潮帶水輪入港流。錦里先生來海嶠，絳紗弟子往瀛洲。光陰荏苒俱堪惜，老矣吾還秉燭遊。

除了踏青、中秋賞月相關詩題外，另一些擊缽之作，亦有可誦者。擊缽吟有不少以歷史人物為題者，如〈二喬觀兵書〉（二宵韻）、〈呂尚垂釣渭水〉、〈木蘭從軍〉等，藉詠古人古事以道今事。還有一些以當代新事物為題者，頗新奇，此類詩題常見於日治時期詩社之課題。如〈輕氣球〉：「裂帛繫筐製此球，冲天絕技實無儔。轉旋一得輕清氣，瞬息高飛五大洲。」〈無線電〉：「新奇電學奪天工，無線居然有線同。只藉兩竿傳遠信，何須一縷掛長空。遞書更巧留聲匣，寄語倍精德律風。從此文明能四播，五洲萬國便交通。」〔註117〕又澎湖「小瀛吟社」徵詩：〈落下傘〉，詩云：「居高臨下御風行，張蓋不殊羽翼生。尺柄一朝歸掌握，頂天立地戰功成。」〔註118〕澎湖黃至誠徵詩：〈國民服〉，詩云：「和洋服制要更新，名義而今變國民。樣式縱然如廣背，衣形帶尚武精神。」〔註119〕此類擊缽吟或徵詩之作甚多，代表這一時代的新題材，其情思、筆觸大致相同，不再贅敘。

〔註117〕見於吳爾聰詩聯文集資料。
〔註118〕參見吳爾聰：〈落下傘〉，《詩報》第234號，昭和十五年十月十八日。（左詞宗鮑樑臣、右詞宗林振輝，吳爾聰之作獲左六）
〔註119〕參見吳爾聰：〈國民服〉，《詩報》第256號，昭和十六年九月二十二日。（左詞宗吳爾聰、右詞宗許瀛洲，吳爾聰擬作）

　　吳爾聰一生奉行四維八德，不但提倡並教誨家人、門生、後進等應遵守力行，一生所作皆是利益眾生。對於澎湖文化推廣，竭盡心力。重刊《澎湖廳誌》，無給職擔任孔廟管理員三十年；編修港底村吳氏祖譜及籌建祖祠，追念港底村吳氏祖宗淵源，永遠紀念自己祖先喚起民族精神；創立小瀛吟社，主持澎湖西瀛吟社二十多年；註釋並刊印《戒淫詩》，免費贈送社會各界；創立漢學研究會；曆任澎湖縣參議會議長，安定社會等諸多善行，得為澎民表率。

　　其詩作雅俗共賞，意蘊深厚。內容大致可區分為：一、時事詩，記載了當時日治時期人民受壓迫，生活不安定之悽惶；二、生活感遇詩，隨筆寫來，卻處處見人生哲理；三、關懷民生疾苦，痌瘝在抱，處處顯仁者胸懷；四、詩會活動寫真，展現詩人之風流雅趣，皆有可誦處。創作多樣，諸體皆備，尤以歌行體代民控訴生活疾苦，最足稱道。

　　一般認為受過現代新式教育的知識分子，才會從事社會改革工作，其實不然。傳統的讀書人也有積極參與社會改革活動者，只不過他們是以維護傳統價值為職志，〔註120〕林介仁、陳梅峯、陳錫如、吳爾聰諸賢士，一生積極為民請命，積極推行四維八德，透過詩文整救社會頹喪之風，改善社會風俗，這不也是積極的參與社會改革活動嗎？教育子弟，培養高尚情操，讓民族精神得以延續。強烈的使命感讓人敬佩。

〔註120〕參考宋光宇：〈解讀清末在臺灣撰作的善書《覺悟選新》〉（《砖砬石》，1997年6月），頁45～46。

第四章　日治時期（下）

　　本章所論二位詩人，出生於乙未割臺初期，畢生菁華處於日治時期，深受漢學教育影響，並以傳播漢文化的使命，一是人稱「盧顯仙」的盧顯，二是「青燈才女」蔡旨禪。

第一節　澎頭散人——盧顯（1896～1965）

圖 中編 4-1：盧顯戶口名簿影本

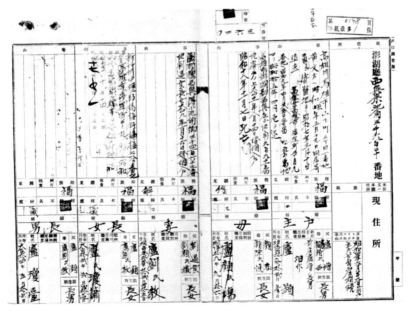

（盧瓊堂先生提供）

一、生平傳略

　　盧顯，筆名甚多，有耀亭、耀廷、耀庭、瑤亭、曜庭，〔註1〕明治二十九年（1896）十二月三日，生於澎湖縣西嶼鄉小池角（日治時期門牌：小池角360番地）。賦性敦厚，自少好學，受業於名秀才劉承命〔註2〕，國學基礎甚佳，亦善書法。師徒二人同村，自得問學之便。《澎湖縣誌・人物誌》第二章科第云：

　　　　劉承命，通稱劉對，西嶼鄉池東村人，清朝咸豐乙卯年生，爲人剛
　　　　毅耿直，雖家世業農，而自少篤志好學，迥異常童，所謂三更燈火
　　　　五更雞，亦不足以喻其攻苦也，因此四書五經，至老猶能背誦，二
　　　　十五歲時，及第秀才考試，爲文化落後之鄉村增光不少，嗣赴高
　　　　雄、鳳山、旗山、台南等地設帳授徒，日據後曾任小池角區鄉長，
　　　　熱心爲地方服務，不幸數年後因患眼疾，兩目喪明而罷職，自是在
　　　　家專心垂帷講學，傳播祖國文化，因其國學根柢良好，析義精確，
　　　　故雖瞽而求教者甚多，如西嶼之名詩人盧耀庭。名彫刻家黃清埕均
　　　　爲其及門之高足，曾記其晚年題小池角廟前戲台之聯文曰「小子六
　　　　七人逢場作戲，池塘尺尺地拜將登台」足見其才學之一斑也，生有
　　　　丈夫子三均先彼而逝，老境淒涼，民國二十九年以病卒，享壽八十
　　　　六。〔註3〕

劉對清咸豐五年（1855）生，光緒五年（1879）秀才，曾赴高雄、鳳山、旗山、台南等地設帳授徒，門生必不少，可惜今有關史料闕如，無從更深入介紹。《澎湖縣誌・人物誌》載其至老仍能背誦四書五經，由記憶之深見其用功之深，今不見劉對詩文傳後，甚爲可惜。盧顯從師劉對，習得扎實的國學基礎。

　　盧顯父盧增與人在台北合夥經營「西瀛中藥房」，〔註4〕經濟富裕。盧顯年輕時，曾到嘉義、〔註5〕台北等地工作，因得與臺地名詩人接觸，而引起對

〔註1〕 盧耀廷先生戶籍登記名字爲盧顯，鄉人以此名呼之。耀亭、耀廷、瑤亭、曜庭諸名見諸當時報刊雜誌。

〔註2〕 盧瓊堂先生言劉對時居今之池東國小附近。（2009年4月9日，參訪盧顯次子盧瓊堂先生於高雄仁愛二街住處。以下盧瓊堂先生提供之盧顯資料，皆爲同日所得，爲避免繁瑣，不再註明參訪時間。）

〔註3〕 參見顏其碩、莊東：《澎湖縣誌・人物誌》，頁59。

〔註4〕 盧瓊堂言其祖父與人合夥所開中藥舖，即今製作「正記消痔丸」的前身。

〔註5〕 有〈將往布袋中作〉。

詩學研究之興趣。〔註6〕

　　大正九年（1920）一月十六日娶同村劉遏雲〔註7〕長女劉教，育有五女三男。長女盧瓊簫、長男盧瓊臺、三女盧瓊芝、次男盧瓊堂、四女盧瓊梳、五女盧瓊簪、三男盧瓊田。

　　盧顯時常往來澎湖、高雄。大正十年（1921），澎湖碩儒陳錫如應高雄旗津青年團之聘，到旗津擔任夜學講師，後將其「留鴻軒」弟子組成一「旗津吟社」，大正十二年（1923）抵返回澎湖。當時盧顯在高雄，年近而立之年，入其帳下，成為「旗津吟社」社員。〔註8〕昭和六年（1931），在高雄州成立「雄州吟社」。〔註9〕據盧顯戶口謄本「事由」欄所載：「高雄州高雄市山下町3丁目一番地黃文方昭和六年五月十九日同居寄留寄留地ヨリ昭和七年三月十日退去」〔註10〕知昭和六年（1931）五月十九日與黃文方居住在高雄州高雄市山下町3丁目一番地，昭和七年（1932）三月遷離此處。

　　又盧瓊堂先生所述：昭和年間其父與叔父盧從在高雄鹽埕區承租一屋開辦「人生商行」，他自己四、五歲時曾到過此處。大姊盧瓊簫，年十三，國民學校畢業就到高雄幫忙，餘弟妹因尚年幼，仍與母親居澎湖小池角。

　　盧瓊簫生於大正十二年（1923），往後推十三年，應是昭和十年（1935）到高雄，而盧顯經營「人生商行」最遲不晚於此年。再從盧顯戶口謄本「事由」欄所載：「高雄州高雄市塩埕町二丁目九番地昭和九年四月式拾日寄留」判斷盧顯應於昭和九年、十年間到鹽埕經營「人生商行」。

　　經營期間，業務多交由弟弟掌管，內務由長女處理，自己則天天品茶吟詩。〔註11〕昭和十五年（1940）與弟決定將商行出售，得金四萬元，〔註12〕

〔註6〕　參考《澎湖縣誌・人物志》，頁68。

〔註7〕　《澎湖縣誌・人物志》有傳。

〔註8〕　參見胡巨川先生《民初以來高雄市的詩社概況》，曾刊載於《高市文獻》第15卷第1期，民國九十一年三月，頁2、6。按大正九年陳錫如應高雄旗津青年團之聘，為夜學講師，時盧顯年二十六。

〔註9〕　盧顯居高雄時，與弟子共組「雄州吟社」，據胡巨川先生《民初以來高雄市的詩社概況》言：該社成立於昭和六年（1931），雅集持續至昭和九年。賴子清〈古今臺灣詩文社〉則言創辦時間是昭和九年（1934）。（參考賴子清〈古今臺灣詩文社（二）〉，《臺灣文獻》第10卷第3期，1959年9月，頁90）就《詩報》於昭和七年（1932）一月一日載有雄州吟社第一期徵詩，以〈曉風〉為題，證雄州吟社成立於昭和六年（1931）。

〔註10〕　感謝盧瓊堂先生提供。

〔註11〕　盧瓊堂先生口述。

回家鄉以漁爲業，過著鄉居生活。戶口謄本「事由」欄記載：「寄留地ヨリ昭和拾五年四月壹日退」，自此離開高雄返鄉，盧顯就長期居住澎湖。

昭和十六年（1941），將所得在小池角西岸鼻頭蓋「虎目石滬」，費時近一年方竣工，其母盧顏西常謂：「將錢填入大海！」完工後，雇請鄉人撈捕，魚獲做五五分，收穫甚豐。不料光復後，國民政府來台，日治時期的四萬元換一元，盧顯原計畫以所售商行之款終老一生，足矣！詎料時局改變，打算失利，魚獲量也銳減，收入漸顯困頓。其弟從遂重執牙醫業，生活較不受影響，盧顯則否。然生性豁達，生活雖不如昔日優渥，亦無改樂天之性，從不爲此而沮喪，仍時常讀書吟咏。〔註13〕

第二次大戰結束，臺澎光復後，官派擔任澎湖縣議會第一、二屆參議員，代表西嶼民意，貢獻良多。〔註14〕晚年隱居故里，以作詩遣興與捕魚爲樂，後因病至高雄就醫，住次子盧瓊堂寓所，〔註15〕民國五十四年（1965）一月二十八日卒於高雄，享壽七十。〔註16〕《澎湖縣誌》有傳，存有手稿，近體詩130首，歌行體1首，詩鐘34等。在澎湖及高雄市設帳授徒，灌輸祖國文化，民族精神，在日人統治下，以詩言志，威武不屈。平生最景仰文天祥，重氣節，輕名利，頗有古人之風。〔註17〕

二、詩作析論

盧顯先生詩稿，絕句90首，七絕84首、五絕6首；律詩40首，七律29首、五律11首，七絕居冠，次則七律。〔註18〕詩人筆下的家鄉水域？詩人筆下的心情？詩人關心的主題？這是筆者很想探知的。下就盧顯詩稿創作主題加以分析，以窺其創作風貌。

〔註12〕 鍾如瑤校長言當時其父坪頂，中學畢業，月薪12元，一月5元養活一家子，四萬元於當時是一筆可觀的數目。

〔註13〕 盧瓊堂先生口述。

〔註14〕 洪東碧先生訪問稿。特此感謝。

〔註15〕 今高雄市仁愛街。

〔註16〕 2009年4月4日，參訪鍾如瑤校長於澎湖池東村。（盧顯弟盧從女婿，盧顯生前將詩稿交與保留）。2009年4月9日，參訪盧顯次子盧瓊堂先生於高雄仁愛二街住處，盧顯先生於此往生，其骨灰原安置於高雄宏法寺，後因家鄉小池角建蓋納骨塔，遂於2005年歸置於此。

〔註17〕 參考《澎湖縣誌‧人物志》，頁68。

〔註18〕 從其一生吟咏，詩作不只於此，許多散見於《詩報》、《臺灣日日新報》、《臺南新報》。

（一）家住瀛涸島嶼前——漁隱生活書寫

陶淵明罷官歸隱南山下，過著躬耕生活；盧顯賣掉「人生百貨行」，回到僻壤鄉梓，過著漁隱生活。就其內容觀之，多為居澎湖小池角之作，題材多書寫漁隱生活的閒適之趣。〈風雨歸舟〉五首刻劃詩人殷切投入故鄉懷抱的心情：

> 多年作客走他鄉，為念家山渡遠洋。一舸歸來何所得，海邊風雨鬢邊霜。（之一）
>
> 掛起歸帆夜放洋，滿天風雨話連床。傍人休唱公無渡，屈指明朝見故鄉。（之二）
>
> 睽違鄉井幾經霜，千里歸程趁一航。誰念淒淒風及雨，還家人在水中央。（之三）
>
> 大風捲浪迫歸航，急雨跳珠落客艙。舟自飄搖吾自在，計程明日是家鄉。（之四）
>
> 港門一入近家鄉，且向舟窗引領望。可有可人堤上立，櫛風沐雨待歸艎。（之五）

由五首七絕連章詩道盡其離鄉背井，飄泊在外卻無所獲的無奈，與歸鄉的渴望。詩人借用「公無渡河」典故，一句「傍人休唱公無渡，屈指明朝見故鄉」，堅定的表達回鄉的決心，即使大風捲浪船飄搖，急雨潑進客艙中，詩人仍無所懼，因為家鄉殷殷的呼喚，足以抵抗一切阻礙。

返鄉後他在小池角西嚴鼻頭處，尋一未開發的海域，申請使用執照，建造石滬捕漁，〈處女地〉描繪了當時情景：

> 媲美哥倫布，初看大陸新；雖非敷土世，也有啟疆人。我輩初行處，
>
> 漁郎未問津；明年生產業，開拓趁良辰。

詩人將所尋到之處，媲美為哥倫布發現新大陸，喜悅情躍然紙上。據鍾校長如瑤先生言，當時盧顯雇用了不少人建造石滬，其弟盧從幾乎天天督導進度，但盧顯則時常吟詩悠閒度日，極少參與，一如在高雄經營「人生商行」，不與人爭，一切隨性。兄弟性情天差地別。〔註 19〕耗時年餘完成石滬工程，魚獲可觀。盧顯在岸上築一網寮，為置漁具之所，時居其處，如蘇軾居「東坡」般自在。〈網寮小住〉：

〔註19〕澎湖西嶼小池角人，鍾如瑤校長口述。

> 生爲瘠地民，聊樂我天眞；寄宿西巖下，如居東海濱。閒常偷白日，
> 地可避紅塵；不惜隨來往，澎頭一散人。

詩人稱己生在貧瘠的土地，對於一位汲汲營營名利的人，或謂困守愁城，但對一位生性天眞爛漫的人，適足以提供一絕佳之所。詩人就寄居在家鄉小池角西巖下，一處與世無爭的地方，日子清閒的很。唐陸龜蒙號「江湖散人」，朱劉欽號「冰壺散人」，詩人自稱爲「澎頭散人」，日日與沙鷗、魚群爲伍，〈自適〉詩展現其恬適的半漁半詩生活：

> 無聞五十年，到處任流連；蕉鹿隍中夢，沙鷗海上眠。偷閒官不管，
> 買醉我能顛；親友如相訪，蒐裘近水邊。

詩人自我陶侃到處流連五十年，仍默默無聞。承上一轉，詩人借用鄭人「得鹿、失鹿」的典故，表達人生得失無常，如夢幻泡影，實無須執著。今且放下一堆人間瑣事，過著漁隱生活。「偷閒官不管，買醉我能顛」，瀟瀟灑灑過生活，親友如果來相訪，就叫他們到水邊來吧！詩風一派灑脫。另有一首〈網寮小住〉亦表現了詩人隱於漁村自適的閒情：

> 小隱西巖且待潮，三秋氣味未蕭條；先生高臥漁翁島，今日重看菩
> 薩寮。逐鹿中原休夢想，游鯤大海且消遙；由來鷸蚌相持久，應有
> 漁人獲利饒。

詩人逍遙世外之豁達，處處充滿老莊思想與陶淵明的影子。〈步春林兄見示原韻〉：「天下滔滔水急流，何心趨附爛羊頭；生涯到處思莊子，世事如棋問弈秋；但覺征徭無地避，漸看時局有人收；飄然四海爲家日，不向愚溪買小邱。」「生涯到處思莊子」頗示己志。〈菊〉：「黃花常作隱花僧，開向涼秋九月天；屈子餐時吟澤畔，晉人愛菊處籬邊；又逢今日寒英發，更覺先生晚節堅；不受陽和恩半點，孤芳傲世立霜前。」詩人有一股傲然之氣充塞宇宙間。〈漁人〉：

> 捕魚爲業一身安，趁得清流下急湍；生意孤舟簑笠足，世情萬里水
> 雲寬。縱無鱷鯉來離罶，應有蜻蜓立釣竿；信宿煙波還泛泛，前程
> 欲得子陵灘。

詩人離開繁華都市歸故里，捕魚爲業，徜徉大海上，世情萬里水雲寬，身心得到無比安適，即便無魚入網中，又何妨？應有蜻蜓立釣竿。閒適之趣是詩人所追求的。〈柳塘觀釣〉云：

> 柳色參差映水清，橫塘十里見閒情；臨淵一老頭頒白，吹浪群魚尾

半傾。未必垂綸非釣國，從來執節每成名；無邊光景留天地，付與
漁翁唱晚晴。

首聯寫出橫塘臥柳色的閒情之感，頷聯緊接帶出人物，一斑白老翁臨淵看著
水中的魚群，因風吹浪起，尾巴半傾。細緻的描繪了水中游魚。前四句展現
一幅閒適的柳塘觀釣圖，頸聯文意忽轉，「未必垂綸非釣國，從來執節每成
名」，有著姜太公釣魚之意，也顯現詩人對己人格的期許。末聯藉由遼闊的天
地，無邊的風光，漁翁唱晚晴，托出磊落的胸懷。〈竹窗茶話〉：

客來不速值良辰，竹影當窗試茗新；靜處無譁談款款，清時有味說
津津。得從忙裡偷閒輩，同是杯中解事人；陸羽三篇盧七椀，晤言
一室可留賓。

首聯寫到不速之客造訪，二人竹窗下品飲新茶。居處一片寂靜，二人談話更
顯清曠。頸聯讚友人能忙裡偷閒，是杯中解事人。讚友其實亦是自讚。〈海邊
居〉的生活是愜意的：

平生蹤跡任流連，不住名場住水邊；數戶相衣〔註20〕崖作壁，三餐
自靠海為田。居民最重為漁網，結伴臨淵取酒錢；晚唱歸來初月上，
一觴一詠傲神仙。

首聯「平生蹤跡任流連，不住名場住水邊」，詩人淡泊名利，不汲汲於富貴。
頷聯緊承首聯之意描繪隱水邊的環境，數戶相依崖作壁，以海為田過三餐，
不求騰達，臨淵只為取酒錢。末聯「晚唱歸來初月上，一觴一詠傲神仙」不
僅羨煞人間萬戶侯，甚且傲煞天上神仙。

　　盧顯詩中除見老莊與陶淵明外，亦常見陸游的影子，〈步顏奇碩兄見贈原
韻〉云：

客次相逢獲暢談，留君不住悵何堪。即今閒裡尋忙事，一卷詩鈔讀
劍南。（之一）

詩末即告訴顏其碩，自己閒裡尋事忙，正讀著劍南詩。觀之日治時代詩作，
言及劍南者頗多，顏其碩有詩〈團扇家家畫放翁〉：

宋代推高士，詩篇重劍南，騎驢吟細雨，策杖賞晴嵐。便面圖形遍，
仁風繪像罩，家家珍畫扇，揮動佐清談。

詩中見時人對陸放翁詩的敬重，取其愛國高士之形象，進而影響繪畫之題材
——團扇家家畫放翁。詩中云「騎驢吟細雨」，典出放翁〈劍門道中遇微雨〉：

〔註20〕原手稿寫「衣」，依句意應為「依」之誤。

「衣上征塵雜酒痕，遠游無處不消魂。此身合是詩人未？細雨騎驢入劍門。」
陸游一路在驢背上詩思泉湧。驢子在人們心目中，得到上至名士詩人，下到
黎庶民眾的好感。

日治時代的臺地詩人所面臨的環境，與陸游甚似。國破家亡之痛，山河
易色之悲，給當時文學很大的影響，激發詩人滿懷憤怒與熱烈的愛國情操。
在殖民的鐵蹄下，臺灣人民有志難酬，也只能消極的對酒當歌，吟詩作賦，
以消心中之憤恨，藉詩社之林立以保固有文化。盧顯晚年居澎湖，同村弟子
洪東碧表示，他亦深受其師影響，最為欣賞陸游詩。

陸游有著狂放不羈的性格，一股慷慨激昂的熱情，加以才情勃發，興會
淋漓，因此他的詩風，有的雄放，有的清空。他對前代詩人，最推崇陶淵明、
李白、杜甫與岑參。愛田園山水的樂趣，長於描寫自然界的形象，此像陶淵
明。晚年詩風脫去中年的憤慨熱烈與奔放縱橫之氣，而趨於閑適恬淡。那些
描寫農村生活和閑適心境的，如〈游山西村〉、〈岳池農家〉、〈臨安春雨初霽〉、
〈秋郊有懷〉、〈蔬食〉、〈沈園〉、〈東村〉、〈記老農語〉、〈晚春即事〉等作，
同樣表現他的高尚品質和關懷民生的思想感情。盧顯歸澎湖半漁半隱之詩
作，深受陸游晚期詩風的影響，〈海邊居〉即表現了這樣的情感：

> 適我安居近水邊，捕魚日日樂天年；身經來往風潮際，家住瀛洄島
> 嶼前。東海有濱資復國，大洋無阻便歸船；故人若問新環境，三面
> 青山一面淵。（之一）

詩人家住瀛洄島嶼前，日日捕魚，穿梭在風裡潮裡，生活安樂無比。老朋友
如果問起新環境，美呀！三面青山一面淵。詩中「故人」，所指為在臺結識的
朋友。當時陳皆興與盧顯同受業於陳錫如，盧顯回故鄉後，陳皆興時常造訪，
二人總踩著夕陽餘暉，赤腳漫步於鄉間小道。〔註21〕其二：

> 靜處安身得一椽，背山面水住年年；世途雖險家無恙，事業猶存海
> 有權。避地幾人知愛國，臨流獨我尚憂天；功名富貴浮雲外，日與
> 漁翁論眼前。

詩人僻居荒島，時局動盪，以漁為業尚且安身。富貴功名在詩人眼中如浮
雲，日日與漁翁為伍，生活無恙；然詩人畢竟與一般漁夫不同，個人功名富
貴可拋，但面對國家前途怎能不憂心。面對異族的統治，戰火的摧殘，即
使再溫馴的個性，亦無法置身事外，〈過爆彈投下處〉一詩，盧顯發出最深沉

〔註21〕盧顯姪婿鍾校長如瑤口述，特此感謝。

的無奈：

> 古今世事感頻頻，滄海桑田寄此身；炎火崑岡焚玉石，雕墻峻宇委
> 灰塵。一經滿目傷心處，又見蒙頭蓋面人；回首可憐征戰地，誰無
> 至戚與周親。

詩人的情感是與時代精神緊緊結合，「回首可憐征戰地，誰無至戚與周親」，控訴著戰爭的殘忍。歷經日人統治五十年，初聞臺灣光復，國民政府接收消息近，臺灣人民無不歡欣鼓舞，〈聞臺灣光復〉寫出詩人欣喜之情：「行年五十歷干支，戰火初停鬢有絲；北鄙烽煙雖未息，東洋深淺已能知。九京國父顏開日，三島將軍首俯時；聞道接收消息近，同胞四億樂怡怡。」歡喜若狂之神情，溢於言表。

（二）輕舟訪舊知何日──詩友交心談興

盧顯詩中有一類是與詩友往來之作，但此類又非一般酬酢之文字遊戲，詩中處處傳達了詩人的思想。從其往來詩作，亦可略窺詩壇風貌。其中最常往來詩友，有同鄉的顏其碩，和在高雄結識的高文淵、王天賞、陳皆興等人。下就唱和詩作分析，以見其意趣。

1. 與顏其碩之作

顏其碩生於明治三十三年（1900），晚盧顯四歲，同住小池角，二人詩多描繪漁村生活，是日治時期書寫海洋最多的澎湖詩人，蓋與其生活背景相關。西嶼又稱漁翁島，顧名思義居民多以漁為業，漁村生活自是他們再熟悉不過的景致。

昭和四年（1929）十二月，顏其碩年三十，因神經衰弱前往臺北療養約一個月，寄寓臺北大橋頭附近，〔註22〕當時盧顯人在臺灣本島，曾前往探視。顏其碩有詩〈養病稻江喜遇鄉友盧君耀庭〉云：

> 養病稻江賦索居，盤餐味淡嘆無魚。逢君客裡談鄉訊，多少珍饈總
> 不如。（之一）
> 斗室窮居避世塵，晨昏唯與藥爐親。離愁滿腹正無那，卻喜天涯遇
> 故人。（之二）〔註23〕

詩中足見在異地養病的顏其碩，看到故人來訪，心中喜悅之情躍然紙上。

〔註22〕參見顏其碩：《陋巷吟草》，頁7～8。
〔註23〕顏其碩：《陋巷吟草》，頁39。以下所引顏其碩詩皆自《陋巷吟草》，為去繁瑣，不另再註明。

顏、盧二氏皆長於漁村，飯能食無肉，卻不能食無魚。顏其碩原本嘆息盤中無魚，然一見到鄉友，一談起家鄉，也忘了無魚之事。再多的珍饈也比不上聽到家鄉的訊息，那樣令人開心。盧顯回澎湖定居時，顏其碩賦〈寄盧君耀庭〉云：

> 春間一別碧梧姿，魚雁稀通歲月移。聞道吟旌回梓里，惠然過我在
> 何時。（之一）

> 詩翁梓里獨推君，但願輔仁會以文。後學栽培須着意，莫將盛譽付
> 無聞。（之二）

第一首是盧顯回澎湖定居，顏其碩賦詩迎之。第二首稱許盧顯詩才，願以文會友，以友輔仁；並期盧顯栽培後進，莫將盛譽付無聞。盧顯依其原韻賦詩回贈，〈步顏其碩兄見贈原韻〉：

> 雙鬢漸生野鶴姿，駐顏乏術歲星移。輕舟訪舊知何日，須待風恬浪
> 靜時。（之一）

> 去年把臂記逢君，略說之無敢說文。願學魏收藏拙意，只求養靜不
> 求聞。（之二）

> 詩言志也正當興，其奈羸軀力不勝。餘勇已如強弩末，雖穿魯縞亦
> 難能。（之三）

第一首回應自己兩鬢漸霜白，年歲漸老，不知何日能以輕舟拜訪？只能等待風恬浪靜的時候。第二首寫到去歲與君把臂言歡，怎敢以略識之無的學識，就說自己懂得文學。對於顏其碩「後學栽培須着意，莫將盛譽付無聞」的期待，盧顯回應以「願學魏收藏拙意，只求養靜不求聞」，只想學「魏收藏拙」，〔註24〕過著閒靜的生活，不求聞達。第三首談及此時詩學正興，無奈己身羸弱，心力不勝。謙稱己已是強弩之末，即使穿著齊紈魯縞亦難有所作為。〔註25〕從此唱酬中亦見盧顯詩有名於時。盧顯遺集有〈步顏奇硯兄見贈原韻〉〔註26〕：

> 客次相逢獲暢談，留君不住悵何堪。即今閒裡尋忙事，一卷詩鈔讀

〔註24〕《隋唐嘉話》載：「梁常侍徐陵聘于齊，時魏收文學北朝之秀，收錄其文集以
　　　　遺陵，令傳之江左。陵還，濟江而沉之，從者以問，陵曰：『吾爲魏公藏
　　　　拙。』」

〔註25〕盧顯〈步顏其碩兄見贈原韻〉有三首，但顏其碩《陋巷吟草》〈寄盧君耀庭〉
　　　　只有二首，依其對應韻腳，缺了第三首。

〔註26〕按「顏奇硯」所指爲「顏其碩」。

劍南。（之一）

滿地干戈方擾擾，昔年親友已寥寥。輕舟訪舊非無意，常恐秋風起
怒潮。（之二）

詩苑初傳一藝名，雕蟲小技總虛聲。輸君壇坫常高據，真箇龍頭屬
老成。（之三）

此三首為回應顏其碩詩。顏其碩原韻之作〈秋日寄懷耀庭兄西嶼〉三首，
云：

夏初高市憶歡談，又聽西風感不堪。想得幽居詩思好，明窗靜倚誦
周南。（之一）

高足年來劇有名，鯤南詩苑播蜚聲。海濱異日追鄒魯，全賴先生手
造成。（之二）

秋風原上草蕭蕭，遠望落霞轉寂寥。煮酒論詩何日是，夢魂應逐往
來潮。（之三）

第一首顏其碩寫初夏至高雄與盧顯相談歡樂，一下時節又到秋風起，令人感
嘆時間推移之快。盧顯回以二人會晤相談甚歡，欲留君君不住的悵惘。後半
詩意在告知詩友，自己閒裡尋忙事，正在閱讀《劍南詩鈔》。第二首顏其碩稱
許盧顯高足聲滿鯤南詩苑，希望來日海濱亦能追鄒魯，深盼盧顯能回鄉造育
人才。盧顯回以顏其碩的誇讚「鯤南詩苑播蜚聲」，實是虛傳，稱許顏其碩才
是箇中翹楚。

　　第三首顏其碩以秋景寥落，遠望落霞亦寂寥，人景皆蕭條，多麼期盼何
日能再煮酒論詩，但無奈大海阻隔，只能托夢魂逐潮前往。盧顯回以時局不
穩，滿地干戈紛擾擾，亦感慨昔年親友已多不在，所存無幾，也多麼希望能
乘著輕舟去找你，就怕秋風起怒潮。當時顏其碩居住馬公，往返馬公、西嶼
端賴乘船，秋天澎湖東北季風已大作，白浪濤天已不利行船。

　　這一來一往的詩作，見詩人情思之深密，豈可以一般應酬之語觀之？又
第二次大戰結束後，臺灣光復，盧顯任澎湖縣第一屆議會參議員，顏其碩賦
〈擬寄盧君耀庭〉：

頭銜參議豈尋常，民意憑君徹底揚。國憲而今欣奠立，同心共建太
平鄉。〔註27〕

──────────────────

〔註27〕參見顏其碩：《陋巷吟草》，頁44。

顏其碩推稱能當上參議員，這頭銜非比尋常，希望民意能透過盧顯而徹底傳達。國家憲法建立，大家齊心共建太平鄉。這是歷經戰亂後，人民深深的期望。

又「西瀛吟社」內部細故，顏其碩深感無奈，以詩代札，寄給在小池角的盧顯，可見盧顯是顏其碩談心的對象。〈寄耀庭詞兄〉，云：

> 吟會無端久不開，辭源詩韻委塵埃。春回海上波濤穩，何日共君醉一杯。(之一)

> 西岩漁訊近如何，民意賴君暢達多。愧我白頭無一就，空將歲月任蹉跎。(之二)

顏其碩賦有〈西瀛吟社邇來社運低落部份同仁且有因細故而形同脫離者感而賦此〉二首：「全省詩風日益彰，西瀛寂寂轉堪傷。同仁此際應團結，重整吟壇耀國光。」、「昔日文風本有名，詩翁不斷出西瀛。誰云小技今無用，振奮民心重正聲。」對於全省詩風正盛，澎湖卻因人事的紛擾而寂寥，令人不勝唏噓，此時同仁應更加團結，重整吟壇耀國光。第二首感嘆昔日澎湖文風鼎盛，不斷有詩翁出自澎湖，而今此景，令人悲傷。末兩句氣憤的表達，誰說作詩無用，詩可發正聲，詩可振奮民心，誰說「小技今無用」？此情該與誰訴說？顏其碩想到了長己四歲的同村好友盧顯。

〈寄耀庭詞兄〉之一：顏其碩向盧顯抱怨吟會無端久不開，辭源詩韻都布滿塵埃，人事擾嚷，不如春回海上，波濤穩時，從馬公乘船回西嶼與君共飲一杯。透露出顏其碩深深的無奈。第二首起句問盧顯西岩石滬魚獲如何？對其生活表示關切之情。並讚盧顯表達民意，而自愧白頭卻仍無所成，空將歲月蹉跎。字裡行間透露二人情誼深厚。

2. 與陳皆興之作

陳皆興，原字可廷，光復後改字可亭，明治三十二年（1899）重陽日出生於高雄苓雅寮，卒於民國八十一年（1992）。十六歲進入旗後新泰記當學徒，十八歲晉為經理，二十一歲結婚。大正十年（1921），澎湖宿儒陳梅峯與陳錫如降帳旗津，遂投入門下，奠定深厚的國學基礎。盧耀廷長其三歲，亦入陳錫如門下問學，二人於此成知交。

陳皆興二十六歲離開新泰記，自創新大同醬園。而立之年遷居鳳山，成立鳳山製冰公司和經營榮豐醬油行。平日熱心公益，被推為保甲聯合會會長及鳳山街協議會員。四十四歲時，因「東港事件」，日人擴大事端，羅織成反

日份子，逮捕入獄。光復後，被舉爲鎮民代表和縣、省議員。五十九歲當選第三屆高雄縣長，主政期間，凡所措施必務其遠者、大者，悉以民眾福祉爲依歸。〔註28〕當選時各方詩友賦詩慶賀，《鯤南詩苑》第三卷第二期即載有歐子亮、陳文光、洪月嬌、謝問岑、劉福麟、吳春年〈祝陳皆興先生榮膺高雄縣縣長〉詩作。盧顯亦賦〈慶祝陳皆興先生當選高雄縣縣長〉：

> 三十餘年契闊深，忽聞得舉喜難禁。他時若到高雄境，戴笠來聽單父琴。（之一）

> 玉壺早己〔註29〕貯冰清，治績三年自有成。預説士元非百里，扶搖直上祝前程。（之二）

盧顯時年六十一，人在澎湖小池角，聞老友陳皆興當選高雄縣長，自爲其欣喜。首句「三十餘年契闊深」，道出二人相識之久。末兩句之「戴笠」引古時越人與人結交之禮儀，封土壇，祭以雞犬，並祝曰：「卿雖乘車我戴笠，後日相逢下車揖。」之典，言他日若來到高雄，要戴笠來聽單父琴，以此表情誼深篤，不因貴賤而改變。「單父琴」引自漢劉向《說苑・政理》：「宓子賤治單父。鳴琴，身不下堂而單父治。」後因以「單父琴」爲稱頌地方官治績之典。盧顯借此表友人之德，必爲勤政愛民的地方官。第二首言陳氏之才，非僅任百里侯，他日必可扶搖直上。二人交遊甚密，盧顯姪婿鍾如瑤表示，陳皆興到澎湖找盧顯時，常見二人於黃昏時，散步鄉間小道。

3. 與高文淵之作

高文淵（1906～1982），名源，號石泉，以字行，臺北景美人。曾任高雄地方法院書記官，師事萬華顏笏山，後日入「文山吟社」、「瀛社」、「高山文社」、「鷺洲吟社」。著有《咶未齋吟草》、《寓園詩草》。〔註30〕盧顯詩稿中有〈和高文淵先生見訪韻〉，云：

> 多蒙勞玉趾，徒步繞池東；客到青山外，光生白屋中。詩人得高叟，酒地失郵筒；身世應同感，臨風看轉蓬。

此爲和高文淵詩作，寫高文淵特從臺灣來澎湖，二人徒步繞著池東走。邊走邊聊，二人情誼可見。「客到青山外，光生白屋中」見主人因客來訪的喜悅。

〔註28〕參見照史：《高雄人物評述》第一輯（高雄市：春暉出版，1983 年），頁 108。
〔註29〕此首爲盧瓊堂先生提供。「早己」，依文意應是「早已」之誤。
〔註30〕參見林友笛著、鄭定國主編：《林友笛詩文集》（臺北市：文史哲出版社，2008 年），頁 478。

〈鯤南詩苑〉載高文淵〈壽何武公七十〉，云：

> 瓠落乾坤屆古稀，小陽春正壽星輝；一生筆墨新書著，萬里風雲昔
> 日非。陸地神仙多自在，湖天吟稿有餘徵；稱觴醉枕髑髏夢，來證
> 詩禪物外機。〔註31〕（標點爲筆者所標）

何武公齋名「枕髑髏齋」，著有《枕髑髏齋詩話》，連載於《鯤南詩苑》。《鯤南詩苑・鯤瀛鉢韻・苓洲擊鉢吟》載有高文淵〈麟兒〉，詩云：「聞聲始覺此英兒，摩頂振振露角奇。信是祥鍾天上降，玉書獻瑞弄璋時。」〔註32〕足見高文淵詩作亦有名於時。

4. 與王天賞之作

盧顯詩稿中有〈喜王天賞芸兄過訪〉云：

> 湖海相逢意氣連，瀛東一別十經年。鼓山風景旗山月，印象依稀在
> 目前。

詩題寫到王天賞過訪之喜，內文則憶起瀛東一別已十載，昔日鼓山的風景，旗山的月，依稀在眼前，恍如昨日之感。王天賞，字獎卿，號高峰，高雄人，生於清光緒二十九年（明治三十六年，1903），卒於民國八十三年（1994）。自幼聰穎過人，刻苦耐勞，十三歲時，高雄第一公學校（打狗學校）畢業後，拜澎湖茂才林介仁爲師，研治經史，奠定深厚國學基礎。其後又向澎湖茂才陳梅峯、陳錫如習詩文，後來更與老師陳錫如和學友陳皆興等留鴻軒弟子共同創立「旗津吟社」，當時盧顯亦與之同門。據盧顯姪婿鍾如瑤所述，王天賞、陳皆興與盧顯善，常到澎湖造訪，此詩即述王天賞造訪之作。

從詩人往來唱和之作，除見詩人友誼、詩人性情外，亦見當時詩學面貌，實爲珍貴史料。

（三）乘機客有乘龍客——新題詩新趣味

當代臺灣文學研究學者黃美娥研究表示，現代文明引發眾人對於日常審美生活、娛樂休閒的文化消費情形的重視與追逐，結果導致「傳統」詩社產生通俗化、大眾化的傾向，這可說明「現代性」不只是一種思想的轉型，更是整個生活方式或生活世界的轉型，改變含括了人的總體日常生活模式。不過，除了詩社成員因爲致力於日常生活的藝術化，所衍生的文化消費及詩社

〔註31〕 參見《鯤南詩苑》第 3 卷第 2 期，頁 9。
〔註32〕 參見《鯤南詩苑》第 3 卷第 2 期，頁 25。（左詞宗陳月樵、右詞宗張蒲園，選高文淵左元。）

俗話現象外，實際上新異日常生活的「現代性」體驗，也令詩社運作模式和相關寫作成規有所改易，而使日治時代的臺灣傳統詩社有了不同以往的嶄新面目。〔註 33〕此中最能展現傳統詩社的「現代性」體驗，莫過於若干以西方事物為歌詠對象的「新題詩」創作的出現；這些「新題詩」，描寫了傳統詩社社群在現代社會中的生活境遇、生活方式的轉型。在為數不少的「新題詩」中，首先映入眼簾的是諸多新式機器產物的描摹，如寒暑針、鐘錶、無線電、電扇、望遠鏡、留聲機、汽車、摩托車等等，「機器」是十九世紀以後文明的象徵，生產線的節奏成為整個社會生活的節奏，傳統詩社社群自然也會用語言去表達他們對機器文明的想像與感受。〔註 34〕盧耀廷生在這一大時代中，自也出現此類詩題。盧顯曾參加全臺灣詩人大會，奪得錦標，其詩題就是〈電扇〉，詩曰：

> 神光離合本相親，千轉萬揮快此身，莫道生成心是鐵，仁風鼓蕩及
> 蒸民。

詩先狀電扇之貌「千轉萬揮快此身」；進一步抒寫其神「莫道生成心是鐵，仁風鼓蕩及蒸民」，能充分掌握物之形、神描繪，是一首難得的詠物詩。此外，另有一些詩題充滿了現代感，是參加詩社吟會的課題，如〈不倒翁〉：

> 尋常玩具不相同，形體居然矍鑠翁，耐得動搖終鎮定，休欺此老腹
> 中空。

這是一首課題之作，顏其碩《陌巷吟草》中有此題，盧顯弟子洪東碧亦有〈不倒翁〉：「生成肥短滿身紅，莫笑傴僂一老翁，傾倒千回終躍起，泰然自重是英雄。」從洪東碧詩中知當時不倒翁外貌是漆成紅色。洪東碧就不倒翁推他千回仍躍起之特點書寫，稱它為英雄；而盧顯則就不倒翁任人動搖終不倒，言其鎮定不為外力所撼動，以警世人「休欺此老腹中空」。盧顯以現代事物為詩題，常能於物中寄託深意。又〈貧民窟〉一詩，顯現詩人豁達的人生觀：

> 狡兔三營事莫知，穴居野處洽相宜，高樓連苑何須羨，天地為家共
> 此時。

一般人多以「貧民窟」髒亂、簡陋為惡，書寫多為負面觀點，不是抱怨即鄙

〔註33〕 參見黃美娥：《重層現代性鏡像——日治時代臺灣傳統文人的文化視域與文學想像》（臺北市：麥田出版社，2004 年），頁 162。

〔註34〕 同上註，頁 165。

視；但盧顯卻一反常人之見解，言穴居野處都相宜，天地皆可爲家，何必羨慕那高樓連苑？實有顏回居陋巷不改其志的快樂。

另一類較特殊的女性題材，如「女律師」、「空中小姐」、「裸體美女」等，盧顯寫來活潑俏皮，也見女性逐漸從家庭走向群眾。如〈空中小姐〉，云：

> 小姑居處可無郎，生意隨機去住忙，天際相逢卿未嫁，雙飛與汝共翱翔。（之一）

> 茶菓相貽情意長，生涯出入白雲鄉，乘機客有乘龍客，待字空中擇配忙。（之二）

臺灣空中小姐選擇的條件多爲年輕貌美，身材姣好的姑娘，此二詩著墨於空中小姐是未嫁的姑娘，生涯出入白雲鄉，殷勤爲客遞茶菓，乘客中有條件優者，爲己擇一佳婿共翱翔。「天際相逢卿未嫁」、「茶菓相貽情意長」化用唐張籍〈節婦吟〉詩句。張籍以此詩婉拒李師道的勾結，後人多取「恨不相逢未嫁時」，惋惜所思慕的異性的已婚。此處盧顯反用此句爲「天際相逢卿未嫁」，小姑仍獨處，詩句俏皮。這些吟社擊缽課題，在陳錫如的祖代詩作中未見。這些詩題反映著「父代」時期，女性漸漸解放。女性不甘只是當個閨中怨女，更多的女性走向大眾，展現她們的才華。而「裸體美女」爲擊缽課題，仍爲男性眼光主宰下所呈現的女性美，顯有貶低女性之嫌疑，卻也看到新一代女性，對自己身體的解放，觀念的解放。

另〈鐵線橋〉：「山分南北水西東，一貫長橋兩岸通，誰把金繩牽作路，往來無客不行空。」〈眼鏡〉（分詠格）：「水晶適目裁成器，方草多情化作煙。」〈愛國獎券〉：「多方愛國家，獎券推銷徧，對此可生財，憑單支取現。」讀來亦輕鬆活潑。又〈澎湖輪〉（碎錦格）：「台澎啓發年三百，湖水浮光月一輪。」、「澎人得地湖連海，衛將尊師矢扣輪。」除了是新題材外，從中亦可略窺當時澎湖對外的交通狀況。民國四十八年（1959），由交通主管當局申請美援，在日本建造八〇二噸之「澎湖輪」一艘，時速一四、五浬，載客定員二五〇名，間日航行高馬線一次，使得台澎海上交通日臻暢達，澎民生計獲益匪淺。〔註35〕

終觀盧顯詩作，最具代表的是漁隱生活的書寫，足爲澎湖海洋文學與自然詩派的代表。詩風承自陶淵明，恬淡自如。大量書寫海的恬靜，與漁村生活的逍遙愜意。描寫海洋，處處有詩人在其中，詩人是融入這漁村生活的。

〔註35〕參考張默予編纂：《澎湖縣誌·交通志》，頁22。

清朝流寓詩，書寫澎湖海洋，呈現畫面是驚濤駭浪；但是在盧顯眼中，這日日相親的海洋，卻是親切可人、遼闊舒暢的。

日本時期的前輩詩人，陳錫如、陳梅峯、吳爾聰等海洋書寫不多，所見質量均多的就屬盧顯。稍晚，還有一位作家著墨亦不少，就是與盧顯同村的顏其碩。其家世半農半漁，平日亦多與海接觸，詩中亦見數十首。昭和二年（1927），顏其碩由教員轉入澎湖廳為教育行政人員，從此定居馬公，〔註36〕與海之親不如朝朝夕夕密切接觸的盧顯深刻，書寫風格與盧顯略異。他的〈鰹船〉：「微波蕩漾海風生，逐隊揚帆破浪行。遠似乘雲看欲杳，近如躍馬聽無聲。黃昏舉火天同赤，夜半收罾夢自平。最是明朝歌滿載，歸來兒女笑相迎。」〔註37〕是揣摩漁夫而寫，未若盧顯詩中有人。另一首〈漁翁〉：「三五人家傍海濱，魚蝦水族最相親。朝朝釣向淵深處，滿載歸來笑語頻。」〔註38〕亦是。詩中顏其碩所強調的是滿載而歸的喜樂；而盧顯詩中，魚獲量的多寡與否，不在其心中，他只期當個快快樂樂的「澎頭散人」。

盧顯詩作影響及於弟子洪東碧。洪東碧詩集《賞霞山莊吟草》，多書寫公餘半隱的生活狀貌。除此，盧顯曾在高雄、澎湖設帳，弟子亦多，對澎、高漢詩傳播有所影響。顏其碩詩云：「高足年來劇有名，鯤南詩苑播蚩聲。海濱異日追鄒魯，全賴先生手造成。」即讚盧顯推動詩學之功。

第二節　青燈才女——蔡旨禪（1900～1958）

許天奎《鐵峰詩話》云：「從來文學作家多屬男子，若女子則曹大家、焦仲卿妻、謝道蘊而後，惟李易安之《漱玉詞》，李芳樹〈刺血詩〉，足以自樹一幟，其他則鮮有所聞焉。蓋吾族舊俗，重男輕女，男女授受不親，內言不出於閫，無良師益友之相切磋，故女子之能翰墨者非具有天賦文學才能，安能求到傑出之作品乎。」〔註39〕日治時期，澎湖有一女子名蔡旨禪，不囿於俗，能詩書作畫，工行草。受業於留鴻軒陳錫如，詩畫有名於時，曾為霧峰林家子弟之師，足跡遠至廈門，一生有可頌者。

〔註36〕　顏其碩：《陋巷吟草》（臺北：龍文出版社，2001年）。

〔註37〕　顏其碩《陋巷吟草》。

〔註38〕　顏其碩《陋巷吟草》。

〔註39〕　參見林正三、李知灝、吳東晟輯錄《臺灣近百年詩話輯》之許天奎《鐵峰詩話》，頁158。

一、生平傳略

　　蔡旨禪，名罔甘，道號明慧。明治三十三年（1900）四月二十八日，出生於澎湖五里亭，卒於民國四十七年（1958）。父親蔡梗，母親蔡黃招。家中經營榨花生、製作醬料的小生意。蔡梗與蔡黃招婚後多年不孕，於是收養了原住湖西鄉紅羅村的蔡陣爲養子。雖如此，他們仍不放棄生育，日日虔誠禮佛，不負其誠，終於生下蔡旨禪。由於有如此特殊的背景，蔡旨禪九歲時，就決定長齋禮佛，終生不嫁，爲雙親祈福。〔註40〕其自幼天資聰穎，從小即與一般小孩不同，平常不是繡鳳就是塗鴉，不喜歡遊玩。二十來歲時，成爲澎湖宿儒陳梅峯、陳錫如門人〔註41〕，結識了蔡月華、蔡雲錦等女詩人，與眾多女同學建立了深厚情誼，常結伴南征北討，參加徵詩比賽及詩人大會。後又隻身前往廈門美術學校深造，其詩、書、畫之造詣，於日治時期就已得到不少肯定。詩作屢刊於《詩報》、《藻香文藝》、《臺南新報》、《臺灣日日新報》、《南瀛佛教》等；《瀛洲詩集》、《東寧擊缽吟前集》、《東寧擊缽吟後集》皆選錄其作；澄源堂弟子輯錄其詩畫爲《旨禪詩畫集》，〔註42〕今《旨禪詩畫集》已刊行。

　　目前輯得其詩作近六百首，詩作不爲不多，只可惜死後聲名漸爲人們所淡忘。〔註43〕觀其詩作，誠如葉連鵬所云：「風格清新，高逸恬淡，跟同期的

〔註40〕　筆者 2010 年 8 月 13 日訪問澄源堂師姑張枳實（法號悟眞）。蔡旨禪有〈誓志〉詩曰：「九齡矢志報親恩，願效北宮咬菜根。逐伴皈依猶乳臭，不同紅紫競芬芳。」（見於《旨禪詩畫集》澎湖：澄源堂，1977 年，頁 36。）下引蔡旨禪詩作以此書爲本者，不另加註出處與頁數。非出自此者，筆者方另加註出處。

〔註41〕　蔡旨禪有詩〈喜梅峯夫子榮歸〉、〈奉懷梅峯夫子〉；又 1923 年 12 月 29 日，《臺南新報》第 7847 號，刊澎湖蔡旨禪〈喜晤錫如先生蒙錄收門下賦此誌感〉詩一首、詞一闋。

〔註42〕　《澎湖縣誌・人物志》云：「著有旨禪詩畫集待刊」；《旨禪詩畫集》，頁 145，有未署名作者〈爲旨禪恩師抄詩稿〉其一：「洋洋大著喜聯篇，美術詩豪謫降仙。一片孝心修正果，芳名懿範兩流傳。」其二：「鴻恩欲報寸心堅，吮血任他蚊萬千。惟願吾師名不朽，敢辭午夜尚攤箋。」並註記「中華民國四十六年閏八月十五日夜抄畢」。

〔註43〕　關於蔡旨禪生平詳見於《澎湖縣誌・人物志》；葉連鵬：《澎湖文學發展之研究》，中央中文所碩士論文，2000 年，頁 55～57；〈誰曰釵裙定志弱？——澎湖第一才女蔡旨禪的生平與詩作初探〉，《砝砝石》第 24 期，2001 年 9 月，頁 2～12；吳品賢：〈花無才思不如伊——澎湖才女蔡旨禪及其詩作探究〉，《臺灣人文》第 6 號，2001 年 12 月，頁 1～10。

男詩人比較起來，一點也不遜色，甚至有過之而無不及。」〔註44〕與「無論詠物、寫景、詠史，或具禪味的作品，水準都相當整齊，風格皆清新自然且具有靈性」〔註45〕。深究其詩作，並不是對自己生活中某種印象或感情的刻板描摹，而是借助於豐富的想像和高度的藝術概括能力，創造了極為生動的藝術形象。她透過人物心靈的跳動，塑造一個個性化，感情真摯、栩栩如生的女主角形象。即便她已沉寂數十載，今重翻其作，仍可鮮明地見到充滿自信，不讓鬚眉、孝養尊親、設帳教學、走在時代尖端、守貞不字、憂國憂民的多面女主角形象，躍然紙上，這是蔡旨禪詩作最大特色。下文即就詩中，探討其所展現的不凡的女子形象，更期盼如此傑出的女詩人，能名不沒於後世。

二、詩作析論

（一）花無才思不如儂的自信形象

或許是家庭背景的特殊，她父母除了領養一子外，親生的子女，就蔡旨禪一人；因此，旨禪自幼似乎就有奉養雙親至老的責任感，早已立下勤奮攻讀，計以終身設帳授徒為職，也因而養成了她「不怕養親惟白手」（〈誓志〉）的自信。一番的努力苦讀，與勤奮的創作，也建立了她對自家詩作充滿著自信。〈中秋玩月〉云：

> 嫦娥獻媚記中秋，大放光華滿九洲〔註46〕。鐵筆一枝吟徹夜，誰家
> 好句勝儂否？

此詩前二句借用「嫦娥奔月」的典故來寫中秋夜景。中秋夜因為嫦娥獻媚，光芒四照，使得九州都明亮了。下二句，話鋒一轉至詩人本身。第三句言對此佳景，詩人「鐵筆一枝吟徹夜」，第四句緊扣著「吟徹夜」，詩人膽敢一句激問——「誰家好句勝儂否？」能有誰寫得比我好呢？實見女主人公自信滿滿的形象。除對己詩作充滿自信外，蔡旨禪對於賦詩一事，更是樂在其中。其〈閒居偶作〉可見：

> 海月趄將誇耐冷，出山雲凍可能殊，強尋書味遮花面，小助詩情待
> 麥鬚；入夢也同侶梅鶴，薄餐無復念尊鑪，人生縱有別佳趣，未必

〔註44〕　參見葉連鵬：《澎湖文學發展之研究》，頁56。
〔註45〕　參見葉連鵬：《澎湖文學發展之研究》，頁57。
〔註46〕　筆者按：「洲」應為「州」之誤。

勝儂翰墨娛。

一句「人生縱有別佳趣，未必勝儂翰墨娛」，寫盡蔡旨禪陶醉在自己的創作天地裡。曾有一次病倒，而耽誤了創作，旨禪無奈地賦〈病中〉詩言：

藥爐底事日相親，辜負當年志苦辛，最痛病荒詩興減，無端筆硯也生塵。

「最痛病荒詩興減」，旨禪在意的不是因為生病，身體受到折磨；而是因病詩興大減，惹得「無端筆硯也生塵」的苦悶。詩人看來是時時與筆硯為伍，創作力活躍豐沛。從《旨禪詩畫集》收錄蔡旨禪書法一幅，國畫 61 幅，詞 3 首，詩 581 首，其中五古 1 首、七古 3 首、五律 21 首、七律 65 首、七絕 491 首。詩題多樣，有詠物、詠史、抒懷、唱酬、禪詩、時節、寫景、社會寫實等。於書法、國畫亦是箇中能手。蔡旨禪實是位多才女子，琴棋詩書畫，無一不精工。

除對於詩書畫的自信外，蔡旨禪對於自己的人生安排亦充滿著自信。從〈自遣〉一詩可見其悠遊自在的生活面向：

日日幽閒綠水前，雕闌干曲拂朱絃，此心好似蓮花淨，雅操爭於松柏堅；半片月梳和露冷，一杯雲液汲江煎，有時放槳〔註47〕中流去，樂趣人看羨若仙。

詩中一派悠閒的氣息，「日日幽閒綠水前，雕闌干曲拂朱絃」，好一幅閒情逸致的畫面，而其中的主人公，更是位超凡脫俗且自信的女子，她心淨如蓮，雅操堅於松柏。對於得與不得，似也有自己獨特的見解。而對於自己的外貌，蔡旨禪更有別於一般女性的見解。其〈題自照〉云：

無將比擬玉芙蓉，婀娜枝柔塵不封，將貌比花儂未及，花無才思不如儂。

寫道玉芙蓉是嬌美，婀娜枝柔是塵不封，若以外貌與花相比，我是不如花美；但是花無才思，論起才華，花是遠不如我。一句「花無才思不如儂」，充分展現女主人公在文學方面擁有才華的自信，與勇於自我肯定的形象。

（二）不讓鬚眉凌雲志的豪女形象

一位充滿自信的女子，對人生應別有一番期許，檢閱蔡旨禪詩作，其中不乏表達了她認為女子亦應有千里志的看法，在〈寄友〉中云：

〔註47〕筆者按：「槳」應為「槳」之誤。

仰看鵾翅剌天飛，天限裙釵何所思。駑馬寧無千里志，閨人不效一
秋悲。祇因修脯奉親缺，莫問教鞭付與誰。笑煞癡頑孺子意，杏壇
擬植綠楊絲。

她希望如大鵬展翅，「摶扶搖而上者九萬里」（《莊子·逍遙遊》），儘管「天限
裙釵」——遠從中國文明社會的開始，箝制女性的思想即產生，《詩經》中的
「無非無儀，唯酒食是議」即為最佳寫照。而隨著歷史洪流至旨禪當時，男
尊女卑的思想未曾消失，男性常視女性為附庸品；因此欲開展自我實有諸多
先天不利的環境因素。但是，雖然如此，蔡旨禪仍勇於突破這樣的枷鎖。她
心中一直是這樣砥礪自己的：「駑馬寧無千里志」，即便是駑馬也有千里之志，
閨人實在是不該一味沉浸於無謂的傷春悲秋。有自覺的女性，見解總有別於
一般女子，她意識到要改變女性柔媚、無才的形象；屏棄傷春悲秋、離憂怨
痛、纖弱無力之詞。蔡旨禪詩中雖有以閨中為題，但卻迥異於一般女子的相
思閨怨，而是另一番氣象。其〈閨辭〉即云：

嫩柳腰肢試帶圍，瘦肥笑倩鏡臺窺，自知空谷香無偶，不向窗前蹙
兩眉。（之一）

坐對青山好畫眉，淡濃深淺自家知，陶然笑向菱花門，記否阿儂二
八時。（之二）

她表達了一位閨中女子的一切裝扮皆是為己，並不盼男子的欣賞。她很明白
自己是位與眾不同的女子，本來「空谷香無偶」，別人欣賞與否，又何妨？
「坐對青山好畫眉」，畫的「淡濃深淺」美醜，她是自知，又何必向他人詢
問？多麼隨心所欲！即使面對鏡中老去的年華，還能笑問「記否阿儂二八
時」，活得多麼的自信與灑脫。而對於未來，更多的是凌雲壯志的期許。〈有
懷〉一詩云：

出頭女界正芽萌，詎忍無才過此生。昂首高歌天際上，撫膺一嘯彩
虹橫。

「出頭女界正芽萌，詎忍無才過此生」——多麼有氣魄的人生。蔡旨禪在〈誓
志〉一詩中，也道盡自己的志向：

厭聽志弱是裙釵，發憤攻書期出群。不怕養親惟白手，終身計也舌
耕耘。（之二）

蔡旨禪一句「厭聽志弱是釵裙」，即撥開了一般世俗認為女子「志弱」的成
見，展現了她一生要自立更生的堅毅決心，立志以舌耕為業。她極力突破現

實環境的束縛，與大男人一爭長短。孜孜磨鍊自己的才學，尋師訪道，遠赴廈門習畫，與同門姊妹南征北討參加徵詩比賽，參與擊缽吟與詩人大會。發揮所長，積極開展人生，不願虛度。期望他日能同男子般「昂首高歌」，仰天長「嘯」。

1924 年時，蔡旨禪即因未能出席全島聯吟大會，而賦詩寄藥珠，深表遺憾，賦〈聯吟大會不得出席寄藥珠妹〉二首，云：

> 騷壇鏖戰走風雲，娘子軍雄誇出群。惜我緣慳觀壁上，援桴未得督詩軍。(之一)

> 筆鋒劍影較光芒，此會鰲頭決女郎。記得昨宵看星斗，輝騰寶婺勝文昌。(之二)

詩中旨禪將詩會比喻為戰場，女詩人喻為娘子軍，且極盼女子能奪魁。在〈全島聯吟大會不得出席偶作〉中，也將她那日未能參加，獨自在居處的心情，形象地描述一番：

> 心煩無賴上雕樓，極目詩星天際浮。一縷吟魂雲慢捲，滿膺戰氣霧峰囚。最思錦幟歸誰手，祇願朱衣點我儔。應有鰲頭看濟濟，紅綾餕處少儂不。

整首詩節奏快速，語調極似男子的口吻，意氣風發不亞於男性。對於女性同胞寄予深切的厚望，總期待女輩亦能在榜中。而對於同門姊妹，更是賦予更多的鼓勵與期許。在 1924 年底，她轉赴彰化平權軒任教，同門姊妹為其設宴餞行，其有詩作〈留別芸窗諸妹〉除載此事外，詩中更是希望姊妹們，能有一番令人刮目相看的表現：

> 華筵盛餞故人情，一唱驪歌別淚傾。珍重吾儕須自愛，總期女界振芳名。

惜別宴上除了離情依依外，更看到蔡旨禪與同門姊妹激勵共勉，期許他日「女界振芳名」。詩中處處看到蔡旨禪殷切的期盼，期盼女性朋友能在社會嶄露頭角。之後，蔡旨禪透過各人的努力耕耘，真也實現了她的抱負，其表現也深受當時文學人士的讚賞。1932 年，蔡旨禪至新竹市樹林頭福林堂設帳教學時〔註48〕，《詩報》編輯周石輝及數位男性文人前往造訪，互為唱作，周石輝賦

〔註48〕 參見《詩報》第 32 號（1932 年 4 月 1 日），頁 2，「雜件」欄載：「原在霧峰林獻堂先生家橫經之蔡旨禪女士，為奉雙親，暫移於新竹市樹林頭福林堂右鄰，並受福林堂聘為教師，深有解放思想。」

〈偕竹堂伯達二君遊樹林頭晤旨禪女士感作〉，讚之曰：

設教居然馬帳開，粧台恰好傍蓮台。聽桐克紹中郎學，詠絮還高道韞才。菽水奉親勝至味，香花供佛絕纖埃。高騷近日衰頹甚，卻仗關心爲挽回。〔註49〕

伯達周德三亦有一詩〈暮春偕竹堂汶帆小冬郎重遊福林堂敬步蔡旨禪女士芳韻〉，云：

有微風更有微雲，蘿薜林間帶露芬。語罷欲行忘往事，別來相憶爲論文。已稱禪室賢居士，又作騷壇女冠軍。莫恨無髭助吟興，拈裙掠鬢尚慇懃〔註50〕。

蔡旨禪亦賦〈石輝伯連先生見訪有作〉回應，曰：

南來紫氣附青雲，一朵山花把露芬。深感丹心傾此日，即今熱血振斯文。如公信是鳳樓手，笑我初張娘子軍。莫怨詩城空割據，扶輪從此望殷勤。

此處又見蔡旨禪將女詩人喻爲「娘子軍」。在其思想中，總認爲「殺戮戰場」並非僅屬於男性專有，女性亦能執筆戈爲戰，在文壇殺出一片天地。其語不卑不亢，豪氣萬千，鮮明的刻畫出女中豪傑的形象，一絲也不讓於鬚眉。

　　細觀旨禪的壯志，顯見是在詩的領域中叱吒風雲。其〈自勵〉云：「和羹自惜手纖難，半住金閨半杏壇，未若南山稱豹隱，筆鋒那肯等閒看。」又〈旅懷〉中云：「叙群無夢到功名，安可浮雲笑此生，懊惱桃花不解事，無端更作倚風輕。」足見其壯志，有意與男人在詩的世界一較長短，怎可讓浮雲恥笑此生虛度呢？

（三）奉養雙親執教鞭的孝女形象

　　當時日治時代的臺灣女性，會被送去讀書識字者，通常是家裏的經濟狀況不錯，家長希望透過學詩作畫來增進女兒氣質，培養成大家閨秀，很多的閨秀詩人就是這樣產生的，這些閨秀詩人通常不需要工作（將來只要做好相夫教子即可），而蔡旨禪跟她們最大的不同點是她終生不嫁，不能期望將來有人養她，而她的家庭財經狀況，又不允許她不工作而能吃喝一輩子，更要緊

〔註49〕《詩報》第33號（1932年4月15日），頁14，周石輝：〈偕竹堂伯達二君遊樹林頭晤旨禪女士感作〉。

〔註50〕《詩報》第33號（1932年5月15日），頁4，伯達周德三：〈暮春偕竹堂汶帆小冬郎重遊福林堂敬步蔡旨禪女士芳韻〉。

的是，她要奉養雙親，所以她必須工作，做一個職場女性。〔註51〕1924 年，她就已在澎湖澄源堂教授漢文，這是澎湖歷史上首位女塾師。而且還同時在陳錫如的留鴻軒進修。〔註52〕當年年底她舉家移至彰化南庄，1925 年執教於彰化平權軒，聲名遠播。〔註53〕1927 年受霧峰望族林獻堂之聘，爲其家庭教師。1932 年爲養雙親遷居新竹樹林頭，並受福林堂聘爲教師。1953 年至新竹青草湖靈隱寺禪修，並開班教授漢文。1956 年回到家鄉整修「澄源堂」，1958 年病逝於澎湖。〔註54〕

　　蔡旨禪一生實以教書爲業，而她何以如此年輕就設帳課徒，前已提及，主要在於維持生計及奉養雙親。〈有感〉云：

　　　　爲養雙親執教鞭，垂髫始覺及成年。皐比坐映傳經際，纔似亭亭出
　　　　水蓮。

詩一開頭即明言執教鞭乃是爲了奉養雙親，一晃才驚覺那時已從垂髫至成年。亭亭玉立的少女，就已擔起傳經之職。如此年輕就爲生計執教鞭，除辛苦外，我們看到的：更是一位體念親心不怕苦的孝子。除了奉養雙親而執教鞭外，旨禪更爲了報答親恩，而終生不嫁守清門。〈誓志〉中云：

　　　　九齡矢志報親恩，願效北宮咬菜根。逐伴皈依猶乳臭，不同紅紫競
　　　　芳芬。(之一)

詩言她九歲時就立志要報答親恩，願效仿北宮的女兒嬰兒子，撤其環瑱，至老不嫁，以養父母，並且皈依佛門。這樣的思想，實在迥異一般的女子。〈自勵〉一詩中亦言「爲報今生父母恩，年華二八守清門」，諸多女子視結婚生子爲一生的倚靠與生存的意義，旨禪之舉，在當時實在不多見：

　　　　爲報今生父母恩，年華二八守清門；菩提有樹堪成果，明鏡無塵莫

〔註51〕　參見葉連鵬：〈誰曰叙裙定志弱？——澎湖第一才女蔡旨禪的生平與詩作初探〉(《硓𥑮石》第 24 期，2001 年 9 月，頁 7。)
〔註52〕　據《臺南新報》第 7963 號（1924 年 4 月 23 日）報導，〈巾幗設帳〉：「馬公街西町澄源齋堂，蔡氏旨禪，自幼長齋繡佛，係陳錫如氏高足女弟子。工詩能文，而書法尤爲勁秀。彼都人士，多有持扇奉箋，託人求其書寫者。本月設帳於澄源齋堂，教授漢文，女生及門受業者，計十餘人。該氏每日午後二時，必到留鴻軒聽講，四時方面堂授課。故湖海老人，調贈一聯云：『進作留鴻軒弟子，退爲澄源堂先生』，蓋紀實也。澎湖百年來，以巾幗而爲漢文先生者，當以此爲嚆矢。」頁 9。
〔註53〕　參見《臺南新報》第 8280 號（1925 年 3 月 6 日），頁 5。
〔註54〕　參見葉連鵬：〈詩中之彩——從文學色彩學理論觀蔡旨禪古典詩作之用色意涵〉(《硓𥑮石》第 28 期，2002 年 9 月，頁 75～77。)

拭痕。禪味尋來通道味，菜根咬盡見靈根；撫躬自信玉壺裏，一片
冰心可久存。

從詩中實不難看到，一位有自信且有靈性的孝女形象。〈有感〉一詩也一再提
及「不嫁爲親安」的心志：

佛道先由子道完，撤瑱不嫁爲親安。一家飽煖硯租足，曾未色難菽
水歡。

蔡旨禪體念親心至備，在外地生病了，亦不敢讓父母親知道，免得雙親牽掛。
〈病中〉云：

空館孤燈伏枕時，病懷無賴惹鄉思。自憐腰減羅裙闊，尚瞞雙親不
使知。

首句起云「空館孤燈伏枕時，病懷無賴惹鄉思」，寫來多麼惹人憐惜。遊子於
病中最易起鄉思，雙親若在側，一碗熱湯可以飽暖心懷，一句關懷可抵無端
病痛。而今是空館孤燈獨伏枕，怎不令人思起家鄉的父母？然而，想歸想，
思歸思，生病了，人消瘦了，也還瞞著雙親不使知。與嬌嫩的女子比起，旨
禪是堅韌的多了！

蔡旨禪爲養雙親而別爹娘到外地教書，但念起父母年歲漸老，需要有子
女在旁照顧其起居，在〈懷歸〉：「旅情淡薄似雲羅，猶是啣泥營燕窠，歸計
未成親漸老，撫膺能不愧蹉跎。」與〈欲歸偶作〉：「爲圖菽水別爺娘，六載
光陰十載長，且喜硯租無惡歲，承歡有願自茲償。」皆表達強烈思歸以奉養
雙親的念頭。而〈別諸同學〉：「本擬一堂長晤對，傳經師法古曹家。其如膝
下承歡缺，甘旨何由辦咄嗟。」「教孝較忠本所期，菜園久著老萊衣。即今收
拾行裝去，免使高堂賦式微。」傳達出的孝子之心，實可比美曾參！

在那個重男輕女的年代，靠自己的才能撫養雙親，證明女性一樣有能力
與男人競爭。〈有感〉一詩：「二十餘年絳帳懸，雙親溫飽兩歡然，范經當作
楞嚴課，捲帳贏餘數畝田。」回顧己一生貞守青燈，設帳教學的用心，盡孝
道奉養雙親得以溫飽，還可置田產，實無愧於此生！

（四）巾幗設帳第一人的先生形象

前文已提及蔡旨禪爲養雙親設帳課徒，1924 年起就開始執起教鞭。其執
帳授課的生涯，從其詩作與門生詩文中，可窺知一二。從中更看到一位充滿
使命感——以振興漢學爲己任的教師。1931 年《詩報》即載有〈蔡旨禪女士
奇特自發的贊助金五拾圓〉：「久在霧峰林家設帳之蔡旨禪女士爲女界之錚錚

者也，善作詩，字亦秀勁，當仁不讓，常唱女權，對本島千鈞一髮之漢學亦深關念，故對鼓舞漢學之本報亦毅然惠到贊助金五拾圓焉。……噫！蔡女士對鼓舞漢學之心如此熱誠，實爲不可多得，深爲感謝。」蔡旨禪對漢學之推動，不僅自身投入教化工作，亦時時以金錢贊助推動漢學的機構。

1932 年爲養雙親，而從霧峰林家移至新竹。離去時，林獻堂（1881～1956）作〈兒姪輩多受旨禪女史教化薰陶今女史將歸去賦此贈別〉，云：

> 繡佛持齋閱歲長，生涯首蓿爲親忙。皋皮坐擁傳經處，誰識侯芭是女郎。陰陰桃李一庭栽，共向春風次第開。悵觸林園人別後，灌輸文化仗誰來。〔註55〕

林獻堂肯定旨禪一生奔波爲親忙的孝心，及灌輸文化的貢獻。「皋皮坐擁傳經處」誰知竟是位女郎，對於女子而有此才學，實予以深深地讚嘆！而旨禪在臨別賦〈別諸同學〉，云：

> 教孝教忠本所期，萊園久著老萊衣。即今收拾行裝去，免使高堂賦式微。（之二）

> 師法從來有替人，一經溫故可知新。聖門傳授無奇術，萬古綱常即國珍。（之三）

詩中展現了一位同是經師與人師的優良典範。旨禪無時不以忠孝來教導弟子，自己更是以身力行。她安慰了因離別而依依不捨的學生：自古「師法從來有替人」，今日別後，還是會有其他的老師來教導你們。而不論是誰來擔任傳經之工作，別忘了學習的不二法門——「一經溫故可知新」，要時時勤溫習。「聖門傳授無奇術」，傳授的即是萬古以來，中國本有之儒家思想，這「萬古綱常」即是「國珍」。旨禪再次的叮嚀弟子：「謾道報難教育恩，祇期奮勉課常溫。他年不賤阿儂願，何用買絲繡一尊。」（〈惜別生徒〉）別說難以報答她的教育之恩，只要你們奮勉勤溫習課業，來日不辜負她的心願，即感欣慰，又「何用買絲」「繡出吾師像一尊」（〈移眾彰化惜別留鴻夫子〉）呢！詩中殷殷叮嚀，諄諄囑咐諸生之景，歷歷在目。

蔡旨禪在自己設帳十年時，賦了〈設帳十週年偶作〉二首：

> 李桃藝植十年功，喜得枝枝白映紅，莫笑東皇相惜甚，殷勤鼓吹藉東風。桃李欣欣各弄春，好花更愛愛花人，灌園笑我纖纖手，十載成蹊半未勻。

〔註55〕參見《詩報》第 30 號（1932 年 2 月 24 日），頁 3。

教書頗費唇舌，偶而還是會讓人覺得辛苦的，如其〈有感〉詩中云：「奉親甘旨舌耕苦」。設帳十年的光陰不為不長，這箇中滋味，親歷者自知。但是，見弟子有所成就——「喜得枝枝白映紅」「桃李欣欣各弄春」時，為師之苦，剎時盡化作雲煙。一句「好花更愛愛花人」，心中之喜悅難掩。此時，一幅充滿愛心的夫子形象，現於眼前。

（五）走在時代尖端的新女性形象

在詩作中，看到蔡旨禪一心振興漢學、詩學，但她不是一位食古不化，迂腐守舊的夫子，詩作時見其翻新的見解。如〈竹珊翁出四女侍坐玉照索題閨名公敏立靜〉雖是酬贈之作，但能借題發揮，破除生女無用的迷思。

> 君家之女女丈夫，公敏立靜四美俱。公能生明明則哲，敏外慧中世所無。立者停停如玉樹，靜坐嬌小掌中珠。侍爺花園而錦簇，不重傅粉不施朱。四德兼全才兼備，足比漢室曹大姑。第怪多才鍾巾幗，不讓鬚眉展鴻圖。生男勿喜女勿悲，女能有為男何殊。君不見緹縈木蘭勝男子，萬古忠孝作楷模。又不見唐妃朱氏光父母，有耀門楣雙老娛。

她先以「女丈夫」概括四人，再將各人名字「公」、「敏」、「立」、「靜」嵌入句首，由「侍爺花園而錦簇」切題（題侍坐玉照），以「不重傅粉不施朱」的外貌轉入描寫女性的內在，從她所用的讚美詞語著眼於「德才兼備」、「不讓鬚眉」，並遍舉古代才女、英雄典範，可知她希望宣揚「生男勿喜女勿悲，女能有為男何殊」的理念。〔註56〕

蔡旨禪還有一詩〈短髮偶成〉，載其因衛生考量而將長髮剪去一事：

> 螺髻今如敝屣投，特（按：「特」應為「時」之誤）髦豈是學風流。衛生應共光陰惜，況復新潮唱自由。

將往日盤成螺狀的髮型，如棄敝屣般剪成短髮。此舉不為學風流，而是為衛生考量，更為藉此舉提倡自由的風潮。就李玉珍〈出家入世——戰後臺灣佛教女性僧侶生涯之變遷〉一文中提及：「日據時期的尼眾出家落髮並不普遍」，「她們或是將頭髮扎成兩條髮辮，顯示她們的處女身分；或是齊耳減去，表示自己的先進；或是如齋姑一樣盤成已婚婦女的髮髻，以明志不嫁守貞。」註腳又說明「霧峰林氏之女兒、姪女皈依覺力禪師時，即採齊耳髮

〔註56〕 參見吳品賢：〈花無才思不如伊——澎湖才女蔡旨禪及其詩作探究〉《臺灣人文》第 6 號，2001 年 12 月，頁 17。）

型，此種髮型在 1930 年左右，有標榜新進女性的意味。」〔註57〕如李玉珍之研究，足見蔡旨禪亦是位走在時代尖端的新女性。但在同時，卻也受到一些守舊份子的批判。《詩報》就載有一署名「嬰兒氏」的作者，作〈和齋女原韻感作〉：

> 漫詡螺髻倏剪投，圓光始合迴常流。虛榮太重時髦派，忘卻清規說
> 自由〔註58〕。

看來這一位「嬰兒氏」，對蔡旨禪剪去螺髻之舉頗不爲然。直批其虛榮心太重，學時髦；還忘記了自己是一位皈依佛門的弟子，本應好好守清規，還談什麼自由。此爲 1933 年，遭人非難的「短髮事件」。早在 1932 年《詩報》就載有一段澄清讀者質疑《詩報》讚蔡旨禪「深有解放思想」之事，其中云：

> 忽惹讀者來詢解放二字意義甚廣，是果何方面之解放耶云云，茲特
> 釋之！即平日讀蔡氏佳作，聞蔡氏口氣，喜其大有欲追歐西婦女，
> 求女權平等自由之志，有自立不欲受男子與迷信社會束縛之覺，故
> 嘉之以「深有解放思想」者也。

可見蔡旨禪「常唱女權」，在當時屢被質疑，看來一位終身清修的佛門弟子，同時又極力倡導新思潮之女性，其工作之艱難；但也見其之不凡。〈題素貞月珠女士鬥棋〉一詩「莫笑無機唱女權，縱橫紙上勢天然，挽回危局精思巧，纖手堪誇國手賢。」雖言素貞月珠女士鬥棋之事，但從其用語，一副新女性形象躍然紙上。觀其詩作，確有一股「欲追歐西婦女，求女權平等自由之志，有自立不欲受男子與迷信社會束縛」之氣，縱橫紙上。而蔡旨禪對自己的性格是十分清楚的，其〈自遣〉一詩中即云：

> 怪癖生來異俗流，榮華富貴等雲浮，信知士貴同王者，白眼任他公
> 也侯。

詩中，她明白道出自己是一位，生來怪癖，與一般人不同，總視榮華富貴如浮雲的人。並以阮籍善「青白眼」之典故入詩，表示著不在乎他人對她的看法，不依附權貴以求名。若爲所不屑之人，即便是「公」是「侯」，亦以白眼視之！此充分顯現出她灑脫自在的性情。其〈偶作〉一詩也云：「逆來順受禍消除，堅若金剛返照虛，禪味詩情通畫意，絕無煙火竟何如！」因此，《詩報》

〔註57〕 參見《回顧老臺灣、展望新故鄉——臺灣社會文化變遷學術研討會論文集》，頁 423～432。

〔註58〕 參見《詩報》第 72 號（1933 年 12 月 15 日），頁 16。此詩雖未指名道姓和那位齋女，但就詩意、韻腳來看，當是針對蔡旨禪〈短髮偶成〉一詩而發。

中「嬰兒氏」的非議，對旨禪來說，我想其心仍是靜水一潭，頂多「給個倒影，不起任何漣漪！」

　　此外，《旨禪詩畫集》有多首詠古代女性之詩作，如〈虞姬〉、〈紅拂妓〉、〈文君再寡〉、〈昭君出塞〉、〈梁夫人桴鼓督戰〉等，其中雖不少是屬於詩社課題，但從其書寫的側面，亦見蔡旨禪不受傳統束縛的女性觀。〈紅拂妓〉三首即讚紅拂是位「釵裙能卓識」者：

　　　　執拂侯門忌，超群識見精。英雄纔覯面，兒女便留情。穠李花能發，
　　　　枯楊稊不生。何如夤夜就，共與大原行。（之一）

　　　　漫說楊家妓，私奔行可輕。釵裙能卓識，豪傑自鍾情。裝改通權變，
　　　　門敲訂約盟。不因投李事，千古孰知名。（之二）

　　　　持拂貌傾城，堪誇眼有明，憐才同卓女，慕義似雲卿。逸事傳千載，
　　　　良緣締一生。不因敲戶就，那得誥封榮。（之三）

紅拂女姓張，原本是江南人氏，由於南朝戰亂，隨父母流落長安，迫於生計，賣入司空楊素府中成為歌妓，因喜手執紅色拂塵，故稱作紅拂女。一日，李靖至司空府拜見楊素，侃侃而談天下時勢、治國安邦之道。隨侍在旁的紅拂女，目睹李靖英爽之氣溢於眉宇之間，心中大為傾慕，當夜即投奔李靖。對於紅拂女夜投李靖之舉，就中國一般世俗的婦道觀念是——「私奔行可輕」，易遭非議。但是，若不是紅拂具慧眼且有膽識，主動投向李靖，那能身後得到唐太宗下令在她的墓前築起突厥境內的鐵山和吐谷渾境內的積石山模型，並命魏徵撰寫墓誌銘的禮遇。無怪一生追求理想生活的蔡旨禪，大讚紅拂「釵裙能卓識」，「慧眼識英雄」。若「不因投李事」那得「千古知名」；若「不因敲戶就，那得誥封榮」。

　　又如〈梁夫人桴鼓督戰〉三首，云：

　　　　超群膽略助夫婿，鏖戰何妨女子身。畢竟鼉聲傳萬點，雄威直可逐
　　　　金人。（之一）

　　　　援袍一出破金人，響動山河壯氣伸。振耀南朝驚北虜，娥眉千載永
　　　　無倫。（之二）

　　　　裙釵克敵世無倫，奮擊助威泣鬼神。莫怪羯胡驚破膽，英雄韜略屬
　　　　閨人。（之三）

宋朝大將軍韓世忠之妻梁紅玉，宋高宗建炎四年，韓世忠與金元兀交戰於鎮江流域金山，梁紅玉親執桴鼓助戰，士氣大為振奮，此役金兵終於敗逃。梁

紅玉後冊封為安國夫人，世稱梁夫人。旨禪對於梁夫人之英勇表現，讚賞有加，直誇她「娥眉千載永無倫」、「裙釵克敵世無倫」、「英雄韜略屬閨人」。其中亦不難窺見，旨禪藉吟詠古人為女子揚眉吐氣，凸顯巾幗英雄典範的氣質。再看一則現代女英雄的形象——〈文明女〉，云：

> 裙釵壯士服軍裝，革靴公然步步長，尚武精神高附際，虹橋行似履
> 康莊。

此詩將一位女子著軍裝時，那股雄糾糾氣昂昂，不遑多讓於男性的神態，刻劃入木三分。

從旨禪諸作中，實見到一位勇於追求理想，與實現自我的新女性。在其踏入佛門，終生不嫁，旨禪雖於詩中明言，是為了報答親恩；但是在當時社會，女子不婚還是少數，多半仍渴望著能有美滿的歸宿。旨禪這樣不流於俗的舉止，又何嘗不是新女性的展現。其〈誓志〉中即云：「逐伴皈依猶乳臭，不同紅紫競芳芬」，又因為入佛門，更使其展現的新女性形象，充滿著自在與特別。

（六）入般若守貞不字的修行者形象

〈誓志〉中云「九齡矢志報親恩，願效北宮咬菜根。逐伴皈依乳臭，不同紅紫競芬芳。」蔡旨禪九歲時，就決定長齋禮佛，終生不嫁，為父母親祈福。《澎湖縣誌·人物志》將蔡旨禪列於「貞烈」之首，云：「研究詩文，國學基礎佳，及長守貞不字，……」〔註59〕或以為蔡旨禪為佛門弟子，怎與貞節守寡，相夫教子有成的女子排在一起？在當時社會似將終生不字守佛門之女子，亦稱為「貞女」。旨禪對同為齋女的曾昌敏亦稱其為「貞女」。有〈詠曾昌敏貞女〉詩云：

> 七歲持齋禮釋尊，承歡無事課經勤。幾疑再世北宮女，貞孝芳名萬
> 古存。（之一）
> 持戒還圖菽水供，孝貞芳範足人恭。寒窗織罷楞嚴課，不用迎藍寺
> 裡鐘。（之二）

又有〈哭黃昌英齋師母〉，為弔念其黃昌英齋師母，旨禪亦以「貞女」稱之：

> 天意不留貞女人，回生無計暗傷神。西方有路難隨去，衣鉢未傳慘
> 盡春。

〔註59〕參見澎湖文獻委員會編：《澎湖縣誌·人物志》，頁72。

中國史傳中多以夫亡不再改嫁，以顯對夫之堅貞不二；而佛門女弟子貞守佛門不嫁，似也是另一種「貞節」的表現，時人亦以「貞女」稱之。

　　蔡旨禪一生清修，詩中多以佛家語入詩，展現了一位修行者對佛學的體會與人生的體悟。這也是旨禪詩中最爲特別的，於當時詩人是少見的。其中，有一詩頗有見地，題爲〈彌勒布袋〉，云：

> 收貯乾坤一袋包，跏趺長坐未曾拋，本來身外原無物，何用空囊實可嘲。

滿臉笑容的彌勒佛，最大的特徵就是背著一個大布袋，號稱乾坤袋。一般人對於此布袋，大多屬於正面的讚美，它代表彌勒佛的大慈大愛與妙法無邊。而蔡旨禪卻從《金剛般若波羅密經》佛告須菩提：「凡所有相，皆是虛妄，若見諸相非相，及見如來」，及《心經》：「諸法空相，不生不滅，不垢不淨，不增不減。」之理來看。認爲彌勒連跏趺長坐都緊緊背著布袋，是著於相。六祖慧能偈云：「菩提本無樹，明鏡亦非臺；本來無一物，何處惹塵埃？」「本來身外原無物」，何需用此空囊？

（七）憂國憂民念蒼生的仁者形象

　　旨禪別於一般香閨女子，其詩題材是多面廣泛的。一般人或許會誤爲出家人，離開了紅塵，一切世間事當不過問。我想應非如此，修行是不離世間事，而能修得「解脫」之道。再者蔡旨禪自幼學漢文，私塾所教不外是四書五經，其思想亦深受儒家思想的影響。有一詩〈晨讀〉即述其讀《毛詩》情形：

> 徹夜芳衾睡不成，鄰雞啞啞報殘更，時挑銀蠟燈前坐，讀徧毛詩曙色清。

旨禪是融儒釋爲一爐的，其〈有感〉一詩云：「二十餘年絳帳懸，雙親溫飽兩歡然，蒱經當作楞嚴課，捲帳贏餘數畝田。」「蒱經當作楞嚴課」，在旨禪的心中儒釋不相背，萬事似乎皆能於其心作巧妙的轉化，達於事事無礙。

　　又其〈和李春霖先生韻〉云儒釋都是世間的文明：

> 何當過獎女中英，咏絮如今那足京，禪可養神詩適性，世間儒釋兩文明。

詩首謙虛的回應李春霖先生誇讚其爲女中英傑，實在過獎；進一步談及修禪可以養神，詩則適性，儒釋都是世間的文明產物。足見在蔡旨禪眼中，釋亦是世間法。觀其詩作中有充滿禪味的詩，也有耽憂時事的詩，亦足見其生命

的基調是儒釋並存的。旨禪有一詩〈歐洲大戰爭〉，論第一次世界大戰，參與
國家之動態。雖是一首追述歷史的詩，卻見其對史事的關懷：

> 八國雄雄猶未分，攻城佔地何紛紛，德兵益圍巴黎急，英皇欲救佛
> 蘭君，大將聯軍催步馬，法國都城賴不下，俄爲歐北戰中人，日乃
> 亞東援助者，祇爲同盟願同謀，立意欲將士卒酬，膠州封鎖加藤子，
> 百里地方何所求。

第一次世界大戰（1914 年 8 月～1918 年 11 月）是一場主要發生在歐洲，但波
及到全世界的世界大戰。戰爭主要是同盟國（Alliance）和協約國（Entente）
之間的戰鬥。德國、奧匈帝國和義大利是同盟國。1915 年四月二十六日，原
是同盟國的義大利，加入了協約國。英國、法國、俄羅斯和塞爾維亞是協約
國。1914 年至 1918 年期間，很多在亞洲、歐洲和美洲的國家也都加入了協約
國。蔡旨禪詩中對於那些參戰者，四處攻城略地深感不解。尤其日本，對德
宣戰，看來是亞東的援助者，其實藉機攻佔膠洲灣、山東半島。讓這小小的
地方，充斥者戰火，而無奈的發出「百里地方何所求」的抗議！

　　對於國內之事，蔡旨禪詩中更未缺席，有一詩力讚林攀龍出來組織「一
新會」，題爲〈祝林攀龍先生出山〉：

> 甄陶領袖擁皐比，認出孤山最白眉，從此育英多樂事，謾嫌毛檄似
> 爲遲。（之一）
> 虎父眞誠無犬兒，河東三鳳比英奇，他年拭目看跨竈，公種生公事
> 亦宜。（之二）
> 早識囊中脫穎錐，尖鋒磨鍊已多時，英雄用武地雖小，九萬扶搖翼
> 可垂。（之三）

林攀龍是林獻堂之長公子，林文欽之孫，生於明治三十四年（1901），自小在
國外求學，明治四十三年（1910）由其父帶著他到日本東京小日向台町尋常
小學就讀，而後便在日本東京帝大、英國倫敦牛津大學、法國索爾本巴黎大
學、德國慕尼黑大學等學府進修，這種求學毅力及信心令人爲之驚奇及讚嘆。
他一生孜孜於學而奉獻於教育。英國留學歸國後，值「臺灣地方自治聯盟」
對民主制度改革運動展開如荼如火之活動，以及「臺灣文化協會」帶動青年
自覺改革社會風氣的運動。其自覺責無旁貸，乃於昭和七年（1932）二月二
十四日成立「霧峰一新會」，以培植祖國文學，期促農村文化發展，廣佈自治
精神。以清新之氣再造臺灣爲主旨，創辦以漢學研究爲主的「一新義塾」於

林海堂舊軒，由當時漢學泰斗鹿港莊伊若先生（莊太岳）免費主講，當時深
受中上家庭階層之子弟歡迎，求學者甚爲踴躍。〔註 60〕對於林攀龍先生卓越
表現，蔡旨禪在詩中是讚不絕口。

　　「一新會」創立一週年時，旨禪亦有紀念詩作誌之，題爲〈霧峯一新會
一週年題祝〉：

> 滿腔熱血注蓬瀛，草木無知亦向榮，五百萬人齊奮起，他年重與祝
> 成功。（之一）
>
> 薰陶文化趁潮流，喚醒同胞歲一周，鼓起精神能合作，清新之氣溢
> 瀛洲。（之二）

昭和八年（1933）二月四日，「一新會」所辦漢學研究被日本總督府查禁，之
後其活動專以社會文化風俗改進爲主。雖如此，臺灣同胞仍滿腔的熱血，不
斷的改進社會風俗與保有自己的文學。每年仍舉辦祝賀會，凝聚士氣。在昭
和九年（1934）三月十九日，蔡旨禪就在「一新會二週年祝賀會」上展示書
畫。〔註 61〕「一新會」成立三週年時，作了二首題爲〈霧峯一新會三週年題
祝〉的七絕〔註62〕誌之：

> 霧峯鍾出此豪雄，三載辛勤費苦衷，心血盡將蓬島注，狂瀾力挽仗
> 名公。（之一）
>
> 潮流時勢兩漫漫，畫到瀛洲筆亦丹，莫怪同胞鏤心血，孤山留作好
> 花看。（之二）

蔡旨禪受林獻堂之聘，爲其家庭教師的那段期間，與林家建立了深厚的情誼；
而林獻堂在當時臺灣民主運動中是位號召者，因此蔡旨禪當也接觸了相關的
社會文化運動。其詩〈有懷〉記載著這一段歲月：

> 六年歡聚景薰樓，翰墨無時不伴愁，最憶風清月明夜，雕闌干外擘
> 箜篌。（之一）
>
> 一寸芳心萬丈愁，春風春雨冷如秋，那堪回首中原望，極目雲天夕
> 照收。（之三）

〔註60〕　參見王詩琅：〈霧峰林家與臺灣的文化教育・林家與霧峰一新會〉，收錄於黃
　　　　　富三、陳俐甫編《霧峰林家之調查與研究》，頁 257。

〔註61〕　參見葉連鵬：〈詩中之彩——從文學色彩學理論觀蔡旨禪古典詩作之用色意
　　　　　涵〉（《硓𥑮石》第 28 期，2002 年 9 月，頁 77。）

〔註62〕　此詩〈霧峯一新會三週年題祝〉在《旨禪詩畫集》八句並列，然就格律驗之，
　　　　　當爲兩首七絕。

可憐國步最艱雖（按：「雖」應爲「難」之誤），話到山河心暗酸，鐵幹
何當塡苦海，其如四面儘狂瀾〔註63〕。（之四）

描寫在景薰樓與林家歡聚一堂，但也因爲國步艱難，而憑添許多愁。旨禪的
「一寸芳心」卻乘載著「萬丈愁」，愁著回望「中原」，但怎奈「春風春雨」
卻「冷如秋」，談到「山河」就教人「心暗酸」。一位三十年代的臺灣女子，
心懷家國與祖國的沉痛之情，至今可感。

　　江寶釵在《臺灣古典詩面面觀》中云：「臺灣文人於改隸之際，很難接受
自己成了上國之棄民，當他們面對現實之後，有的人頹唐，沉迷於詩酒，有
的人隱逸，蒔花自遣，有的人壯心不死，寄情於文化的傳承，有待於來茲，
詩歌創作染上積極憤發的色彩，正如林獻堂所謂『將喪斯文當此日，騷壇旗
鼓待重張』（〈懷櫟社死病諸友，寄鶴亭了庵二詞〉）『欲挽狂瀾誰是任？正
須吾輩作長城』（〈應社諸友過訪喜而有作〉）。懷抱遺民意識的末世文人，一
方面透過同仁結社，一方面互相唱酬，在日人羅織文網與紳章馴化下，以隱
密的語言抒寫一己的故國情懷，藉古人事蹟，一澆自己塊壘，寫鄭延平事來
影射當時的處境，這些詩詠史或懷古切時的作品，非常有力地刻繪出臺灣文
人在異族統治下的所思所感。」〔註64〕而蔡旨禪就是屬於積極力挽狂瀾的那
一類。她不但親自設帳教漢學，還於 1947 年時，受林獻堂之邀，加入櫟社。
〔註65〕其故國情懷之深、臺灣意識之濃，與世界視野之廣，實非當代女子所
能媲美！

　　〈臺灣民族先烈抗日〉六首，表達了旨禪對臺灣民族抗日先烈的敬佩，
云：

因憐祖國貫精忠，抗日沼吳總不同，借著前籌誇智略，東寧民主屬
英雄。（之一）

大創蓬瀛費苦衷，精誠義氣直凌空，祇因豪膽痛揮日，盡庇臺胞袵
席中。（之二）

收繫人心遍島中，爲民抗日匪兵戎，儼然芟草絕苗手，那怕強權霸
力充。（之三）

〔註63〕 此詩發表於 1933 年 9 月 15 日，《詩報》第 67 號，頁 4。《旨禪詩畫集》，頁
　　　　17。

〔註64〕 參見江寶釵：《臺灣古典詩面面觀》（高雄市：復文圖書出版，1999 年 12 月），
　　　　頁 234。

〔註65〕 參見許雪姬編：《灌園先生日記》（臺北市：中研院臺史所籌備處，2000 年）。

抗日烈威雷屬同，東寧草澤盡英雄，滿腔熱血注蓬島，一片丹心貫
日忠。（之四）

天生明哲太豪雄，莫怪臺胞盡折衷，鼓起精神齊抗日，居然凜凜有
威風。（之五）

秉職不回報國忠，明參日月在胸中，誰知抗日精民主，爲故東寧費
苦衷。（之六）

日治五十一年，總督人選有十九次的更迭，第一任至第七任，凡二十四年，
由武人出任，在這階段臺灣人民不斷有抗日的活動。重大者有 1920 年 2 月 25
日林少貓歸順大典騙殺事件；1913 年苗栗羅星事件；1915 年臺南西來庵事件
等，先烈流著鮮血抵抗外來的統治。然而武力抗日犧牲慘重，株連甚廣，成
效卻不彰；雖如此，臺灣民族先烈，英勇抗日之舉，深獲人民的景仰，他們
是締造東寧民主的英雄。一連六首七絕聯章詩，歌頌著抗日英雄的犧牲壯舉，
也道盡臺灣人民不畏強權的心聲。

因爲先烈的慘痛犧牲，之後臺灣人民改以新文化運動的方式進行，如 1920
年林獻堂、蔡惠如在東京籌備「新民會」；1921 年 7 月，蔣渭水、林獻堂商定
組織「臺灣文化協會」；1927 年文化協會分裂，蔣渭水籌立「臺灣民眾黨」；
後因臺灣民眾黨重視勞工運動，爲部分人士所不滿，而另組「臺灣地方自治
聯盟」，指導人楊肇嘉，議長林獻堂。對於林獻堂一生爲國爲民之奉獻，蔡旨
禪在〈林獻堂先生輓詩〉作了這樣的評價：

一代名流也苦空，獨留青史保民功，返攻大陸無難事，稅駕重來反
掌中。（之一）

七十六年駐世間，爲民獻策救難關，西歸應有憂心在，祖國山河猶
未還。（之二）

蔡旨禪在林家爲家庭教師，對於林獻堂一生爲國家民奮鬥奔波的情形，知之
甚深。即當其已駕鶴西歸，旨禪亦認爲其心仍憂國憂民，憂「祖國山河猶未
還」，其任之重，實非死而後已。

此外，除對國家民族前途的關懷外，蔡旨禪對於眾生之關懷亦不減，〈祈
雨〉中可見：

酷比相如病渴深，黎民處處禱觀音，何當一滴楊枝水，化作甘露勝
雨金。（之一）

火色燒空苗稿成，家家香熱禱眞誠，傷心擬把綠章奏，乞賜甘霖救

眾生。（之二）

此詩成於何年不知，但從詩句中可見當作於久旱不雨時。首篇「酷比相如病渴深」，病渴，是指患有消渴疾，即今日所謂的糖尿病。「相如病渴」指漢代司馬相如患有消渴疾。〔註66〕此句言人民渴望雨水之殷切，比司馬相如病渴需水還深，老百姓處處祈求觀世音菩薩幫忙。此時觀世音一滴楊枝水，若能化作甘露實勝過降下黃金。蒼生焦急的心情，躍然於旨禪的筆尖。第二首寫著熱傘高張，將田中的幼苗烤焦了，老百姓眼見田中景象，無不趕緊燒起香來，真誠的祈禱蒼天降甘霖。而詩人見百姓如此，也憂心如焚，祈請諸佛菩薩賜甘霖以救眾生。整首詩彌漫著詩人那「人飢己飢，人溺己溺」，悲天憫人的仁者形象。法元師父〔註67〕云：

> 吾澎湖女傑，旨禪：懿行可嘉，筆列幾條，堪爲後輩者所效法。其一：孝念甚篤，能束身自愛，無有毀名傷身之行，致父母憂懷，此孝始也。且能學以致用，辦學啓蒙，振興漢學文化，作育人才，貢獻社會人群，此立身行道揚名顯親，孝之終也，實乃得孝道之全章焉。其二：守貞不二，安貞圓樸，不因凡境而亂耳目，不因意念而擾心靈烈志清高，此得烈節之品格也。其三：設帳授徒，爲人師時，教之以道德，導之以仁義，訓之以倫常，誨之以禮義，誡之以浮思，禁之以閒邪，使人能省身反思，敦品勵志，此乃得義之美譽也。其四：自幼長齋茹素，清心寡慾，自覺觀照，繼而建佛堂，弘法利生，望同胞改惡向善，遠離生死顛倒妄想，得大解脫，咸登佛國。自利利他之菩薩心腸；堪爲佛門中之忠臣。此爲得忠誠之盛德也。在風燭暫短之人生中，能得此「孝、烈、義、忠」四個字，豈非奇女子乎！〔註68〕

以詩證之，蔡旨禪正如法元師父所述。她是位很有自信的女子，立身行道，揚名詩界的豪傑女子；爲養雙親執教鞭，體念親心，不致父母憂的孝女；振興漢學文化，作育人才，以仁義倫常循循善誘弟子的好夫子；終生不嫁，清守佛門，宣揚佛法的好弟子；她是位憂國憂民念蒼生的仁者，更是位走在時代尖端的新女性。

〔註66〕事見《史記・司馬相如傳》。

〔註67〕法元師父，俗名張淵石，生於 1940 年，白沙中屯人，澄源堂師姑張枳實（今澄源堂負責人）三哥，現於高雄燕巢慈惠宮修行。

〔註68〕參見《旨禪詩畫集》法元跋。

　　生於一個貧瘠的小島，但是蔡旨禪的精神世界卻不貧瘠。她以詩來記錄一生，以繪畫來豐富人生色彩，無愧於當「澎湖第一才女」，她的一生是可歌可頌的！

第五章　日治時期澎湖旅外／日籍作家

　　澎湖日治時期除有一批傑出的在地作家外，還有不少旅外詩人，承自「祖代」作家的薰陶，在澎湖完成漢學教育，有成後前往臺灣本島或大陸傳播漢詩，拓展其另一段人生。又因乙未改隸，而有一批日籍作家，以殖民地主的身分來到澎湖，創作不少古典漢詩。此章就這兩個主題論述。

第一節　旅外作家

　　澎湖受漢人影響比臺灣還早，約自宋元時期，就有漢人在澎湖活動，因此對中國文化的熟悉度，自然遠超過臺灣本島。早在乾隆三十二年（1767），澎湖建立文石書院，培育不少文人，文風鼎盛。然澎湖天然環境不佳，不但土地貧瘠，更常有天災，導致居民紛紛移往恆春、安平等地，後隨著明治四十一年（1908）高雄港擴建帶來的發展，大量轉至高雄地區，也有一些前往嘉義朴子，屏東東港等。這些澎湖移民，長期旅居臺灣本島，有勞力者，有經商者，漸在當地嶄露頭角。至於文人，也紛紛前往設帳授徒，成為該地重要的私塾老師。當時，散處臺灣各地發展的澎湖文人，因同鄉的情誼緊繫，常會互相介紹，時而在高雄講學，時而前往屏東，時而前往嘉義；平時亦常相唱酬，集會結社，互長聲勢，形成一文學集團，在臺灣南部尤具影響力。當時臺灣本島詩社林立，前後共兩百多個詩社，與澎湖人關係密切的就有十來個，表列如下：

表 中編 5-1：澎湖人創設詩社資料表

年　代	西元	地　點	詩　社	主持人	事　　　　　略
大正 10 年	1921	高雄市	旗津吟社	陳錫如	陳錫如集其旗津青年團夜學弟子陳皆興、陳春亭等所組成。
大正 10 年〔註 1〕	1921	高雄市	萍香吟社	陳春林	澎湖宿儒陳春林，設帳於高雄，邀集澎湖及高雄地方人士創社，社員多屬萍水相逢，故以「萍香」爲名，因社員散處，會集不易，乃以通信徵詠。
大正 11 年	1922	嘉義縣	樸雅吟社	楊爾材	楊爾材邀集地方人士所創立。楊爾材，澎湖人，定居嘉義。
大正 11 年	1922	高雄市	鼓山吟社	鮑樑臣	鮑樑臣集地方人士陳丁科、蔡鶴儀等創立。鮑樑臣爲澎湖宿儒鮑迪三之子。
大正 11 年	1922	嘉義縣	竹音吟社	陳春林等	澎湖陳春林設帳於義竹鄉，與周文俊等十三人共立詩社。因義竹周圍皆竹，故命名爲「竹音」
大正 12 年	1923	高雄縣市屏東縣	三友吟會	陳錫如等	澎湖宿儒陳錫如，設帳於高雄，廣邀旗津吟社、東港研社、屏東礪社，共設三友吟會。
昭和 1 年	1926	高雄市	苓洲吟社	陳錫如	址在舊時苓雅寮，陳皆興邀請其師陳錫如來此設帳，並主持吟社。
昭和 2 年	1927	高雄市	鼓山吟社	鮑樑臣	社員數十人。1932 年後經常在其住家「行素軒」內擊缽行吟，參加者眾。
昭和 5 年	1930	高雄市	鳳毛吟社	歐炯庵李夢霞	歐炯庵（澎湖籍）創立紅毛港青年研究會與李夢霞創立大林蒲青年研究會，兩會合併而成。
昭和 6 年	1931	高雄市	雄州吟社	盧耀廷	西嶼鄉池東村人。
昭和 7 年	1932	高雄市	壽峰吟社	高市青年	延聘鮑樑臣指導詩學。
昭和 8 年	1933	高雄市	高岡吟會	陳國樑	澎湖湖西人。
昭和 9 年	1934	高雄市	瀨南吟社	許君山	許君山、施子卿等邀集地方人士創立。許君山爲白沙鄉鎮海村人。
昭和 11 年	1936	嘉　義	麗澤吟社	黃南薰	1936 年籌備，1937 年春正式成立。
昭和 12 年	1937	屏　東	屏東詩會	陳家駒	陳家駒等人籌組屏東詩會。

（此表資料參考胡巨川〈民初以來高雄市的詩社概況〉〔註 2〕、創社詩人詩集等）

〔註 1〕 大正十年（1921）《台南新報》有一則與萍香吟社相關報導，云：「礪、研、萍香三吟社此期聯合徵詩……」推萍香吟社至少在大正十年（1921）六月前已成立。（見《台南新報》第 6907 號，大正十年六月二日。）

〔註 2〕 參見胡巨川：〈民初以來高雄市的詩社概況〉（《高雄文獻》第 15 卷第 1 期，2002 年 3 月）。

　　除了創社外，也有不少澎湖宿儒擔任臺灣本島詩社的漢學講師，爲後學掌燈指導詩道，弟子成氣候後，再闢蹊徑，持續加入壯大古典詩文的聲勢。「澎湖仙」對臺灣南部的古典詩發展產生不小影響。以下就旅高雄、嘉義、屏東、台南、大陸五區論述之。此外，在此須先說明的是，當時澎湖仙旅外，常因不同地區的聘請，並非固定在一區，畫分時以影響較深的爲主。而筆者以地區做爲研究，主要凸顯澎湖詩人在該區漢詩發展的重要性。又詩人或跨越兩個年代以上，以其最活躍的時代爲主。

一、旅居高雄地區

　　澎湖對外影響，以高雄爲著，上表所整理全臺與澎湖文人相關的詩社有十五個，高雄市佔有八個，並多集中在旗津，旗津實爲澎湖籍文人來到臺灣的發展重心。當時的高雄地區，主要的聚落在旗津，在此設帳的「澎湖仙」，也開始籌組詩社。高雄最早的詩社「旗津吟社」，由澎湖籍大老陳梅峯、陳錫如，集其學生陳春亭（澎湖籍）、陳皆興（高市籍，苓雅人）等共同組成。這個詩社的成立，不但顯示旗津爲當時高市地區的文化集中地，更說明了澎湖籍文人在高市地區的地位。澎湖籍文人的影響力更從日後陸續成立的詩社可見。日治早期的幾個詩社，多半都由澎湖籍大老出面，大正十一年（1922）成立的「鼓山吟社」，創辦人鮑樑臣爲澎湖籍，是澎湖文士鮑迪三之子。大正十二年（1923）的「三友吟會」，是設帳於高雄地區的澎湖籍宿儒陳錫如廣邀旗津吟社、東港研社、屏東礪社合組而成。大正十三年（1924）的「萍香吟社」，同樣是澎湖籍儒師陳春林，邀集澎湖及高雄籍共創。昭和元年（1926）的「苓洲吟社」，陳皆興發起，邀請其師陳錫如來此設帳，並主持吟社。昭和五年（1930）成立的「鳳毛吟社」，是澎湖籍歐炯庵設帳於紅毛港，創立紅毛港青年研究會，與李夢霞設帳於大林蒲，創立大林蒲青年研究會，兩會合併而成。昭和六年（1931）的「雄州吟社」，主持人是澎湖籍盧耀廷。昭和七年（1932）的「壽峰吟社」，由澎湖籍鮑樑臣指導。昭和八年（1933）的「高崗吟社」，主持人是澎湖籍陳國樑。昭和九年（1934）的「瀨南吟社」，也是澎湖籍人士許君山。一直到日治後期，高雄各詩社主持人仍以澎湖籍爲多，澎湖籍人士在日治時期對高雄地區文化的影響力，可說是遠遠超過在地人士，這是日治時期，高雄市詩社的一項重要特色。經由這些「澎湖仙」的倡導啓發，高雄地區漢學逐漸興盛，擊缽吟會，處處可聞。

　　早期澎湖仙們移入高雄，大多居住在旗津，傳授《四書》、《尺牘》、《唐詩》等，夜間就讀者人數甚多。師徒為切磋學養、推廣漢學、聯絡情誼，紛紛向州廳申請成立詩社，並舉辦各種聯吟活動，私塾乃成為詩社發展的源地。這些旅高澎湖師，有些是短暫居留，設帳數年後，仍落葉歸根回澎湖，如陳梅峯、陳錫如、盧耀廷，筆者將其置於澎湖當地作家來論述。以下就曾在高雄設帳授徒，或成立詩社，或詩名顯著，影響高雄古典詩較著的洪少陵、陳春林、陳月樵，做一介紹。

（一）洪少陵（1872～1929）

　　洪少陵，同治十一年（1872）十二月生於湖西鄉紅羅，卒於昭和四年（1929）五月十三日，年五十八。弱冠應童子試，名列優等，惜未入泮而臺澎改隸。日治時期後曾任職於港尾（講美）。明治三十七年（1904）九月三十日，受聘為赤崁公學校漢文教師，復在大赤崁開設私塾。明治四十二年（1909）三月三十一日離職後，轉居高雄市旗后創設漢文書房，教授經詩五載。嗣由三塊厝地方人士聘請傳授漢文，直至昭和四年（1929）因病停止，在高雄設帳三十餘年。〔註3〕洪少陵一生以傳道講學為職志，傑出門徒不少，其愛女洪月嬌為著名之女詩人，有詩集《鄭洪月嬌詩集（附洪少陵公遺作）》。洪少陵惜未有詩集問世，其女詩集中附文二篇、詩三首。下就數首存留詩作，以見其貌。

1.詠事詩

　　洪少陵有二首詩，因讀清遊宦文人徐必觀的鹹雨、黃沙之作，深覺其用語有欠莊重，而且近於諧謔，未能感受澎湖人身在其中，受鹹雨、黃沙肆虐之苦與不便，而用其韻賦〈鹹雨〉、〈黃沙〉。詩前有序云：

> 故鄉澎湖，常於大颱風時，捲起海水，遍灑農地，使五穀枯死，名曰鹹雨，致生民於塗炭。又秋冬兩季，經常吹起黃沙。細者濛濛似煙霧迷天，粗者打到膚體，其痛難當，如大漠上之驚沙入面。生於斯長於斯者，惟有認命而已。然偶讀嘉慶年間進士，道光年間任鳳山知縣之徐必觀所作之澎湖雜詩。〈鹹雨〉云：「連朝細雨灑簾纖，滋味因風到舌尖。遙想神仙高會後，冰廚撒下水晶塩」。〈黃沙〉云：「漠漠媧皇劫後灰，平生踪跡溷塵埃。臨風錯喜金堪揀，前路黃沙

〔註3〕 參考張裕光：《鄭洪月嬌詩集附錄：洪少陵公遺作・序》（高雄市：福澤慈善事業基金會發行，1994年），頁9。

撲面來。」讀之使人氣結。不但語欠莊重，而且近於諧謔。乃用其
韻，補敘其實焉。〔註4〕

語中之忿怒可見，此即在地人書寫與外地人差異所在。長期生活在其中，和
偶來之，感受各不同。徐必觀的用詞，或本無戲謔意，以另一角度看，或可
解讀爲面對這糟透的環境，他卻可以用比較輕鬆的態度看待，顯其豁達的一
面。但在澎湖人洪少陵眼中，這是相當輕慢的態度，身爲官員不能苦民所苦。
故〈鹹雨〉云：

不許留青一草纖，谷間橫灑到山尖。天公似欲將人滷，仙曲猶歌惜
惜鹽。〔註5〕

詩抱怨天公不仁，從山谷到山尖，遍地灑滿鹹雨，不留下一株青草，好像
要把人當肉滷，竟還有人說是神仙撒下的水晶鹽，氣憤之情可見。〈黃沙〉：
「時異紅羊亦劫灰，帝京距遠尚塵埃。北風起處心兢戰，恍惚匈奴捲土來。」
〔註6〕同樣寫出黃沙之可怕。北風一來，心就擔憂撲面的黃沙，像是來勢洶
洶的匈奴入侵，捲起漫天的土塵。洪少陵詩作反映出作者目擊之鬱積，莫
不怨刺的性情。看到清人鑄槍，要攻打敵人，反而傷害自己，作〈鑄銃（清
代以槍爲銃）〉一詩，云：「鑄銃期攻敵，開時反自傷；可曾知械器，原未認
爺娘。內賊應難悉，佳兵或不祥；視今思昔日，世事兩茫茫。」〔註7〕武器
傷人又傷己，老子早已說過佳兵不祥，〔註8〕世人何以執迷不悟，要不斷製
造武器？

2. 詠古詩

洪少陵有〈打狗山懷古〉連章詩，〈埋金〉云：

聞道埋金事，悽然感廢興；名聲當未敗，財富本堪矜。有妹能殉死，
無人可繼承；夕陽光閃處，常有暮煙凝。〔註9〕

民間盛傳嘉靖年間大海盜林道乾，劫掠許多金銀財寶，於艤舟打鼓山港時，
將劫掠的金銀珠寶，分裝在十八個半的攜籃中，藏匿在打鼓山深處。後官兵

〔註4〕　參見許成章編校：《高雄市古今詩詞選》，頁381。（標點筆者所加）
〔註5〕　同上註，頁381。
〔註6〕　同上註，頁382。
〔註7〕　同上註，頁382。
〔註8〕　《老子》第三十一章云：「夫佳兵者不祥之器。物或惡之，故有道者不處。」
　　　　（參見臺灣開明書店編譯部：《老子正詁》（臺北市：臺灣開明書店印行，1996
　　　　年臺六版，頁72）。
〔註9〕　參見許成章編校：《高雄市古今詩詞選》，頁382。

渡海追討，倉促之間，無法搬運埋在山中的十八籃半金銀，其妹金蓮又捨不得金銀棄置荒山，堅持留下看守，導致延誤林道乾及手下逃命，在重重追兵包圍之下，林道乾一時情急，為免其妹受辱，拔出腰間寶劍斬殺其妹後，衝出重圍，結果空留一堆黃金無人繼承。洪少陵對此慨嘆世事興廢無常。尾聯以景作結，更添悽涼意。「暮煙凝」代表著林道乾妹的魂魄依仍執著守候在此，其實也是反諷世人對財物的貪戀。

3.詠物詩

洪少陵的詠物詩作，常藉物抒情，傷己或寓諷世深意。〈佛桑花（俗呼燈子花。開在樹上如懸燈籠然)〉：「石榴燒火此燃燈，籬上高懸點數層。其奈夜間偏不亮，茫茫世路暗因仍。」〔註10〕前兩句寫物，就開在樹上如懸燈籠的樣貌書寫；後兩句抒情，寫佛桑花如燈籠，但卻不亮，無法在夜間照路，使得世路暗茫茫。此語一語雙關，寫行走之路暗，亦寫自己世路茫茫。〈含羞草〉云：「不容褻玩似真儒，不辱其身莫觸膚。野草知羞人少恥，可憐造物亦糊塗。」〔註11〕寫物寫情交疊，諷刺世人不知恥。〈刺桐花〉云：「棗雖多刺果香甜，花好無須錦上添。省識善言含美意，諫從其諷痛鍼砭。」〔註12〕由刺桐花特性，告訴世人善言含美意，諷諫的話刺耳，但卻能對症下藥。〈檳榔樹〉云：「莖高未必曾輸竹，節勁雖然略遜松。畢竟干霄能直上，大才原係出平庸。」〔註13〕一般人眼中的檳榔樹無甚了得，在平凡不過的植物，但是洪少陵從直上雲霄的角度，告知世人「大才原係出平庸」的道理，莫瞧不起剛開始平凡無奇的人。

（二）陳春林（1896～1953）

陳春林，名榮果，號耐園，又署悔生、隱民，明治二十九年（1896）生於澎湖湖西鄉沙港。陳梅峯弟子，陳梅峯逝世，作有〈哭梅峯夫子〉七律二首，云：「官公職務已曾經。到老何常片刻停。晚境祇留緣屋白，少年早博一衿青。詩書自古哀秦火，桑梓於今重魯靈。文望尊隆人共仰，無端忽殞少微星。」、「家計人生尚可為。何堪大限到頭時。無情逝水千尋湧，不憖胡天一老遺。祇死屈原都是恨，招魂宋玉莫非悲。當年勒石貞珉事，看作羊公墜淚

〔註10〕 同上註，頁380。
〔註11〕 同上註，頁380。
〔註12〕 同上註，頁381。
〔註13〕 同上註，頁381。

碑。」〔註14〕詩句悲而不傷。

大正九年（1920）來臺在鳳山設塾。大正十一年（1922），陳春林前往嘉義義竹鄉設帳，與周文俊等十三人共立詩社，以義竹周圍皆竹，故命名爲「竹音吟社」。

大正十二年（1923）春，遷哨船頭施教，不久又移塾於旗津，爲「旗津吟社」社員。其弟子則成立旗津第二個詩社「耐園吟會」。大正十三年（1924），連繫在臺之澎湖塾師成立「萍香吟社」。大正十四年（1925），又因故離開旗津，轉往台南，再徙義竹，有〈過義竹示竹音諸同學〉云：「羽換宮移後，洪鐘毀棄看；爲傷流徵易，欲得賞音難。雅樂無人識，哀絲有客彈；不勝同調感，今昔已殊觀。」〔註15〕語多感嘆。昭和三年（1928）再徙高雄，不久又轉往臺南西港授業。其間苓洲吟社第四期徵詩，〈自由女〉：「非關女界喜招搖，屈死人權匪一朝；今日雌風漸回熱，亦因世態亦時潮。」〔註16〕深獲詞宗鄭坤五賞識，選爲第二名，評爲：「眼光放大，不作冬烘套語，世態時潮洵爲確論。」之後與鄭坤五有詩作往來，昭和六年（1931）七月一日《詩報》載陳春林〈寄坤五鄭大〉。〔註17〕

昭和六年（1931）活動足跡在嘉義、臺南一帶，《詩報》刊載多首與該地詩人交流，昭和六年（1931）六月一日有〈過岱江訪笑儂先生賦呈〉云：「爲尋鷗鷺岱江邊，一任逍遙意萬千；投贈算從今日始，論交願訂再來緣。也知如我爲羈客，未合呼兄作散仙；忽漫相逢開笑口，同聲同氣又同年。」〔註18〕岱江（布袋）位在嘉義西南邊濱海，北臨東石鄉，東北連朴子，東南連義竹鄉，陳春林曾到義竹鄉設帳，嘉義算是他熟悉的地方。此詩是陳春林到岱江訪楊樹德（笑儂）〔註19〕所作。詩言自己是寄居在外的旅客，是個「散仙」，到處飄泊，不合與人稱兄道弟。

昭和六年（1931）十一月一日有吳萱草〈席上贈春林君〉、陳春林〈席上次韻奉萱草兄〉、吳鵬程也有一首〈席上和萱草家兄贈春林哥韻〉。〔註20〕同

〔註14〕　參見許成章編校：《高雄市古今詩詞選》，頁419。
〔註15〕　同上註，頁421。
〔註16〕　苓洲吟社第四期徵詩，計六百三十四首。
〔註17〕　參見《詩報》昭和六年七月一日，第十五號（一）。
〔註18〕　參見《詩報》昭和六年六月一日，第十三號（十四）。（標點筆者所加）
〔註19〕　楊笑儂，彰化人，醫生，彰化「應社」成員。（參考陳虛谷：《陳虛谷作品集》（上冊）（彰化市：彰化縣立文化中心，1997年），頁166。）
〔註20〕　參見《詩報》昭和六年十一月一日，第二十三號（三）。

年十二月一日載有新鷗翁夢華〈秋夜次清福〔註 21〕夫子寄文俊先生韵並示陳春林君〉、〈新秋呈清福夫子次元章學兄韵並示陳春林君〉、西港劉傳心〈新秋呈清福夫子次元章學友韵並示陳春林君〉。〔註 22〕同年〈辛未書懷〉〔註 23〕七律五首，語多悲涼意，之二云：「身逢末俗悔從頭，大錯伊誰鑄九州；一事無成容易老，三生有願總難酬。徒然爲客悲麟鳳，也復因人作馬牛；故國己〔註 24〕非時世異，未能早晚築莵裘。」之五云：「一寰人間卅五年，未來世事尚茫然；惟應養拙存公道，不管居奇罔市廛。李愿猶思盤谷隱，達摩豈望鉢衣傳；從茲稍得稻粱計，便欲歸家理釣船。」時年三十五，正值壯年，即已思索何時能退休隱居之事，反映出對現實生活的不安與失望。

昭和七年（1932），足跡又往高雄移動，《詩報》刊載多首參與高雄市內詩社聯吟會，並擔任詞宗。昭和七年一月一日《詩報》刊載「香芸吟社」週年紀念徵詩，其〈月鏡〉還自署「塩水」陳春林。〔註 25〕吳萱草次郎結婚時，陳春林寫詩祝賀，刊載於昭和七年（1932）二月六日《詩報》，署名改寫爲「高雄陳春林」。〔註 26〕〈吊前首相濱口雄幸閣下〉一詩同刊於昭和七年（1932）二月六日《詩報》，署名也是寫「高雄陳春林」。〔註 27〕昭和七年（1932）二月二十四日《詩報》刊載高雄市內五社聯吟會詩題〈龍井聽泉〉，之二云：「當作楊枝水去尋，如聞鐘磬感人深；在山清許誇同調，激石時多悟好音。水潔不應嫌井渫，流長擬欲化龍吟；高雄有此消閒地，我愛參禪更洗心。」〔註 28〕似乎對高雄環境很熟悉。此次陳春林與陳文石爲左右詞宗。

昭和十六年（1941），第二次世界大戰，已入混亂階段，民生炭炭，不可終日，高雄各社社員大多星散，難以獨立維持，於是各社主持人鮑樑臣、陳春林、陳皆興、陳國樑、許景綿、宋義勇、陳瑞等聚議，將旗津、苓洲、鼓山、高崗、雄州、壽峰、壽社、在山等八社打成一片，稱爲「高雄市吟會」。

戰後，陳春林透過檢定，任教於高雄中學。重九登壽山而賦〈壽山登

〔註21〕 清福：指岱江蔡清福。
〔註22〕 參見《詩報》昭和六年十二月一日，第二十五號（五）。
〔註23〕 參見《詩報》昭和六年八月一日，第十七號（十五）。（標點筆者所加）
〔註24〕 據文意「己」應是「已」之誤。
〔註25〕 參見《詩報》昭和七年一月一日，第二十七號（十二）。
〔註26〕 參見《詩報》昭和七年二月六日，第二十九號（十五）。
〔註27〕 參見《詩報》昭和七年二月六日，第二十九號（七）。
〔註28〕 參見《詩報》昭和七年二月二十四日，第三十號（七）。（標點筆者所加）

高〉，云：

> 左旗右鼓峙周遭，不爲避災興自豪；忽漫振衣天浩蕩，那關落帽鬢
> 蕭騷。胸中壘塊樽前酒，足下風雲海上濤；望遠神州陸沉嘆，何心
> 醉菊且題糕。〔註29〕

從末句看，此詩寫於重九登壽山之作。首聯寫壽山左旗山右鼓山護擁的地勢，
視野極佳，尤其不是爲避災而登高，遊興更佳。頷聯、頸聯抒發站在壽山頂
的感覺，詩意豪邁。尾聯語意一轉，歸結遠望神州，嘆淪陷火海而無心喝菊
花酒與題糕。從尾聯看，此詩應是寫於戰後。

　　民國四十二年（1953），「壽峰詩社」成立，加入爲社員，同年中秋節前
因胃癌去世。〔註30〕

（三）陳月樵

　　陳月樵，名連德，號友漁，澎湖沙港村人。少讀書於泉州，後又師事陳
梅峯。渡臺後曾到屏東、東港、朴子、旗山等地設帳傳授國學。〔註31〕晚年
隨兒輩寄居高雄市。民國四十二年（1953）的詩人節（端午節），高雄市的詩
友五十餘人，由陳月樵、鮑樑臣、王天賞、王國琛、張蒲園、高文淵等人發
起，在臺灣省合作金庫高雄支庫三樓集會，議決成立以「壽山之峰」爲名的
「壽峰詩社」。〔註32〕民國五十二年（1963）十週年社慶，陳月樵作〈壽峰詩
社十週年誌盛〉：「不老靈峯氣象雄，他山玉藉十年攻。正聲長在推敲裡，六
義全憑煆煉中。鐵笛橫吹西子畔，銅琶高唱大江東。一絲尚許斯文繫，心血
何辭盡嘔空。」〔註33〕頸聯意境清遠。

　　陳月樵與歲貢生陳鬟僧交最莫逆，林文龍云：「詩文亦類陳鬟僧之精巧。
著有《海茫茫集》。」〔註34〕另有《潤園吟草》刊於《壽峰詩社詩集》、〔註35〕

〔註29〕　參見許成章編校：《高雄市古今詩詞選》，頁418。（標點筆者所加）
〔註30〕　陳春林生平綜合參考許成章編校：《高雄市古今詩詞選》，頁418；賴子清：
　　　　　〈古今臺灣詩文社（二）〉，《臺灣文獻》第10卷第3期，1959年9月版，頁
　　　　　95。
〔註31〕　參考許成章編校：《高雄市古今詩詞選》，頁394。
〔註32〕　參考胡巨川：〈民初以來高雄市的詩社概況〉（《高雄文獻》第15卷第1期，
　　　　　2002年3月，頁15。）
〔註33〕　參見許成章編校：《高雄市古今詩詞選》，頁394。
〔註34〕　參見林文龍：〈臺灣詩薈作者簡介〉（《臺灣詩薈》，南投市，1992年），頁
　　　　　687。
〔註35〕　刊於《壽峰詩社詩集》，頁41～52。

《壽峰詩社續集》，〔註36〕《詩報》、《高雄市古今詩詞選》等也有其詩作。張達修《醉草園詩集》言：「陳文石與陳家駒、陳月樵，都是陳梅峯高足，時稱四傑。」〔註37〕陳月樵詩亦頗負盛名。其詩精巧，臚舉數例以見。〈福海揚帆〉云：

> 旗津挂席海門秋，飽孕西風古渡頭；十幅蒲輕颺小港，一篙水漲下中洲。推篷逐浪爭飛鳥，放棹隨波迅去鷗；根觸飄蓬無限感，心旌懸曳共悠悠。〔註38〕

寫旗津挂帆，十幅蒲帆在小港輕颺，水漲撐篙下中洲，一路飛鳥、沙鷗相伴，景致清雅。〈百花生日〉云：「春滿群香國，芳辰紀百花；壽同今日慶，歲復一年加。長悅園金谷，新詩護碧紗；休嗟添錦上，藉此醉流霞。」〔註39〕寫百花生日，春天滿是花香，沈醉花海裡。〈春晴〉云：

> 簷角蛛牽網，村前燕啄泥。濕雲歸岫盡，妍日暖花齊。樹樹喧晴鳥，家家唱午雞。千山呈霽色，覓句一囊携。〔註40〕

從簷角的蛛牽網，村前燕啄泥築巢，到遠方的濕雲盡歸岫，妍日與暖花互映，極美的視覺饗宴；耳聽樹樹晴鳥喧，家家午雞唱，極和協的天籟，這是陳月樵筆下詩意般的春晴。〈懸崖菊〉云：

> 羞爲籬下客，避地上岩嶢；葉自摩崖綠，花垂絕壁嬈。欲教塵少染，敢詡世能超；出處雖云異，柴桑色相饒。〔註41〕

首聯點出全詩的旨趣，寫菊因不願與一般俗輩同流合污，而獨上懸崖。頷聯描繪長在懸崖上的菊展現自在脫俗的美。頸聯、尾聯再申說首聯意旨。全詩明寫懸崖菊超逸凡塵，其實暗指詩人也是這樣的性情。〈金獅湖晚眺〉云：

> 晚風披拂爽吟軀，悄倚危欄興不孤。落日倒懸雙閣影，遠山高掛半屏圖。獅頭隱約藏雲窟，雁齒參差列錦湖。隔水遙聞簫鼓震，飽收詩料上歸途。〔註42〕

寫自己晚遊金獅湖〔註43〕所見之景，與自適自在的心情。首聯點明遊賞的時

<hr>

〔註36〕刊於《壽峰詩社續集》，頁65～68。
〔註37〕參見張達修：《醉草園詩集》，頁184。
〔註38〕參見許成章編校：《高雄市古今詩詞選》，頁394～398。
〔註39〕同上註，頁394～398。
〔註40〕同上註，頁394。
〔註41〕參見許成章編校：《高雄市古今詩詞選》，頁394。
〔註42〕同上註，頁395。
〔註43〕金獅湖原名「大埤」，與獅頭山比鄰而居，因此稱爲「金獅湖」，其水源來自

間，與當時出遊的原因。頷聯前句寫近景，雙閣倒映水中的美；後句寫遠景，半屏山橫列如圖畫。頸聯前寫獅頭山的獅頭藏在樹林、雲霧中，隱隱約約可見；後寫湖中排列有序如雁行的景物。尾聯寫自己隔著水聽到簫聲、鼓聲，憑添古意。閒適的晚遊，詩人詩袋滿囊而歸。全詩情景交融，不失旅遊佳作。〈晒穀〉云：

> 場圃重修築，三農〔註44〕慶歲豐；臺民歌擊壤，舜日晒當空。遍地鋪金似，堆倉積玉同。汙邪〔註45〕欣滿載，從此息哀鴻。〔註46〕

臺灣以農立國，曬穀場鋪滿著黃金般的稻子，臺民慶豐收。前三聯描寫豐收的喜悅，尾聯反寫農民不再憂愁，寓意著臺民平日擔憂之深。〈秋蝶〉云：

> 夢斷繁華綺麗天，蓬蓬〔註47〕栩化菊花前。莊生老去春婆杳，冷淡無心伴噪蟬。〔註48〕

此詩化用莊周夢蝶的典故，寫在菊花前飛舞的秋蝶。陳月樵喜化典為詩句，但又不著痕跡，讀來無生硬處。語句輕柔、精巧、浪漫。

二、旅居嘉義地區

有四位澎湖籍人士，對嘉義地區詩學影響頗巨，一是「麗澤吟社」的首任社長黃南薰，二是「汾津吟社」的講師陳家駒；三是「樸雅吟社」的創辦人楊爾材；四是曾任省通志館顧問委員的陳文石。

（一）黃南薰（？～1948）

黃南薰，名助，澎湖西嶼鄉池東村人，在嘉義經營南春藥行，〔註49〕喜歡吟詩，初隸嘉義鷗社，並於昭和十一年（1936），承蘇櫻村及林臥雲兩位詩

鼎金圳，水域及陸域面積約有十四公頃。獅頭山原稱「虎頭山仔」，虎頭山有一靈穴「臥獅穴」，獅頭山有茂盛的林木，以及盤根錯結的古榕樹，由山頂可眺望半屏山、壽山及高屏平原，在此休憩湖光山色盡收眼底。（資料來源：中華民國交通部觀光局）

〔註44〕三農：一指春耕、夏耘、秋收；一指平地農、山農、澤農。
〔註45〕汙邪：地勢低下的田。
〔註46〕參見許成章編校：《高雄市古今詩詞選》，頁398。
〔註47〕蓬蓬：悠然自得的樣貌。《莊子・齊物論》：「昔者莊周夢為蝴蝶，栩栩然蝴蝶也。自喻適志與，不知周也。俄然覺，則蘧蘧然周也。」
〔註48〕參見《詩報》昭和六年九月十五日，第二十號（九），屏東吟會歡迎張覲廷先生擊鉢錄。
〔註49〕參見黃友松等〈編印緣起〉（收於《西園吟草》，鳳山市：黃友松等編贈，1974年）。

壇耆宿之贊助，與簡竹村、蔡漁笙、黃自修、蕭嘯濤、陳雲翔、盧少白等數十位詩壇騷人組織「麗澤吟社」，各地名士紛紛入社，一時社友逾四、五十人，眾舉黃南薰為社長，蔡漁笙為副會長，昭和十二年（1937）春正式成立。〔註50〕黃南薰對宏揚詩教，鼓吹文風不遺餘力，活躍於嘉義地區，詩有多首寫此地之景，如〈北迴歸線〉（「赤道距離廿度遙」）〔註51〕、〈諸羅春色〉（「武巒春暖物華迷」）〔註52〕、〈壽島納涼〉（「猿江岱嶼對清談」）〔註53〕、〈桃城〔註54〕話舊〉（「舊雨重逢進廿霜」）〔註55〕等。

　　黃南薰詩作經其長子黃光品多方搜尋，共得遺作二○五首。民國六十三年（1974），黃友松等將他們的祖父黃南薰和父親黃光品詩作合刊，顏曰《西園吟草》。觀其詩多為課題之作，詩有悲涼意與不平之氣，如〈落葉〉曰：「幾回似雨打窗綃，驚夢還愁萬樹凋。一樣榮枯零落感，天涯有客正魂銷。」〔註56〕所愁甚多。〈武夷茶〉云：「寒夜客來當酒談，武夷名種靜中參。老夫世味都嘗遍，苦裡惟求一轉甘。」〔註57〕歷盡世味之苦。〈歲暮書懷〉云：「臘鼓鼕鼕歲已嚴，送窮無計更寒兼。兒曹爭欲新衣服，不管年來債累添。」〔註58〕寫出生活並不寬裕。〈聽濤〉云：「奔騰疑欲起潛龍，一樣西風撼老松。虛枕何堪長夜聽，心潮勢共怒洶洶。」〔註59〕聽濤而起心潮怒氣。〈納涼〉云：「輕移竹榻近蓮塘，水殿香來興味長。獨笑趨炎成底事，何如一枕晚風涼。」〔註60〕語諷刺趨炎之士。與友酬酢之詩，時露故鄉之思，〈寄陳春林兄〉云：「浮家萬里等萍邊，兩鬢將皤感老年。同是欲歸歸不得，故園獨負菊花天。」〔註61〕寄給同在外地的陳春林，感嘆同是天涯淪落人，欲歸歸不得的苦悶。〈次竹村兄留別韻〉二首，之一云：「板橋風月足平生，吟幟高標五字城；竹巳成村堪隱鳳，喬經呈蓋待遷鶯。如棋世事嗟多變，似

〔註50〕參見黃光品〈黃南薰遺稿〉（收於《西園吟草》）。
〔註51〕參見黃南薰、黃光品：《西園吟草》，頁16。
〔註52〕同上註，頁21。
〔註53〕同上註，，頁21。
〔註54〕嘉義舊稱桃城。
〔註55〕參見黃南薰、黃光品：《西園吟草》，頁20。
〔註56〕同上註，頁28。
〔註57〕同上註，頁18。
〔註58〕同上註，頁18。
〔註59〕同上註，頁28。
〔註60〕參見黃南薰、黃光品：《西園吟草》，頁28。
〔註61〕同上註，頁6。

縷離愁總莫名；老我欲歸歸不得，他鄉爭及故鄉情。」之二云：「留君無計感難支，差喜騷壇會有期；倦鳥知還原不俗，急流勇退正當時。閒吟風月書千卷，藻繪河山筆一枝；他日江南春欲寄，倘逢驛使莫遲遲。」〔註62〕從「如棋世事嗟多變」、「急流勇退正當時」推知簡竹村離開嘉義歸鄉，有其內幕，如〈武夷茶〉所言：「老夫世味都嘗遍」蓋人事紛擾。除送簡竹村離情依依外，也羨慕他可以歸鄉，不禁再感嘆自己「欲歸歸不得」之苦。

（二）陳家駒（1897～？）

陳家駒，明治三十年（1897）〔註63〕生於澎湖湖西鄉沙港，受業陳梅峯。昭和十二年（1937），陳家駒、薛玉田等人籌組「屏東詩會」。〔註64〕據《詹作舟全集》，施梅樵（1870～1949）〈南遊紀事〉十首七言絕句，之四云：「……枉教下榻竟拋閒（余與拱五一宿大東，一宿大和。）」之五：「吟譔安排第一樓……佔席憐余已白頭（陳家駒氏設席邀飲）」之六：「……故人已復舊精神（此行為問黃景謨氏病已痊癒）」之七：「……忽觸平生飛動意（黃景寬氏歸自南京）」之八：「……置酒旗亭日已晡……勝他朗月照征途（謂陳寄生氏治筵留飲）」詩題中所謂的「南」，可以藉由附註所示五位詩友的所在地，概括知道南遊足跡，並知陳家駒居屏東，黃景謨、景寬兄弟及陳寄生也都在屏東。陳寄生四十八歲逝世，陳家駒賦〈輓寄生詞兄〉悼念詩友，云：「果真狂鬼妬聰明，卅八年華了此生；地下雪峯添一友，林邊書道失同盟。劇憐老母含悲淚，忍閱遺篇動惻情；他日羌園重過處，人琴俱寂感凄清。」〔註65〕陳家駒感嘆陳寄生短短的四十八載，就結束他的一生，留下含悲淚的老母與不捨的詩友，自此林邊書道少一人！

陳皆興《漱齋詩草・陳序》言：「陳文石與陳春林、陳家駒並稱於時，號為澎湖三傑。」〔註66〕足見陳家駒詩名震耳，惜未有詩集傳世，今從《詩報》、《南方》輯出詩作，見其書寫特色灑脫，無悲弱氣。

〔註62〕同上註，頁20。
〔註63〕〈壬午除夕漫興〉五律二首之一云：「節序催人老，年華卅六更；愁從今夜盡，酒擬詰朝傾。愛國存忠信，敲詩表送迎；此心堪自許，可比玉壺清。」壬午為昭和十七年（1942），陳家駒詩自云時年四十六歲，故推知生年為明治三十年（1897）。（參見《詩報》昭和十八年三月十日，第二九一號，頁6。）
〔註64〕參見廖雪蘭《臺灣詩史》〈第二章　臺灣之詩社〉載：「由屏東市陳家駒、薛玉田等邀集全市吟友創會，附近詩人，網羅殆遍。」（頁51）
〔註65〕參見《詩報》昭和十八年三月二十三日，第二九二號，頁28。（標點筆者所加）
〔註66〕參見陳皆興：〈漱齋詩草・陳序〉（陳文石：《漱齋詩草》，頁1）。

〈謹步玉田社友書懷瑤韻〉二首，云：「立志欣然出海東，多年涸跡豈終窮；吟成七字誇人傑，飲盡千杯敢自雄。兔筆長拈嗤學究，狐裘細熨羨村翁；任他變幻風雲急，一角蝸廬尚可憐。」、「頻年浪跡走西東，君子猶堪守固窮；帽影鞭絲成底事，琴歌酒賦敢誇雄。青氈坐破憐寒士，綠野深耕羨老翁；得此優遊閒歲月，須知巨庇屬恓惶。」〔註67〕可看出其豪邁性格。〈次景南生閒居韻〉云：「呈祥久已杳遊麟，歲月逍遙物外身；菊釀盈樽堪獨酌，詩心一片絕纖塵。樂山樂水無拘束，吾素吾行自率真；雨讀經書晴放犢，此生贏得作閒人。」〔註68〕〈壬午除夕漫興〉五律二首之二，云：「歲迫絲添鬢，幽居願未償；立身慚屈蠖，送馬笑迎羊。媚灶焚詩祭，圍爐語夜長；勞人殊草草，故態本清狂。」〔註69〕樂山樂水無拘無束，吾素吾行自然率真，清狂逍遙不羈，是陳家駒的性格，反映於詩作，即見瀟灑。〈鶯聲〉云：「金衣公子早傳名。求友交交締一生。絕好上林花正放。和他燕語奏昇平。」〔註70〕鶯聲給人感覺是軟語嬌嗲的，但在陳家駒筆下的鶯聲是精神飽滿，與燕語合奏昇平的樂聲。

（三）楊爾材（1882～1953）

1.生平傳略

楊爾材號近樗，自謙不材，有自甘樗散，不欲置身於名利是非之場之意。〔註71〕光緒八年（1882）〔註72〕生於澎湖白沙。幼受業於盧汝翰，詩中多首感念其師栽培愛護。盧汝翰日治時也在朴子講學，卒葬於朴子，楊爾材有〈過先夫子盧汝翰公墓〉云：「吾師騎鶴去，彈指十餘秋。偶過牛眠地，淒涼土一坵。狐狸嗥落日，楊柳繡輕煙。宋玉墓門拜，憐師轉自憐。」〔註73〕大正七

〔註67〕 參見《詩報》昭和十八年五月九日，第二九五號，頁4。
〔註68〕 參見《南方》昭和十八年三月十五日，第一百七十期，頁38。
〔註69〕 參見《詩報》昭和十八年三月十日，第二九一號，頁6。
〔註70〕 參見《詩報》昭和十八年三月二十三日，第二九二號，頁12。
〔註71〕 參見楊嘯霞：〈近樗吟草序〉（《近樗吟草》，頁4）。
〔註72〕 從楊爾材〈近樗吟草自序〉云：「適余古稀有一生辰，竟承摯友門人之美意，要求剞劂成冊，以為永久紀念……」（標點筆者所加）從寫序之年，民國四十一年（1952），楊爾材七十一歲，往前推算得生年1882年。（《近樗吟草》，頁8）李漢偉《樸雅吟社研究》一文寫楊爾材生卒年是1883～1952有誤，如算來楊爾材壽命才七十，自序中明言他已七十一歲。（《樸雅吟社研究》，八十八年國科會專題研究，頁36。）
〔註73〕 參見楊爾材：《近樗吟草》卷五，1952年出版，頁1。

年（1918），楊爾材爲其師洗骨歸葬澎湖，有詩〈戊午初夏偕有幸三多二世弟往朴子爲先夫子盧汝翰公洗骨歸鄉作〉〔註74〕記之。

　　早年來臺遷住民雄，以釀酒爲業，後又移居朴子，開業代書，其住所爲通內厝之玉成巷（榮昌戲院前）與開元路交界的丁字路口上，舊時「源興號」的對面。適日籍東石郡郡守森永信光嗜愛漢學鼓吹詩教，乃邀其創立「樸〔註75〕雅吟社」，身兼社長及主講，並設帳教授漢詩，廣邀同好共聚吟頌，一時風尚，遂爲朴子地區增添一脈不朽文化傳承。「樸雅吟社」成立之初，除假配天宮設帳講授，其成員經常不約而同集會於執業代書的楊爾材先生家中；「樸雅吟社」的木匾一直掛其自宅，「樸雅吟社」可言是楊氏草創，其自宅更是這詩社的發祥地。〔註76〕

　　此處特別一提「樸雅吟社」成立時間，歷來有三說：（一）成立於大正九年（1920），持此說法者，有王文顏《臺灣詩社研究》、廖雪蘭《臺灣詩史》、許俊雅《臺灣寫實詩作之抗日精神研究》。（二）成立於大正十年（1921），有李漢偉《樸雅吟社研究》。（三）成立於大正十一年（1922），有邱奕松編纂《樸雅詩存》、朴子市公所出版《朴子市志》。

　　筆者查閱《詩報》，有相關記載。在昭和六年（1931）十一月一日第二十三號（二）載有樸雅吟社十週年慶的相關詩作，其中嘉義林培張清楚的寫到該是成立時間，以及五週年慶時間，再與當年的十週年慶時間對照，「樸雅吟社」是成立於大正十年（1921）。林培張〈祝樸雅吟社創立十週年紀念大會〉前之一段序文，云：

> 從來言詩者，必推原於溫柔敦厚。……培張於辛酉年秋中，貴社誕降之日，隨班慶祝，見少長咸集，……越丙寅中秋，貴社五週年紀念時，培張仍參末席，讀諸大雅清麗之辭，……貴社歷十稔，而遠貺十週年紀念之請柬也。……培張年六十有八矣，不爲愁撓，不爲病阻，於茲譾會三印鴻泥。……

林培張寫此文年六十八，「樸雅吟社」創立當天，他參加了，五週年紀念、十週年紀念，他都親赴盛會。文中提到樸雅吟社成立於辛酉年秋中，即大正十年（1921）。丙寅中秋，即大正十五年（1926），正是成立五週年。辛未年，

〔註74〕 參見楊爾材：《近樗吟草》卷六，頁 31。
〔註75〕 有些詩文寫「朴」字。
〔註76〕 參考李漢偉：《樸雅吟社研究》（八十八年國科會專題研究），頁 36～51。（《近樗吟草》無版權頁）

即昭和六年（1931），正是成立十週年。以成立於大正十年（1921）算起，五週年、十週年的時間無誤。這是最接近事件發生的記錄，準確度是最高的。之後，民國八十八（1999）李漢偉親訪蔡義方先生，提供之回憶手稿，云：「大正十一年（民國十一年壬戌〔註77〕之秋）立樸雅吟社。聘民雄楊爾材（近樗）為社長兼主講。……」事後追記，難免會有些模糊，準確性不若即時記錄。

2. 詩作分析

楊爾材到嘉義後，設帳「近樗草堂」，教授漢學，滿門桃李，沐浴春風。講課餘閒，輒將平日所作之數千首詩作，擇其佳者一千零四十首，依照五古、七古、五律、五絕、七律、七絕，由短而長，由小而大，彙纂成篇，本欲藏諸名山石室以傳子孫，舊交詩友暨及門弟子，勸其付梓，以饗同好。〔註78〕從王則修序文作於民國四十年（1951）暮春，推知此集在這年已著手整理。又嘯霞撰〈近樗吟草序〉云：「當古稀晉一時，其門人有謀為觴祝者，有謀刊行壽世。壽其集即所以壽其人者，乃共編成冊。」〔註79〕序寫於民國四十一年（1952）仲夏，又楊爾材自序也寫於此年麥秋之月，文中云：「檢詩存之吟草約有數千首之多，自揣千羊之皮不如一狐之腋，乃自選適意之作千有餘首，編為六卷，裒成一集，顏曰近樗吟草。」蓋可斷定此集楊爾材生前已自己整理，門人預計做為恩師七十一歲的生日禮物，將其刊刻行世。李漢偉〈創社社長楊近樗先生研究〉一文指出這本詩集在楊爾材謝世後不久，民國四十二年（1953）九月，門人黃啓南出資出版。〔註80〕

楊爾材詩作題材廣泛，詠懷、詠物、登山臨水、弔古酬應、關懷人間，魏清德稱其：「諸作鬱然成為鉅觀，蓋其性情之眞，又善於使典用字，匠心獨運，迥異乎尋常之附會風雅，不講品格以黨同伐異，互相標榜為能事也。」〔註81〕為對楊爾材詩品、人品的最大肯定。對於社會事件，具有寫實的精

〔註77〕「戌」應更正為「戌」。
〔註78〕參考王則修：〈近樗吟草序〉（作於民國四十年（1951）暮春三月，時年八十五）（《近樗吟草》，頁1～2。）
〔註79〕參考楊嘯霞：〈近樗吟草序〉（作於民國四十一年（1952）仲夏，時年七十八）。（《近樗吟草》，頁3～4。）
〔註80〕參考李漢偉：《樸雅吟社研究》（八十八年國科會專題研究，頁41）。
〔註81〕參考魏清德：〈近樗吟草序〉（作於民國四十一年（1952）夏）。（《近樗吟草》，頁5）（標點筆者所加）

神，〈近樗吟草自序〉言：「遇憂思感憤目擊之鬱積，莫不怨刺，慨歎羈愁，嘯之以歌。」〔註82〕從其詩題可窺知一二，如〈民國六年澎湖飢饉感作〉，表現對故鄉生活困苦的悲痛。大正七年（1918）〈下雙溪風水災害感作〉，表現對朴子近郊的下雙溪遭暴風暴雨摧殘，洪水滔滔與門齊，八人溺斃的不忍慘狀的悲憐，並以詩代文呼籲爲政者負起職責，做好改善措施；昭和七年（1932）爲米禁出口而作〈農村歌〉，體恤農民之苦。昭和八年（1933）爲禁設書房教漢文作〈舌耕歎〉爲舌耕人叫苦，並向爲政者呼喊，漢學可維繫道德不淪。受日人統治，臺人處處受限，詩人心中憂悶可從他的一首五古〈喜臺灣光復作〉：「淪落五十年，啣石海難填。渾如籠中鳥，拘束有誰憐。侷促灰心未，悲鳴淚潸然。天心忽一挽，美擲原子彈。兵甲洗天河，海復變桑田。我臺報光復，喜地與歡天。河山欣還我，祭祀告祖先。……」〔註83〕可見。日本人是強佔臺澎的，不是他認同的國家。此類詩作寄託深遠，敘事井然。

此外，楊爾材詩中常有故鄉之思，除前所題過其師之墓，及爲其師洗骨歸葬，有著流落他鄉的漂泊感外，如寫給同鄉的陳春林詩，〈次陳春林君見寄原韻〉云：「蓴鱸況味憶楡枌，夢裡頻懷大雅群。」〔註84〕也流露濃濃鄉愁；〈次林維朝茂才初愁〔註85〕感懷原韻〉四首，之一云：「雲物淒涼值早秋，劇憐萍梗任漂流」，之二云：「獨憐遊子蹶前程」，之三云：「嗟余落拓天涯客」，〔註86〕字裡行間透露出漂泊他鄉爲天涯客的悲涼。那歸鄉時，心中的喜躍自不在話下，昭和十九年（1944）三月二十三日回澎湖，賦〈歸鄉舟中作〉，云：

> 民國三十三年，三月二十三日。春風拂柳堤，一輪紅日出。高雄買棹歸，旗鼓壯帆疾。……萬里天涯客，海上一沙鷗。……未幾黑水過，波平浪亦止。舵夫報我知，東西兩吉指（東西吉地名）。方知近澎江，不禁我心喜。甲板光須臾，西瀛見西隅（西瀛及西嶼名）。風恬船急走，漸漸見枌楡。聊將湖中景，描寫當嘔喻。大嶼及花嶼（大嶼花嶼地名），渾如大小巫。南嶼及女嶼（南嶼女嶼地名），雌雄立不孤。虎

〔註82〕 參見楊爾材：《近樗吟草》，頁7。
〔註83〕 參見楊爾材：《近樗吟草》卷一，頁11。
〔註84〕 參見楊爾材：《近樗吟草》卷四，頁15。
〔註85〕 「初愁」應是「初秋」之誤。
〔註86〕 參見楊爾材：《近樗吟草》卷四，頁1。

井含煙薄，龍文鼓浪齁（虎井龍文地名）。……漁舟歌欸乃，故里認模
糊。金龜頭猶在，馬公港已殊（金龜頭馬公港亦地名）。……〔註87〕

詩中羅列沿途經過的島嶼，歸心似箭，與杜甫〈聞官軍收復河南河北〉云：「即
從巴峽穿巫峽，便下襄陽向洛陽」有異曲同工之妙。〈歸鄉作〉云：「行色匆
匆返故園，琴書無恙到柴門；十年不遇江湖老，三徑雖荒松菊存。扶杖高堂
身幸健，牽衣稚子語猶繁；天倫樂趣仍如昨，問訊親朋各把樽。」〔註88〕返
鄉開心，離鄉時，那又是一番煎熬，〈別鄉〉：「淒絕歸鄉又別鄉，滿腔離恨九
迴腸；千言莫慰慈親念，百計難留遊子裝。不患吾家無厚產，獨慚客處尚空
囊；韶光畢竟同流水，有願生平何日償。」〔註89〕讀之令人落淚。

（四）陳文石（1898～1953）

1. 生平傳略

陳文石，明治三十一年（1898）〔註90〕生於湖西鄉沙港，陳氏振遙公派
下第二十世，號輝山，又號沙虬，為西瀛耆宿前清秀才陳梅峯之得意門生。
為人溫文爾雅，敦厚周慎，博覽羣書，擅長詩文，參加徵詩活動。〔註91〕弱
冠及以詩鳴海內，後屢次被推為閱卷詞宗。弱冠攜硯東度，設教於高雄、臺
南、羅山等地。大正十二年（1923），參與西瀛吟社第一期全島徵詩活動，以
「書傳北海來蘇雁，味備東廚割范雞」獲得第五名。大正十三、四年間（1924
～1925），陳梅峯為湖西庄長時，回澎湖擔任其師的書記。大正十三年
（1924），西瀛吟社重開擊鉢吟會，作品常掄元。旋又攜家至臺灣設帳，重道
崇文，闡揚詩教，受其薰陶者甚眾。

昭和八年（1933），陳梅峯與吳爾聰發起重刊《澎湖廳志》，陳文石與鮑
迪三、顏其碩等人熱烈支持，以保存地方文獻。〔註92〕

臺澎光復後於屏東市經營鐵工廠時，曾創辦國語文補習學校，及屏縣救
濟協會，致力於教育慈善事業，有聲於時。民國三十七年（1948）六月一日，
省府成立「臺灣省通志館」，同年六月八日，省府為「供給通志各種資料」、「審

〔註87〕 參見楊爾材：《近樗吟草》卷一，頁10～11。
〔註88〕 參見楊爾材：《近樗吟草》卷四，頁3。
〔註89〕 同上註，頁3。
〔註90〕 據張達修於《潄齋詩草・張序》言陳文石於四十二年中秋仙逝，享年五十有
六。推知其生年。
〔註91〕 參見張達修：《潄齋詩草・張序》，陳月樵：《潄齋詩草・陳序》。
〔註92〕 參見前文吳爾聰詩文。

議通志館編纂志稿」之需要而設置「臺灣省通志館顧問委員會」，設顧問委員二十三人。當時黃純青爲主任委員，其餘委員有吳槐、吳克剛、李友邦、李崇禮、杜仰山、林呈祿、林熊祥、曹秋圃、莊垂勝、連震東、陳少棠、陳清金、陳逢源、陳滿盈、黃玉齋、黃得時、楊雲萍、蔡繼琨、魏潤庵、謝雪漁、李宗侗，通志館館長林獻堂。這些人的出身，都是當時極具聲望者，有政經界、教育界、藝文界的知名人士，甚至同時具備多重身分者，而以藝文界爲主，多具漢詩背景，陳文石先生時年五十一，亦榮膺此顧問團隊中，足見當時其名望亦不小。〔註93〕

　　陳文石在屏東受地方父老所器重，公選爲第一屆臺灣省參議會議員。〔註94〕歷任省參議員及省臨時議會議員六年，所提議案，切中時弊，正言讜論，有聲於時，惜於民國四十二年（1953）中秋病逝，年五十有六。〔註95〕

2.詩作分析

　　陳月樵《漱齋詩草・陳序》言陳文石：「少時束髮授書於陳茂才梅峯翁門下，賦性聰穎，盡得其傳，杏園弟子中最爲秀出，磊落如家駒、春林尚不敢企及。」〔註96〕見陳文石詩才甚獲肯定。陳文石彌留前夕，含淚嗚咽告陳月樵曰：「余畢生心血散存遺稿，未忍身後付諸湮滅，請爲妥愼保存，以俟愛者。」〔註97〕十二年後，陳月樵囑託陳文石生前摯友屏東黃森峰裒集其遺作，刊成《漱齋詩草》，分爲天文類、地理類、時候類、風景類、詠史類、詠物類、交遊類、人事類編印。書寫題材廣泛，從交遊類詩作看，陳文石交友廣闊。此處就與澎湖相關者論述。

　　陳文石因曾回澎湖擔任其師陳梅峯的書記，在諸多旅外詩人中，是書寫澎湖最多者。有〈澎湖島〉連章詩五絕四首，云：

　　　　詩起肩吾詠，采珠沒島夷。珊瑚與寶石，勝地爲名馳。（之一）

〔註93〕 參考林文龍：〈省文獻會與漢詩關係初探〉（《臺灣文獻》第 59 卷第 2 期），頁141～142。

〔註94〕 臺灣省參議會成立於 1946 年 5 月 1 日，廢止於 1951 年 12 月，會址位於臺北市南海路、泉州街口的原臺灣教育會館。該參議會爲臺灣省議會的前身，也是戰後初期臺灣省最高民意機構。

〔註95〕 陳文石先生傳略，綜合參考《澎湖縣誌・人物志》，頁 64，及《漱齋詩草》陳皆興序、張達修序、方輝龍序、鮑樑臣序、蔡元亨序、陳月樵序、張李德和序。

〔註96〕 參見陳月樵：《漱齋詩草・陳序》，頁 14。

〔註97〕 參見陳月樵：《漱齋詩草・陳序》，頁 15。

遺賢憶牧洲，太武蹟長留。多少盛衰事，浪淘黑水溝。(之二)

碗帿彈凡〔註98〕地，冬天起戇風。農漁環境惡，終歲苦居窮。(之三)

淺澳浮灣布，人居七二鄉。持杯問明月，滄海幾栽桑。(之四)〔註99〕

這四首是陳文石建構的澎湖，一、二首寫史，三、四首寫地。第一首以施肩吾題詠澎湖為澎湖詩之起。施肩吾詩：「腥臊海邊多鬼市，島夷居處無鄉里；黑皮年少學採珠，手把生犀照鹹水。」是否指涉澎湖，有疑異，但歷來詩人多以此做文章，周凱〈澎湖雜詠二十首和陳別駕（廷憲）〉詩云：「屈指何人先琢句，算來惟有施肩吾。黑皮年少紅毛種，那見燃犀照採珠。」承此，後二句寫珊瑚、寶石向來是澎湖名產，遠近馳名。第二首寫盧若騰，這是澎湖流寓詩人，詩品、人品深深影響澎湖文學。後二句「多少盛衰事，浪淘黑水溝」深涵歷史意義，明、清澎湖歷史就穿梭於這黑水溝上。第三首寫澎湖惡劣的生存環境，在於冬天常颳起狂風，農作物受損，漁夫無法出海捕魚。第四首寫日治時有七十二村，分布於灣澳水涯，耕地不多。末二句云「持杯問明月，滄海幾栽桑」，見詩人仍以陸地耕種為主要生活思維，海洋知識仍嫌不足。澎湖四面環海，海洋資源豐富，海連天碧，景致遼闊優美，今科技發達，實宜往海洋發展。

陳文石寫了數首澎湖的特產，一為文石，一為珊瑚，此二題也是日治時期澎湖詩人最常題詠的地方特產。〈澎湖文石〉云：

漱齒堅懷孫楚潔，低頭拜受米顛藏。含晶莫笑生邊鄙，好備擎天作棟梁。〔註100〕

前二句引用《世說新語·排調》孫子荊「枕流漱石」和宋米芾「拜石」的典故，寓文石之高潔深為人喜愛典藏。三、四句寫文石雖產自邊鄙的澎湖，他日可是擎天棟梁材，一語雙關，指涉生長此處的澎湖人，來日可都是擎天棟梁。這是陳文石的自信與對自己的期許。〈澎湖珊瑚〉連章詩七絕三首，云：

月好交柯寶樹撐，光搖瀛海襯霞明。自家聲價龍門在，不待游揚始得名。(之一)

〔註98〕 「凡」應是「丸」之誤。
〔註99〕 參見陳文石：《漱齋詩草》，頁3。
〔註100〕 參見陳文石：《漱齋詩草》，頁28。

黑水溝邊絳樹生，龍宮寶庫現精英。恰宜奎璧聯輝好，列島文章博
美名。(之二)

黑溝潮暖洩精英，鐵網收來美莫京。好與徐陵雕筆架，文章有價重
西瀛。(之三) 〔註101〕

清詩記載澎湖內、外塹交界外海產紅珊瑚，水中透出紅霞，景致奇特。昭和
十年（1935）四月在望安近海又發現優秀的珊瑚漁場，當局積極計畫開採，
新聞屢見於《臺灣日日新報》，〔註102〕故澎湖珊瑚之名大噪，成為文石之外的
新寵兒，亦成為詩人書寫的主角。第一首開門見山點出澎湖珊瑚的名貴。二、
三首寫紅珊瑚藏在黑水溝裡，是龍宮寶庫內的珍品，表現出澎湖珊瑚的不凡
身分，與奎璧聯輝交映。此時澎湖的風沙、鹹雨都遁跡而逃，只見「光搖瀛
海襯霞明」的美景。陳文石用華麗辭藻，將紅珊瑚的光彩、珍貴、奪目炫染
得淋漓盡致。

陳文石也寫了數首與自己村莊沙港相關的詩作，如〈沙港雜詠〉〔註103〕
連章詩五絕三首，〈陳宗祠〉云：「俎豆馨香地，崇祠榜穎川。水源思裔胄，
食報慶延綿。」寫陳氏宗祠，祖先來自穎川。〈恩師樓〉云：「桃李敷陰好，
栽培力在茲。小樓同結構，教澤感吾師。」寫同門為恩師陳梅峯建「恩師樓」，
感念恩師教澤。〈海樹井〉云：「擇地來窩裏，同鳩浚鑿錢。飲荒欣解脫，相
與拜源泉。」寫先人前來拓墾，鑿井找水源，幸得海樹井，「飲荒欣解脫」，
感恩相與拜謝源泉。又〈沙港雜詠（二）〉〔註104〕連章詩五絕五首，〈二礁塔〉
云：「疊石岩礁上，浮屠起宛然。夜來風雨惡，海路得安全」感恩二礁塔夜裡
為船隻引航。〈虎頭山〉云：「撮土高平地，宛然作負嵎。長憐山濯濯，林嘯
不相呼。」寫虎頭山比周圍地勢高聳，可惜山上無樹木。〈眼前嶼〉云：「一
拳成屹立，長自鎖澄淵。風月竿頭滿，何須問眼前。」寫眼前嶼如拳屹立水
上。後二句描繪夜釣於此，景致宜人，詞語浪漫幽默。〈中墩橋〉云：「負石
忘勞苦，津梁透白沙。狂瀾能獨障，病涉不興嗟。」中墩橋銜接白沙鄉與湖
西鄉，未建橋時，只堆石墊高，風雨來時，潮漲噴沫，有人涉水淹溺。白沙
人生病時，涉水急至馬公就醫，極為不便與危險。澎湖士紳發起建橋義舉，

〔註101〕 同上註，頁28。
〔註102〕 參見《臺灣日日新報》，昭和十年（1935）五月六日、二十四日、三十一日報
　　　　 導。
〔註103〕 參見陳文石：《漱齋詩草》，頁4。
〔註104〕 參見陳文石：《漱齋詩草》，頁7。

大家負石建橋忘記辛苦，自此人民往來白沙、澎湖本島無阻。〈廣靈殿〉云：「人家香火盛，虔敬拜三王。設教從神道，古人意莫忘。」廣靈殿是沙港村神道信仰中心。相傳在康熙年間是一間土地公廟，後人迎祀葉、朱、張府三位王爺，始改爲廣靈殿，並在昭和四年（1929）竣工，後一度改名爲漳聖殿，後因村民意見分歧，再改爲廣聖殿，今稱此名。此詩寫於日治時，詩題爲「廣靈殿」可知。綜觀陳文石寫家鄉人、事、景物，抱著飲水思源的心情書寫，用詞溫馨，充滿鄉土之愛。一次返鄉，陳文石拜會前輩詩人吳爾聰，當時其師陳梅峯早已過世，吳爾聰是繼其師之後，主盟澎湖詩壇，維繫漢學不墜的重要人物。陳文石見老輩逐漸凋零，西瀛吟侶亦多漂泊，心有所感的賦〈歸鄉喜晤吳爾聰前輩次韻並呈諸友〉連章詩七絕三首，云：

> 別雨離雲各一天，愁生故國冒烽烟。西瀛吟侶多漂泊，回憶前時爲惘然。（之一）
>
> 屈原憤世牢騷甚，杜甫憂時感慨多。赤禍掃除同拯溺，期將玉帛化干戈。（之二）
>
> 俗事常忙聯席會，舊情莫寄一封書。扁舟張翰來今日，未就沙潭美鯔魚。（之三）〔註105〕

除喜晤前輩吳爾聰仍健在外，另一方勾起感傷的是，許多以前的吟侶已不見。多年闊別，再一回來，人事已非。第三首陳文石懊惱自己忙於聯席會，卻連一封信也沒寄給老朋友。一則以喜，一則以感傷，交織著這次的歸鄉。陳文石對自己生長的澎湖，是時時關切的，即使身在外地，亦常關注家鄉的脈動。在他四十一歲時賦〈四一書懷〉連章詩七律五首，之五云：「高車矮屋判窮通，到底循環一例空；顧我拔茅思衛道，笑他鞭石說防風（時日人強令澎湖島民，悉數出動築造防風林，勞民動眾，其目的何在？民甚苦之）。莫將憂樂公天下，疇把和平媲海東；宇內寓形眞過客，枕衾無愧自豪雄。」〔註106〕對於當時日本人強令澎湖島民，悉數出動築造防風林，人民深受其苦。陳文石質疑日人勞民動眾，其目的何在？強壓式的作風，令人不悅，當時吳爾聰也寫了一篇文章斥責。〔註107〕

陳文石有一首詩，也強烈控訴日人的欺壓，〈供米五斗半（民國二十八年

〔註105〕同上註，頁41。
〔註106〕參見陳文石：《漱齋詩草》，頁76。
〔註107〕參見吳爾聰遺稿。

日本為產米數字未達理想，在本省日人竟疑民間隱匿，因下令強迫民戶各應
繳交白米五斗半，對無法供應者，即派警員挨戶搜查，威猛於虎，致有不堪
其凌迫而自殺，厥狀至慘，因歌以紀之〉云：

> 九州朝鮮荒年嘆，竈下欲炊無白粲。況復干戈兩歲餘，爭地爭城起
> 戰亂。既輸糧秣餉沙場，還要饗殮賙里閈。食粟之家六更多，至今
> 玉粒愁中斷。節食救饑權日前，官府萬能稱妙算。一朝令發高雄州，
> 家家供米五斗半。奔命人人力已疲，有司威迫更兇悍。搜家挨戶防
> 隱藏，聞風都捏一把汗。那堪閈羅阻鄰村，爭說有錢無處換。乞帖
> 難書顏魯公，忍見同胞受塗炭。少米今日追輸糧，多米往時唱減段。
> 從來天理本好還，坐令機智失裁判。強權害理任恣睢，緘口金人都
> 忌憚。供出無計起旁皇，這次大家真難受。〔註108〕

民國二十八年（1939）日本當局因為臺民交出的產米數字未達理想，本省日
人竟然懷疑民間隱匿，因而下令強迫民戶各應繳交白米五斗半，對無法供應
者，即派警員挨家挨戶搜查。威猛於虎，致使有不堪其凌迫而自殺。其狀甚
慘，陳文石悲憤至極，因而作此長歌。此七古長歌風格承自澎湖的飢荒詩作，
語語讀之令人且悲且嘆且怒。

三、旅居屏東地區

　　日治時期，澎湖詩人前往屏東地區的不少，但非長住，多來來往往於高
雄、嘉義，定居於此的有蕭永東，還有臺灣光復後才移居高雄的陳春鵬。以
下就此二人論述之。

（一）蕭永東（1895～1962）

　　蕭永東，號冷史，又號影多。日治初期居高雄市，後遷居東港。一生詩
文創作不斷，發表於《臺南新報》、《三六九小報》、《詩報》、《風月報》、《南
方》、《詩文之友》等，〔註109〕還有後人少提及的《東津詩源旬報》。對屏東地
區漢詩影響深遠，常與礪社詩人楊華（名顯達，字敬亭）、鄭坤五、黃石輝等
人來往吟詩，〔註110〕〈偶詠〉一詩可表達其樂在吟詠的志趣，云：「棋因賭勝

〔註108〕參見陳文石：《漱齋詩草》，頁60～61。
〔註109〕關於蕭永東刊載於《三六九小報》的詩文，葉菊瑩《蕭永東研究——以《三
　　　　六九小報》為探討文本》論文有詳細探討。（成功大學臺灣文學系碩士論文，
　　　　2009年）
〔註110〕參見許成章編校：《高雄市古今詩詞選》，頁518。

難收局，酒爲爭豪不覆杯。惟有詩家最超脱，天機一發去還來。」〔註111〕主張詩寫性靈，〈偶成〉云：「雅俗何妨共一生。形骸誰可與同盟。箏琶或可催歌唱，文字如何寫性情。弱到如棉堪重壓，堅應似鐵不輕鳴。欲醫此病無靈藥，唯有狂吟氣始平。」狂吟心中之感覺，不受拘束。除作詩外，也創作台語散文和民謠，存有《東港蕭永東先生遺稿》。

日治時期創辦《東津詩源旬報》，陳錫如〈東津詩源旬報弁言〉載之，云：

> 珊瑚生於海底，不施鐵網以採之，無以見其華；瑜瑾蘊於櫝中，不設壇坫以陳之，無以呈其溫潤。我瀛高築騷壇，成立已臻數十社，三臺詞客，統計無慮數百人；而各社徵詩，應募之佳章，盈千累百，每期中選，超羣之雅什，句穎詞新，獨惜叢誌刊登，篇幅太狹，新聞揭載，欄格無多。徒使滿串珠璣，長藏囊裏；成章錦繡，永貯篋中。蕭君影冬，青年有志，深慨乎斯，爰創設一詩源旬報於東津。收羅全島内騷人之佳作，按月出版，朔望爲期。將見是報一出，篇什燦然。正不啼鐵網採盡珊瑚，光華絢色；壇坫列陳瑜瑾，溫潤流輝。我瀛之詩學，可賴以流傳周替；而我族之漢學，亦得藉以永遠重光。叨蒙不棄，乞序於予，爰爲之泐數言以弁報首。〔註112〕

陳錫如弁言以施鐵網採珊瑚與設壇坫陳瑜瑾爲喻，肯定蕭永東創設《東津詩源旬報》的宗旨，讓全島詩人的佳作能多一個發表的園地，而不至成章錦繡，永遠貯篋中。藉此亦可使全臺詩學流傳，漢學永遠重光。

蕭永東詩有奇氣，蓋來自其豁達的人生觀。蕭永東送陳春林遠行，作〈送春林〉，云：

> 來去君如雲出岫，送迎我似水生煙。共知聚散風流事，後會前遊總是緣。〔註113〕

前二句對仗工整，詩意淡雅灑脱，以山巒的雲霧，水上的煙霧比喻二人聚散自在無羈。聚散都是緣，無須感傷，顯現通達的智慧。其他如〈登高〉云：

> 足下危巔意氣豪，此身不覺比山高。太平洋像胸懷闊，四大皆空首

〔註111〕參見連橫：《臺灣詩薈（下）》（南投市：臺灣省文獻委員會，1992 年），頁630。

〔註112〕參見陳錫如：《留鴻軒詩文集》（高雄市：苓洲吟社，昭和二年十二月十一日發行）。（標點筆者所加）

〔註113〕參見許成章編校：《高雄市古今詩詞選》，頁 520。

自搔。〔註114〕

站在危巔上，一般人感受到的是如待飛的巨鷹，豪氣萬千。蕭永東站在山頂，面對遼闊的太平洋，體悟到的是人之藐小如介，世上一切都是空虛的。〈不倒翁〉云：「泥紙異封古怪間，上輕下重眾稱翁。推排一任兒童玩，大腹便便總是空。」也是表現佛教「空」的思想。〈偶得〉云：「入世勞形笑此身，心開何處有囂塵。功名大半悽涼事，失志人多得志人。」〔註115〕看到紛擾的塵世，大家汲汲營營的追求功名，結果得意的人又有多少呢？蕭永東對此有所省思。〈偶書〉云：

物議勞唇舌，紛爭啓禍門；靜看人末路，合戒我多言。養性長生訣，

留名百世冤；同爲塵外客，成敗不須論。〔註116〕

此詩同樣表達對擾嚷不休的世間事——紛爭、名利、成敗，不應執著的體悟。〈漫興〉：「除郤詩魔與酒魔，心平原不怕干戈；春隨風雨聲先到，藥用君臣氣始和。地濕屋梁防白蟻，燈明書案落青蛾；管他人事紛紛日，樂我天眞獨嘯歌。」〔註117〕描寫自己的處事風格，除了沈浸詩、酒中，不管世間瑣事，獨樂在吟嘯中。〈自適〉：「欲學忘機客，吟詩匿姓名；意閒書有味，心遠市無聲。花柳三春夢，光陰萬古情；百般能讓步，風月敢相爭。」〔註118〕有著陶淵明「心遠地自偏」的襟懷。蕭永東詩作，文字淺白流暢，處處如禪宗話頭。生病時，詩作仍見禪味，〈病中感事〉云：

依人常自責，勞苦愧無功；短鬢愁成白，衰顏醉不紅。樂茶煎活水，

物候待和風；一病醫何拙，肇因念未空。〔註119〕

人一生病就忙就醫，就是念未空，執著於生死。蕭永東生前早就自己準備好墓碑、棺木，將棺木前後各鑿二個洞，交代身後將他的手腳穿出外頭，兩手空空，兩腳空空，以示「生不帶來，死不帶去」，空空如也。友人陳春鵬〈輓蕭永東先生〉云：

曠達何須論死生。早將身後妥經營。豐碑旅櫬親籌備，遺稿殘篇囑

印行。詩寫性靈眞雋逸，友堅金石不寒盟。修文赴召應無憾，令子

〔註114〕參見許成章編校：《高雄市古今詩詞選》，頁519。
〔註115〕同上註，頁519。
〔註116〕同上註，頁519。
〔註117〕同上註，頁520。
〔註118〕同上註，頁521。
〔註119〕同上註，頁522。

充閭德足稱。〔註120〕

蕭永東生前的曠達，見於友人輓詩。詩不見悲哀，而是歌頌他的真性情。生命如此通達，令人讚嘆欽仰。

其他像〈蘇東坡〉：「位至文公極。生平不自欺。三蘇名擅處，兩派黨爭時。赤壁遊何壯，青雲步豈遲。海南遺蔭在，千古一崇祠。」〈觀畫〉：「花鳥山川一幅新。近看是繪遠如真。却嫌難奪天工巧，生動無能賺了人。」〈秋山〉云：「紛紛雁陣乍迴峰，紅葉殘時見瘦容。得至白雲高臥處，莫尋落帽古人蹤。」都可感受到蕭永東詩作的清奇、脫俗、雋逸，不掉書袋，直抒性靈。有一首勸世之作，〈義捐金〉云：「賑恤是良謨，同情孰肯無；敢分金似土，何患米如珠。見義賢為勇，施仁德不孤；更須人勸勉，應屬守錢奴。」快人快語寫捐款賑恤應主動布施，若還需要他人勸捐，就是守錢奴，在在顯現蕭永東的氣度與眾不同。

（二）陳春鵬（1903～？）

陳春鵬，字紫亭。明治三十六年（1903）生於澎湖縣沙港村，授業於陳梅峯杏園堂私塾。年十九渡臺客居潮州、屏東兩地各達十餘載。迨臺灣光復後甲午年乃移家高雄市。〔註121〕詩多悲涼慨歎，如〈西子灣觀浴〉云：「放眼壽山邊，臨淵嘆逝川；浮沉身世感，……」〔註122〕在西子灣觀浴，陳春鵬卻是臨淵興嘆身世浮沈。〈壽山遠眺〉云：「靈峰不老勢嵯峨，躋屐危巔一嘯歌；旗鼓金湯形尚壯，江山錦繡感偏多。西瞻澎嶼明照殘；北望神州嘆逝波；有志澄清思擊楫，霜沾兩鬢奈吾何。」〔註123〕登壽山遠眺，向西遙瞻自己的故鄉澎嶼，見鄉愁之思；向北遙瞻神州，見祖國之思，思欲平定禍亂，報效國家，怎奈兩鬢已雙白！〈歲暮書感〉：「一事無成鬢已斑，此身未脫利名關；乾坤轉轂翻新樣，日月飛梭改舊顏。臘盡禦寒須醉酒，春回遣興擬登山；風流文采盍簪會，頓覺浮生好是閒。」〔註124〕首聯、頷聯感嘆時間飛逝，自己鬢已斑，卻一事無成，仍未脫世俗名利的羈絆。頸聯、尾聯寫幸得朋友相聚，吟詠賦詩，才頓覺浮生最好是清閒。

〔註120〕參見許成章編校：《高雄市古今詩詞選》，頁 431。
〔註121〕同上註，頁 429。
〔註122〕同上註，頁 429。
〔註123〕同上註，頁 430。
〔註124〕同上註，頁 431～432。

有一天清晨四、五點，有小偷闖空門，驚慌之下，陳春鵬赤手空拳就攔截打擊，竟被小偷刺傷，事後口占一絕，〈被賊刺傷口占〉云：「寅夜驚聞喊盜。倉皇不問來由。赤手空拳截擊，自慚有勇無謀。」〔註125〕懊惱自己有勇無謀。

四、旅居台南地區

澎湖詩人居臺南者，以歐清石一人最著，下文就此人論述之。

歐清石（1897～1945）

1.生平傳略

歐清石，號寓浪，〔註126〕馬公鎮長安里人，生於民前十五年六月五日，幼失怙，家貧，天性聰穎，迥異常童，讀書能過目成誦，十餘歲便被譽爲燈猜名手，大正六年（1917）畢業於臺灣總督府國語學校公學師範部時，卽參加教諭考試，名列優等，首創澎湖新紀錄，回澎湖媽宮公學校任教職。〔註127〕服務教育界數年，熱心培植後進，毫未倦怠，嗣又參加普通文官試驗，一試獲選，而被任爲日據時期唯一之本省籍民事調停主任，最富民族思想，不屑與日人爲伍，時爲本省同胞抱不平之意，迨至三十歲時，乃毅然辭去斯職，携帶家眷，負笈日本東京，攻讀早稻田大學法律專門部，苦學而成。某日開學生辯論大會，竟壓羣眾，使日人相顧失色，故有爲該校鬼才之稱。三十三歲該校畢業前，則參加日本高等考試，同時及格司法行政兩科，成績驚人。〔註128〕在東京見習三年，昭和八年（1933）回臺灣，在臺南開設律師事務所，一本正義，爲受屈民眾伸冤，大得各界敬重。昭和十年（1935）臺灣首次地方自治選舉，被臺南市民選爲市會議員。〔註129〕

其秉性豪爽，膽略過人，常憤慨臺灣爲日人所佔據，本島同胞備受殖民之苦，恨無機會可以復仇，故每與日人爭論，則必氣壯詞嚴，必使其語塞而後止。昭和十二年（1937）盧溝橋事件發生後，每聲言日本必敗，遂爲日方

〔註125〕同上註，頁430。
〔註126〕參考《臺灣人士鑑》（臺北：臺灣新民報社，昭和九年（1934），頁17；《臺灣歷史人物小傳──明清暨日據時期》（臺北：國家圖書館，2003年12月，頁688。）
〔註127〕參考許雪姬編纂：《續修澎湖縣誌·卷十四人物志》，頁135。
〔註128〕參考張默予編纂：《澎湖縣誌·人物志》，頁71。
〔註129〕參考許雪姬編纂：《續修澎湖縣誌·卷十四人物志》，頁136。

所忌；復以用心過度，遂罹肺浸潤之疾。與同鄉名醫吳秋微善，遂到壽生醫院應診，稍紓鬱悶，遂爲偵騎所知。〔註130〕時以戰事日亟，各地設警防團，歐清石以肺病做爲不參加警防團的理由，遂被日人團長井戶諫所命，應如團員般佇在十字路口整理交通，爲其所拒。昭和十六年（1941）九月二十三日，歐清石因「東港事件」被捕。高雄法院第一審被判死刑，再上訴臺北高等法院，昭和十九年（1944）十一月十五日被判無期徒刑，關在臺北監獄。昭和二十年（1945）五月三十一日，美軍大轟炸臺北，歐清石與同案東港人洪雅，均被炸死獄中。〔註131〕

如此愛國抗日之精神，允宜永留青史。歐清石以抗日及被日人拘禁慘死獄中之事蹟，案經內政部核准依照抗敵殉難官民祭祀及建立紀念坊碑大綱第三條第十款之規定，民國四十二年（1953）九月三日入祀澎湖忠烈祠，〔註132〕受後世萬民所崇拜。

2.詩作分析

其遺著，獄中所成的〈獄中吟〉七律十五首，深感人心。當時將十首交給妻子，令示於林茂生。後擔憂留下詩作，恐成禍種，遂令妻與林銷毀。戰後林茂生於《政經報》刊載未銷毀的五首。〔註133〕後來萬可經於《臺灣光復四十週年澎湖專輯》發表〈澎湖抗日烈士歐清石〉一文，錄有〈獄中吟〉七律八首。〔註134〕筆者於歐清石老師吳爾聰遺留史料中見〈獄中吟〉七律八首，與萬可經所錄略有出入，今以吳爾聰遺留史料爲主，出入處備考於小註。

　　辛苦十年博一經，爲民護法幾周星，家山零〔註135〕落風拋絮，身世飄搖雨打萍。縲紲〔註136〕窗中悲千〔註137〕緒，紅閨夢裡對孤灯，〔註138〕人生自古誰無死，留取丹心照汗青。（之一）

〔註130〕同上註，頁136。
〔註131〕同上註，頁136。
〔註132〕同上註，頁137。
〔註133〕參考許雪姬編纂：《續修澎湖縣誌・卷十四人物志》，頁137。林茂生跋：〈歐清石先生的獄中吟〉（《政經報》第1卷第4號，民國34年12月10日，頁17。）
〔註134〕參見萬可經：〈澎湖抗日烈士歐清石〉（《臺灣光復四十週年澎湖專輯》，頁1147）。
〔註135〕萬可經本作「冷」。
〔註136〕萬可經本作「絏」。
〔註137〕萬可經本作「萬」。
〔註138〕此句萬可經本作「伶仃影裡淚千零」，就七律言頸聯宜對句，「悲千緒」與

嘆息天公太不情，偏將浩劫降台〔註139〕瀛，兔狐有命原魚肉，鷹犬無辜也屠〔註140〕烹。身下鐵窗千苦〔註141〕忍，心同玉鏡萬年清〔註142〕，憑空〔註143〕灑盡英雄淚，莫復前途問死生。（之二）

宿命自知身險危，果然六月見霜飛，干戈未定先淪落，玉石俱焚靡孑遺。獠卒鞭聲驚短夢，閨人淚影悵〔註144〕孤闈，涅緇〔註145〕莫白冤難訴，天道原來是耶非。（之三）

賊子心虛打倒槌，藉端肆虐逞狂威，秦庭指鹿硬爲馬，白地無雲空起雷。有口難容分曲直，捨身何復計安危，昭昭天理循環到，吾亦借題大發揮。（之四）

昔聞坐井只觀天，今我幽囚境亦然，淚到火灰〔註146〕同蠟灼，痛多噤口若寒蟬。時窮方見堅冰節，歲晚僅餘出水蓮，臘盡春回花又發，不堪悲憤是新年。（之五）

無端白日見蜃樓，禍起蕭墻竟作囚，云我嘯凶懷越軌，笑他吠影喘吳〔註147〕牛。居常本是鯁顱骨，臨變何曾屈膝頭，生死只憑天賦命，息妄隨處是忘憂。（之六）

獄舍風酸打抖顫，側身蜷臥不成眠，青鴛冷徹深更夢，夜鶴哀啼微曙天。想入非非思解脫，悲增惻惻恨纏綿，晨光未見霜加烈，忍苦耐寒似柏堅。（之七）

是緇是素不分明，一味糊塗逞毒刑，悍吏狼心兼狗肺，惡魔冷血本無情，雕鷄灌水龍蝦細〔註148〕，挾指飛機豹虎行，十八機械均受遍，嗚呼我幾喪殘生。（之八）

「對孤灯」未對偶，此以萬本爲佳。
〔註139〕萬可經本作「東」。
〔註140〕萬可經本作「煮」。「魚」與下句平仄需相對，此宜以「煮」。
〔註141〕萬可經本作「古」。
〔註142〕萬可經本作「青」。
〔註143〕萬可經本作「窗」。
〔註144〕萬可經本作「灑」。
〔註145〕萬可經本作「涇淄」。就文意言以「涅緇」爲宜。
〔註146〕萬可經本作「灰火」。此聯「口」與平聲相對，遂以「火灰」爲宜。
〔註147〕萬可經本作「臭」。此句用「吳牛喘月」典，又此以「越軌」平仄對「吳牛」方妥，遂以「吳牛」爲宜。
〔註148〕萬可經本作「捆」。

在人類歷史上，「監禁」與「流亡」是絕大多數政治異議分子必須經歷的身心錘鍊，愈是缺乏自由人權的國度，這種錘鍊就愈慘酷。單以近百年來的臺灣為例，從日治時期在殖民政權下奮鬥不懈的抗日精英，到戰後戒嚴時期數十年間屢仆屢起的自由鬥士，多少具備血性良知和過人勇氣的臺灣人，在不同時代以他們的青春歲月和血肉之軀，為這個「定律」作歷史見証。〔註149〕歐清石亦以他的熱血寫下日治時代的歷史，〈獄中吟〉為日治時期臺灣「監獄文學」〔註150〕，留下可歌可泣卻又燦爛的一頁。第一首仿文天祥而作。中國古代「監獄文學」除司馬遷於獄中完成《史記》外，不屈於外族統治而入獄，廣為人知的，當推文天祥的〈正氣歌〉。當面對此境時，歐清石想起的是生命中的典範──文天祥。第二首寫到臺灣淪為日人統治的悲痛；第三首寫到干戈未定，自己卻已陷囹圄，天道何為？第四首、第八首寫到在獄中受刑的慘酷，幾至殞命。第七首寫獄中受風寒打顫的苦楚，然亦忍苦耐寒似柏堅，讀之令人動容心酸。第六首「居常本是鯁顱骨，臨變何曾屈膝頭，生死只憑天賦命，息妄隨處是忘憂。」一股不屈服惡勢力的傲然之氣，充塞宇宙間，令人佩服。

五、旅居大陸地區

日治時期，有兩波前往大陸的澎湖作家，第一波是因乙未之禍，不願被日人統治而逃往祖籍福建，多屬短期居住，如林介仁、陳梅峯，事略已見於前。第二波是國父推翻滿清後，前往他們心中的祖國發展，其中較著者有李漢如和陳春亭。

（一）李漢如（1876～1936）

1. 生平傳略

李黃海，〔註151〕字漢如，〔註152〕一字耐儂，〔註153〕一字少潮，〔註154〕

〔註149〕 參見廖振富：《臺灣古典文學的時代刻痕──從晚清到二二八》，頁93。

〔註150〕 據廖振富〈日治時期臺灣「監獄文學」探析──以林幼春、蔡惠如、蔣渭水「治警事件」相關作品為例〉一文言所謂「監獄文學」，顧名思義，一般的含意應該是指寫作者因入獄服刑而產生的文學創作，而不論其身分與入獄原因。（參見廖振富：《臺灣古典文學的時代刻痕──從晚清到二二八》，頁93）而歐清石〈獄中吟〉為「監獄文學」，亦可說是屬於「政治文學」的一支，特指知識精英因政治案件而入獄服刑所寫的文學作品。

〔註151〕 林正三總編纂、許惠玟執行編輯《瀛社會志》一書據1926年12月22日《臺灣日日新報》「詩壇」有〈丙寅五十初度自壽八首〉，推其生年1876年。而

又署滄海，澎湖港底村人，家住吳爾聰隔壁。師事澎湖積學碩儒陳梅峯、吳
爾聰，能詩，西瀛吟社員。有五言古詩〈寄懷陳梅峯夫子〉，云：「杳杳雲間
鶴，蓁蓁塞北林。流鶯日出谷，交交弄好音。忽憶海上翁，浮家沙港岑。垂
綸圓貝曲，采藥中墩陰。（圓貝中墩皆地名）悠然塵世外，高踪不可尋。」〔註155〕
遠在外地想起家鄉老師，悠然世外的生活，生羨之意寓含著思鄉。日治初期
曾在高雄設館授徒。〔註156〕日治後十年移居樹林，曾任《臺灣日日新報》記
者，所著《耐儂詩話》即刊於該刊。〔註157〕與伸藤政重倡設「新學研究會」
提倡新學，創《新學叢誌》。陳錫如賦有〈次李漢如君留別瑤韻，並祝其新學
叢誌出版〉：

> 文章千古孰推陳。八代扶衰起有人。舊學幾幾延縷線，叢編矯矯拔
> 風塵。縱橫議論胸懷拓，智識開通耳目新。恰是初雷聲一震，山川
> 草木盡知春。〔註158〕

從詩題知當時李漢如前往中國大陸時，賦有留別詩作，澎地前輩次韻道別，
並祝賀他創辦的《新學叢誌》出版。之後，民國元年（1912）到天津，定居
該地外，也常四處走動。〔註159〕大正九年（1920）春返臺，值留學生組織《臺
灣青年》雜誌社，開歡迎會於臺北故城之薈芳樓，蔡惠如介紹入社，為名譽

1936年6月21日《臺灣日日新報》的〈輓李漢如詞友〉，推其卒年1936年。
（臺北市，文史哲，2008年10月，頁247。）
〔註152〕《高雄市古今詩詞選》云：「漢如，字少潮。」（許成章指導兼校勘《高雄市
古今詩詞選》：高雄市，高雄市文獻委員會，1983年，頁328。）
〔註153〕《臺灣詩鈔》二十四卷：南投市，臺灣省文獻委員會，1997年，頁429。
〔註154〕據明治42年3月14日日文版《臺灣日日新報》第3259號刊載〈花朝後一日
瀛社初集席上聯句用柏梁體〉聯句，書「李漢如（少潮）」增之。
〔註155〕參見《臺灣詩薈（下）》（南投市：臺灣省文獻委員會，1992年），頁622。
〔註156〕參見許成章校《高雄市古今詩詞選》（高雄市：高雄市文獻委員會，1983
年），頁328。
〔註157〕參見林文龍：〈臺灣詩薈作者簡介〉（南投市：《臺灣詩薈》，1992年，頁687）。
〔註158〕參見許成章編校：《高雄市古今詩詞選》，頁408。
〔註159〕參考張端然：《日治時期瀛社之研究》（中國文化大學中國文學研究所碩士在
職專班碩士論文，2003年，頁198）。《臺灣日日新報》第3987號〈編輯賸
錄〉。又李漢如旅燕京，結識徐世昌、梁啟超。家鄉湖西鄉港底村（今成功
村）「天軍殿」重建時，李漢如人在中國大陸，徐、梁二氏皆為該廟題聯。梁
啟超題：「法雨洗金鞭威雄北極驅魅帷憑黑虎，明神覆赤子澤被西瀛歸靈每
托玄鴉」刻於神龕旁；徐世昌題：「義勇冠三軍長板威風豈獨一身都是膽，神
靈昭百世遺民崇拜真教萬眾盡低頭」刻於廟堂中央圓柱。（李漢如侄子口
述，2009年8月17日）。

會員，並撰〈臺灣青年發刊辭〉，云：

> 九年春，余東渡，適留學生組織《臺灣青年》雜誌社成立歡迎余於
> 薈芳樓。蔡惠如君介紹余入社，並推余爲名譽會員。席間演說，咸
> 謂本社之宗旨，與余十二年前所創之新學會同，將來必發刊一種青
> 年雜誌，以繼余未了之志，並囑余幫編輯。余且感且愧；蓋余離臺
> 灣已九年。此九年間，少與臺灣諸親友通音問。……

> 新學會之發生，值日俄戰爭終了之三年。其時尚軍國主義縱橫之
> 日，……

> 當其時，臺灣總督爲佐久間氏。……依前代舊章，變本加厲，將三
> 百萬島民，束縛驅策，……

> 青年雜誌社之設立，適歐洲大戰後二年，時機不同，形勢亦異。……
> 各國均覺悟軍國主義之非策，遂將變而爲經濟主義。簡言之，則民
> 生主義之謂也。民生主義之欲昌明於天下，其始也，必先使世界人
> 類無智無患，無賢無否，無婦人孺子，皆受同等教育，皆有相當之
> 程度，並享其同等之自由。……

> 嗚呼！我島人亦世界殖民地土民之一部分，然日本法學家每諱言
> 之。美其名曰限期殖民地，爲島人無平等之資格，暫以殖民地性質
> 治之。……

> ……本此青年二字之宗旨，而發刊雜誌。一以網羅新智識材料，灌
> 輸於島民，助政府教育之所未建；一以表島民自覺之程度，以供賢
> 明政府，施同仁方策之參考。

（一九二〇年七月十六日）〔註160〕

文中所述，一再希望能喚醒民智，追求與日人平等的待遇。

　　大正十二年（1923），李漢如又到燕京瀛臺參加觀善後會議。時閱京報報
導，獲悉十二月十六日臺灣發生「治警事件」，林南強、蔡鐵生、林呈祿、蔡
培火等友人被捕入獄，賦〈金臺寄南強、鐵生、呈祿、培火獄中〉〔註161〕連

〔註160〕參見王曉波編：《台胞抗日文獻選》（臺北市：海峽學術出版社，1998 年），
　　　　頁69～72。

〔註161〕林正三、李知灝、吳東晟輯錄《臺灣近百年詩話輯》之李漁叔《三臺詩話》
　　　　僅題〈金臺寄南強鐵生培火獄中〉，「黃耳連朝報好音」句後亦無小註（頁
　　　　268）。

章詩三首，云：

瀛臺寒柏吐青森，黃耳連朝報好音（余在瀛臺觀善後會議，偶閱京報載南
強諸兄下獄，頗喜故人均成政治犯。又接善後會議秘書廳通知，謂段執政聘余爲專
門委員）；濫吹初憐遁南郭，清名奚幸挂東林！人來玄海春帆遠，夢
隔蓬山尺素沈；料得圜墻孤睡夜，背燈應誦白頭吟！（之一）

漫隨伊水向東流，待汲成渠放釣舟；海國魚龍空曼衍，春城鶯燕自
啁啾。每看紅樹悲秦贅，獨隔青天繫楚囚；誰省新亭南渡後，久無
舊淚哭神州！（之二）

元氣力迴陽九後，胡僧重話劫灰前；也應拔劍同砍地，那有戴盆更
望天！列子沈機風可御，秦王鞭石海難塡；誰言鬼火陰房闃，各放
光芒照大千！（之三）〔註162〕

林南強、〔註163〕蔡鐵生、〔註164〕林呈祿、〔註165〕蔡培火，〔註166〕均在日治
時，蘊椎秦之志，奮不顧身。四人在「治警事件」中被捕入獄，李漢如從京
報得知此消息，感而賦詩。詩下小註云：「頗喜故人均成政治犯」李漢如不但
不愁老友被捕下獄，反而稱喜他們都成了政治犯。他們一身熱血爲國爲民，
而不畏生死的精神，讀之可敬。從三首詩中，見李漢如情緒慷慨激昂，「誰言

〔註162〕《臺灣詩鈔》二十四卷（南投市：臺灣省文獻委員會，1997年），頁429。
　　　　（標點筆者所加）

〔註163〕林南強即林幼春（1880～1939），本名資修，字幼春，號南強，臺中霧峰人，
　　　　出身臺灣豪族之一的霧峰林家。（參見許成章編校《高雄市古今詩詞選》，頁
　　　　345。）1921年起，林幼春與堂叔林獻堂併肩協力，因緣際會開始投入文化
　　　　啓蒙運動的陣營。他先後擔任臺灣文化協會的協理、臺灣民報社社長，並積
　　　　極參與臺灣議會設置請願運動，因而在「治警事件」中被捕入獄。這段經歷，
　　　　使他的身份從一位頗富盛名的傳統詩人，蛻變爲文化啓蒙運動的重要領導
　　　　者。（參考廖振富：《臺灣古典文學的時代刻痕——從晚清到二二八》，臺北市：
　　　　國立編譯館，2007年7月，頁113～114。）

〔註164〕蔡鐵生即蔡惠如（1881～1929），名江柳，字鐵生，牛罵頭街（今清水鎮鰲峰
　　　　里）人，原籍福建晉江縣。蔡惠如入獄當天，從清水火車站到臺中監獄，沿
　　　　途清水、梧棲、沙鹿的民眾爲他鳴炮表示同情與惜別，警察署長騎著馬還拿
　　　　著鞭子驅趕民眾，民眾散而復聚，警察大爲狼狽。

〔註165〕林呈祿（1886～1968），桃園縣大園人。日治時期臺灣民主自治運動的鼓吹
　　　　者，曾任《臺灣青年》、《臺灣》、《臺灣民報》、《臺灣新民報》、《興南新聞》
　　　　等報章雜誌社幹事，1923年也因治警事件被捕。

〔註166〕蔡培火（1889～1983），號峰山，雲林北港人。大正十二年（1923）加入文化
　　　　協會，協助推動「臺灣議會設置請願運動」，之後因違反《治安警察法》遭逮
　　　　捕。

鬼火陰房闃，各放光芒照大千！」對於臺灣未來充滿著希望。果眞如此，治警事件喚起民眾的支持、同情，反而造成一股聲勢。這個在政界與法界諸多辯論的案件，激起了臺灣民眾關心政治，關心自己未來的熱潮。

　　大正十二年（1923），林湘沅逝世，李漢如人在天津，賦五言古詩〈弔林湘沅〉，云：

> 醉臥天津市，頹然懷舊友。顏色濯清輝，青光抽森秀。東土重塵揚，西南續蟀鬪。四海鬧魚龍，三辰黯宇宙。道塞無由通，時人責衰偶。門雪碾凝〔註167〕痕，簷氷箸成溜。人來凍割腮，欲語顫在口。悠悠林湘沅，丹鉛窮勘究。苦磨鐵硯穿，抑塞青陽皺。生存多憂患，長寢歸邱岫。縞衣女門生，含淚〔註168〕焚芻狗。執紼學驢鳴，薤歌脫粲臼。詩篇耐可留，身歿名不朽。況復十年來，新鬼半故舊。海沫歸於先，吟龍跡其後。痴仙意自痴，瘦雲句本〔註169〕瘦。泉路逢佳日，擊鉢生銅吼。杯當毓臣唇，筆握樊圃手。左宗賴紹〔註170〕堯，左〔註171〕宗啟運叟。石秋擬舊題，夏蓮並春〔註172〕柳。經營俱慘淡，君作推魁首。且換稻江春，婉孌陪左右。阿螺調南音，玉鳳舞秋袖。齊唱鮑家詩，玄宵當白晝。死生歡樂同，人鬼分何有。花草媚泉臺，良會詎一覯。幾時誇華顏，今日成老醜。寄語五陵豪，青春來不復。人非王子喬，安得金石壽。惟是寄歸間，別情不可受。淒涼想蕙帷，南望依北斗。輕橈一束歸，酹汝花雕酒。〔註173〕

李漢如與林湘沅結識，緣於同爲《臺灣日日新報》漢文部記者，後二人皆爲「瀛社」社員。此詩首句言「醉臥天津市，頹然懷舊友」，林湘沅卒於大正十二年（1923）十二月三十日，知1923年底，李漢如已從燕京返天津。李漢如善於五言古詩，六十四長句，有的借用古詩十九首句子，如「人非王子喬，安得金石壽」；有的化用，如「東土重塵揚，西南續蟀鬪」、「南望依北斗」等，故詩有著古詩十九首的悲涼。

〔註167〕《臺灣詩鈔》「凝」作「泥」。（頁430）
〔註168〕《臺灣詩鈔》「淚」作「笑」。（頁430）
〔註169〕《臺灣詩鈔》「本」作「未」。（頁430）
〔註170〕《臺灣詩鈔》「紹」作「詔」。（頁430）
〔註171〕《臺灣詩鈔》「左」作「右」。就文意判斷，宜作「右」。（頁430）
〔註172〕《臺灣詩鈔》「春」作「秋」。（頁430）
〔註173〕參見《臺灣詩薈（上）》（南投市：臺灣省文獻委員會，1992年），頁136～137。（標點筆者所加）

　　大正十三年（1924）二月連橫創《臺灣詩薈》，李漢如在大陸聽聞此事，遠寄十年苦心之作與連橫，大正十三年（1924）十月《臺灣詩薈》第九號，連橫〈餘墨〉載其事：

> 李君漢如遠去臺灣，十三年矣。曩游滬上，時相起居，及旅燕京，同寓南柳。每取玉溪之章，以爲改詩之樂。及余歸里，李君乘時而起，投身實業界中，決策運籌，飛揚騰達，不似雅棠之依然故我。然李君固風雅士，聞余發刊詩薈，以其佳什，遠道郵寄，皆十年來苦心之作。瞻望津雲。能無惆悵。〔註174〕

此段記載提供了幾項訊息：一、從「李君漢如遠去臺灣。十三年矣」知李漢如於民國元年（1912）前往中國大陸。二、李漢如與連橫相交甚密，連橫游滬上，與之時相起居；旅燕京時，亦同寓南柳，常切磋詩藝，喜取玉溪之章，以爲改詩之樂。三、連橫返臺後，李漢如投身實業界中，決策運籌，飛揚騰達。四、連橫《臺灣詩薈》發刊，李漢如風雅不減，仍遠道郵寄詩作回臺，見李漢如活躍當時詩壇。

2.詩作析論

（1）劫後河山多變換的家鄉

　　今見李漢如詩作，有兩首書寫家鄉文石書院，一是〈文石書院雅集〉，一是〈擬修登瀛樓〉，陳錫如、吳爾聰也有同題之作，推此詩應是作於澎湖。〈文石書院雅集〉云：

> 羣仙聚詠大羅天，賓主東南一氣聯。我歎感時休濺淚，蓬萊清淺已多年。〔註175〕

詩引用道家最高的天「大羅天」，描繪大家聚在文石書院吟詠情形，如群仙在仙界。後兩句寫時事，看似已看開局勢的紛亂，但眞如此嗎？言「休濺淚」，其實是反語，心中就是掛念才會提及，另一首〈擬修登瀛樓〉可證，云：

> 大江東去路悠悠，豈獨傷心是此樓；劫後河山多變換，登時冠劍且勾留。碍雲四角盧烏鵲，匝地三槐躍蟻牛；惆悵扶輪大雅去，至今五鳳〔註176〕索誰修？〔註177〕

〔註174〕同上註，頁577。（標點筆者所加）

〔註175〕參見許成章編校：《高雄市古今詩詞選》（高雄市：高雄市文獻委員會，1983年），頁329。（標點筆者所加）

〔註176〕五鳳：指五鳳樓，此指登瀛樓。

〔註177〕參見許成章編校：《高雄市古今詩詞選》，頁329。（標點筆者所加）

首聯就言「豈獨傷心是此樓」，傷心的豈止頹壞的登瀛樓，還有「劫後河山多
變換」；惆悵的還有「扶輪大雅去」，登瀛樓請誰修？山河易色，人也凋零，
其痛是「感時花濺淚」的。

（2）歸心動似春前筍的鄉愁

李漁叔《三臺詩話》：「李氏詩筆超逸，遠出友竹上，惜遺詩未能搜集印
行，僅從《臺灣詩薈》選錄十餘首。」〔註178〕今查閱《臺灣詩薈》選錄十二
首；李漁叔《三臺詩話》增錄〈金臺寄南強鐵生培火獄中〉三首，共十五首；
〔註179〕《臺灣詩鈔》錄五首；〔註180〕《臺灣詩海》錄詩一首；〔註181〕《高
雄市古今詩詞選》錄詩七首。〔註182〕其詩概如李漁叔《三臺詩話》所言：「其
詩意，蓋亦經滄桑後，久客不歸者也。」〔註183〕五言古詩〈江戶邂逅謝雪漁
兄用顏延之秋胡韻感賦八首兼呈李種玉許廷光兩前輩〉，〔註184〕詩中可見，之
二云：

> 十年一相見，心跡不相違。千里勞行役，所止幸邦畿。嗟彼東寧島，
> 零落失因依。腐鼠多猜意，鵷雛迴翩遲。所望辭條葉，猶得故林歸。

前二句表達雖睽違十年，但情意如舊。三、四句寫與謝雪漁能在千里之外相
遇，感到歡幸。五、六句由友自東寧（臺灣）來，想起東寧仍淪落日人之手，
一轉相見的歡愉為悲嘆。七、八句以腐鼠喻掌權者之腐爛，鵷雛喻有志之士
難伸展。不論臺灣或祖國大陸，都令人沮喪，故九、十句表達欲歸故林。之
四云：

> 迢遞客行遠，刺促歲云徂。清時多轗軻，涼風起庭除。日月一迴旋，
> 草木成榮枯。捷足歡得鹿，寒郊泣向隅。宛轉淒以沼，秋風吹綠無。

全首句式、用辭、語意近古詩十九首，語多慨嘆。居天津，李漢如賦有〈踏

〔註178〕參見林正三、李知灝、吳東晟輯錄：《臺灣近百年詩話輯·三臺詩話》（臺北
　　　市：文史哲，2006年），頁265。

〔註179〕李漁叔《三臺詩話》錄：〈江戶邂逅謝雪漁兄用顏延之秋胡韻感賦〉（三首）、
　　　〈踏青詞在天津作〉、〈都門秋興〉（八首）、〈金臺寄南強鐵生培火獄中〉（三
　　　首）。

〔註180〕《臺灣詩鈔》錄：〈送倪少昶歸臺灣〉、〈金臺寄南強鐵生呈祿培火獄中〉（三
　　　首）、〈弔林湘沅〉。

〔註181〕《臺灣詩海》後編錄：〈妖廟〉。

〔註182〕《高雄市古今詩詞選》錄：〈寄懷陳梅峯夫子〉、〈文石書院雅集〉、〈擬修登瀛
　　　樓〉、〈偶感步春亭原韻〉、〈金臺寄南強鐵生呈祿培火獄中〉（三首）。

〔註183〕參見林正三、李知灝、吳東晟輯錄：《臺灣近百年詩話輯》，頁265。

〔註184〕參見連橫：《臺灣詩薈（上）》，頁271～272。（標點筆者所加）

青詞〈在天津作〉〉，云：

> 滴滴濁流魚唼喋，白河人上紅頭檥。波紋交轉漾羅裙，斜日遊絲牽
> 柳葉。廣袖縷金拂暖春，青鞋刺〔註185〕蝶踏香塵。誰甘一盞花雕酒，
> 澆及芳邱陳死人。丹砂那可紅顏駐，留滯梅期爲誰誤。但得山花插
> 滿頭，東風莫問歸何處。

寫踏青之景，但迷漾的景致中有著難以言說的哀怨。「但得山花插滿頭，東風
莫問歸何處」，山花插滿頭的浪漫，緊接的是要東風別多事，不要問歸何處，
那會勾起遊子鄉愁的。〈送倪少昶歸臺灣〉詩云：「元夜疏星剌剌風，故人相
送意何窮！歸心動似春前筍，離恨遙如塞北鴻。」〔註186〕情動鄉關。艾雯云：
「有一處地方，儘管你已離開了它，千山萬水阻隔，但天涯海角，它永遠跟
你在一起。」〔註187〕鄉愁就是這樣緊緊纏繞人。

（3）六年四亂不勝悲的時局

　　民國後旅居大陸，李漢如更能看清當時的局勢。張勳復辟時，用少陵韻
作〈都門秋興〈用少陵韻張勳復辟時作〉〉八首抒發心中的憂戚，云：

> 朱鳥玄鴉叫上林，嘶風雄馬立森森；野獠縛辮千羣舞，顧兔〔註188〕
> 埋輪一地陰。南內歌塵沾柳眼，北山啼露咽椿心；劇憐元夜壽皇殿
> 〔註189〕，何處兒家搗亂砧。（之一）

> 滿院單砂舞袖斜，緋袍登殿鬪繁葩；臥貓妖夢門無限，戲蚌風帆殼
> 有槎。蔓草香奩蒸媚藥，露臺仙掌濕哀笳；自從中鈕移南斗，一夜
> 天錢墜散花。（之二）

> 大紅門冷滯晨暉，狐兔〔註190〕驚弓足跡微；水浸叢蘆吹絮亂，天高
> 青紙御風飛。爭棊父子談相戲，卜鼎師生事兩違；漫說橫行疑是慄，
> 江南江北蟹初肥。（之三）

> 斜倚爛柯看賭棊，六年四亂不勝悲；中原鹿是初肥日，大地龍飛見
> 首時。隨處晶標揮劍墜，可憐玉椀探丸遲；鬼車血濺銅駝泣，清冷

〔註185〕　按：《臺灣詩薈（上）》「剌」應爲「刺」之誤。
〔註186〕　輯錄自《臺灣詩鈔》卷二十四，頁429。
〔註187〕　參見艾雯：《老家蘇州·序》。
〔註188〕　按：就律詩格律判之，《臺灣詩薈》「免」字應爲「兔」之誤。
〔註189〕　按：《三臺詩話》「壽皇殿」作「唐皇殿」。賴子清編《臺灣詩海·時令門》作
　　　　　「壽皇殿」。（頁24）
〔註190〕　按：就文意判之，《臺灣詩薈》「免」字應爲「兔」之誤。

江山入夢思。（之四）

漫藉毫笄據竹山，龍章今迓上河間；甘乘小駟臨危陣，誰挾強騣作守關。姹女金錢藏謎語，楊生鐵甲裹羞顏；貙貜一例羣陰淺，座客階囚不共班。（之五）

忍見論囚菜市頭，三槐零落野花秋；神門鬼哭知魂屬，西陸蟬禁有客愁。太守方山嘆冠狗，舍人碧海等江鷗；蛾眉能事工謠啄，莫怪寒皋滿九州。（之六）

虜膠輕折漫言功，且趁清秋酒一中；嫩菊葳蕤甘夢雨〔註191〕，芳蘭零亂怯西風。薊門歸路烏頭白，楚澤無家雁唳江〔註192〕；差幸楊〔註193〕州韋少婦，天壇還戀灌園翁。（之七）

絳河回望路逶迤，省采玄芝入洛陂；教鳳爭啣紅綬帶，憐花怕損牡丹枝。仙妹去後香猶膩，神女醒時月正移；容我人間看影事，荷盤蠟淚未交垂。（之八）〔註194〕

民國六年1917年五月，中華民國大總統黎元洪與國務總理段祺瑞針對是否參加第一次世界大戰問題發生府院之爭。段祺瑞在日本的支持下主張宣戰，而國會多數議員反對宣戰，黎元洪傾向於國會。五月二十三日黎元洪免去段祺瑞總理職務，段離京赴天津，聲明該總統令沒有他的附署，依法無效，並策動各省督軍宣佈獨立，全國形勢危急。黎元洪便電召「督軍團」首領，長江巡閱使張勳入京調停，段祺瑞則欲利用他壓迫黎元洪也支持張勳入京。張勳以解散國會為調停條件，各方人馬角力。七月一日，張勳擁護清朝已遜位多年的溥儀在北京復辟的政變，前後歷時共十二天。李漢如在大陸，看此爭鬥，不禁發出「斜倚爛柯看賭棊，六年四亂不勝悲」的感嘆。李漁叔《三臺詩話》評此八首：「用少陵韻，指陳時事，吐語警鍊。」〔註195〕詩多用典，語藏深意。〈偶感步春亭原韻〉云：「冰天欲向鍊奇骨，大地茫茫可奈何？萬事敗爲成所賴，一生業與命相磨。夷吾洒淚憂時劇，博望輕身報國多。旣把微軀當矢的，敢將牌肉付蹉跎。」〔註196〕李漢如真是個憂國憂民的實踐者。陳春鵬〈輓李

〔註191〕按：《三臺詩話》作「兩」，就文意判之，「兩」字應爲「雨」之誤。
〔註192〕按：《三臺詩話》作「紅」，就格律、文意判之，「江」字應爲「紅」之誤。
〔註193〕按：《三臺詩話》作「揚」，就文意判之，「楊」字應爲「揚」之誤。
〔註194〕參見連橫：《臺灣詩薈（上）》，頁621～622。（標點筆者所加）
〔註195〕參見林正三、李知灝、吳東晟輯錄：《臺灣近百年詩話輯》，頁267。
〔註196〕參見許成章編校：《高雄市古今詩詞選》，頁329～330。（標點筆者所加）

漢如先生〉如是云：「宇内論才第一流，亞東俊彥樂賡酬。寄身燕趙悲歌地，蒿目乾坤擾攘秋。有恨賈生傷賦服，孰憐李廣失封侯。西瀛士子同垂淚，此老胡天不憖留。」〔註197〕李漢如眞如《莊子・駢拇》所言：「今世之仁人，蒿目而憂世之患。」〔註198〕

（二）陳春亭（1884〜1941）

陳春亭，本名陳年科，湖西鄉沙港陳氏和宗公派下第十八世，生於光緒十年（1884）。年輕時授業於同村秀才陳梅峯門下。弱冠渡台旅居旗津，每與南社詩人相唱和。明治四十三年（1910），陳春亭與其師陳梅峯，同門之陳皆興、董石福、鎮海龍等人於高雄創立「旗津吟社」，也在高雄設帳教學。賦有〈漫興十首錄呈梅峯夫子並示同人〉：

> 寄興吟芳草，靈均是我師。披蘿與帶荔，何以慰相思？（之一）
>
> 不作凌煙客，寧知草木枯。有時醉濁酒，今吾忘故吾。（之二）
>
> 淮陰曾乞食，此後五三齊。楚人不學劍，漢沛幾將西。（之三）
>
> 世事空雲狗，人間幾弱強。枉拋雙眼淚，無故哭滄桑。（之四）
>
> 廿紀風雲惡，那堪過渡時。嗟余東海客，惘惘欲何之。（之五）
>
> 豈必元龍樓？何須五柳宅？耐軒雖不寬，烽火可避跡。（之六）
>
> 風車與雲馬？逐逐又將翱。駕彼望之君，悠悠賦楚騷。（之七）
>
> 時勢造英雄，英雄造時勢。上下五千年，羲皇神可契。（之八）
>
> 燕鵲笑黃鵠，區區豈有量。今人與古人，不薄敢宜傷。（之九）
>
> 憤極偏宜隱，愁深可作歡。風雲圖一幅，聊當水山觀。（之十）

〔註199〕

從詩中所述，可以看出陳春亭是位性情沈穩之人，論事中肯，處世達觀，第十首尤可見。

在高雄時，有次劉神岳、洪以南、謝雪漁、林凌霜南遊，陳春亭首次與四大家會面，心中甚爲歡喜，賦〈春日喜劉神岳、洪以南、謝雪漁、林凌霜四詞宗；家瘦雲筱竹二社兄過訪。賦要郢政〉云：「翩翩詞客下南遊，入眼風

〔註197〕同上註，頁 430。（標點筆者所加）

〔註198〕參見莊子著、郭慶藩編：《莊子集釋》（臺北市：木鐸出版社，1988 年），頁 319。

〔註199〕參見許成章編校：《高雄市古今詩詞選》，頁 399〜400。（標點筆者所加）

光筆底收；久爲相思睽叔度，何來遂願識荊州（余與劉、洪、謝、林、四詞宗屬初會）。河山千古供吟眺（同登旂峯炮台），花鳥三春樂唱酬；最是白駒維不得，幾多別緒水雲悠。」〔註200〕首聯、頷聯寫久已仰慕的四位詩界名士南下，得一償宿願結識，心中高興萬分；頸聯寫春日一起登臨遊賞的快樂；尾聯寫快樂時光易逝，又將離別的不捨。從南下、相聚、離別，融進短短的五十六字中，敘述井然有序。

旗山是高雄勝景，詩人登臨之作很多，陳春亭亦有一首〈和籟軒登旂山瑤韻〉，云：「舊壘荒涼感劫灰，登臨東望勢崔巍？不知中國今何似？淚洒山花幾處開。江山半壁留殘照，韜略當年剩廢台；一片興亡今昔恨，千秋誤國是庸才。」〔註201〕日治時代的詩人，常在登臨遠眺時，起故國之思。

由於其夫人爲廈門人，大正五年（1916）陳春亭乃寄居廈門，〈丙辰將之鷺江留別故鄉親友〉云：「廿紀風雲派未平，茫茫大地一身輕；人間可有容張儉，世事偏多哭賈生。轉眼年華悲去住，傷心家國念縱橫；而今忍過鯤江水，不盡淒淒是此行。」〔註202〕到後創設廈門中學。陳春亭曾轉作代書，後復營商。中日事變時漫遊北平、天津，歸途至上海得疾，於昭和十六年（1941）逝世，享年五十八歲。陳春亭擅長古近各體詩，《沙港陳氏族譜》稱其：「善書法、國文、詩詞」。陳春亭育有兩子三女，由於其晚年活動區域以大陸爲主，族譜只記載其子之姓名，爾後之譜系不詳。〔註203〕

陳春亭惜無詩集存世，就《詩報》、《臺灣日日新報》、《高雄市古今詩詞選》等所存詩作看，他是個敢於講眞話，快言快語的人。一次在《臺灣日日新報》發表〈放言十首示逍遙子〉連章詩六言絕句十首，卻引來筆伐。詩云：

　　乾坤荅荅誰弔？剩得青山故知。說甚英雄豪傑？古今幾個男兒？

　　（之一）

　　誰言天子之貴？劉沛當年平民。所以巢由洗耳，不願聞聽加身。

　　（之二）

　　夷齊不屑餓死，盜跖無端橫行。濁飽清飢欲問，至今尚缺分明。

〔註200〕同上註，頁404。（標點筆者所加）
〔註201〕同上註，頁400。（標點筆者所加）
〔註202〕同上註，頁399。（標點筆者所加）
〔註203〕參見〈走讀臺灣〉網站。

（之三）

見義不爲無勇，聖賢立世何深？若把一般計較，古今恐費搜尋。

（之四）

義人芳草離恨，濁酒漢書消愁。生世紛紛逐逐，一身悔作千憂。

（之五）

希賢希聖由我，呼馬呼牛任人。人我古今莫辨，狂痴及見天眞。

（之六）

得失無端幻影，紛紛何故相爭。我本無心現在，況兼死後留名。

（之七）

懷沙屈子遺恨，流涕賈生不平。今人古人同哭，哭得孰輸孰贏？

（之八）

輪迴若說生死，我是死中過來，來去無端擾擾，此身願化塵埃。

（之九）

山中宰相弘景，時外英雄仲連。一逸一勞孰學？舉杯欲問青天。

（之十）　〔註204〕

詩善用問句，引人深思。透過這十首，表達陳春亭對世事的看法，見地不凡，卻有人匿名書「含血噴天」四字，郵寄給他，陳春亭感而賦〈余放言十絕刊日日報端。有人讀之，匿名書含血噴天四字郵寄見贈。感而賦此〉，云：

> 人生誰無血，惟血有冷熱。悠悠古今中，冷熱焉可別。獨有嵇紹忠，於今熱最烈。吁我入世來，迍邅復兀臲。書劍兩無成，牛馬風塵折。俯仰天地間，何時憂可輟？枯槁同三閭，窮居且結舌。行將入匡廬，誓與世間訣。有血盡消磨，冷然只自滅。安得三萬升？噴天一叫絕。〔註205〕

對於匿名者寄來的「含血噴天」，陳春亭寫了一首五古長詩，表達心中的失意絕望。感嘆自己一生多舛，離鄉背井卻一事無成，何時憂愁才停止？寫詩還被如此指責，心灰意冷的自喻憔悴如屈原，言不得，就將自己隱遯起來，與世間隔絕。末了陳春亭發出深嘆，反語言：「有血盡消磨，冷然只自滅。安得三萬升？噴天一叫絕。」〈感作〉云：「殺人有黃祖，薦士無孔融。古今一掬

〔註204〕參見許成章編校：《高雄市古今詩詞選》，頁402～403。
〔註205〕同上註，頁403。

淚。化血灑江楓。」〔註206〕感嘆世上有殺人的黃祖，卻無像孔融的薦士，看出陳春亭對人情冷暖，世間險惡的無奈。

陳春亭也常調侃自己，〈自題小照〉云：「身三十世廿紀，身世風雲如此。一我本愁太多，況兼有二我矣！」〔註207〕是個眞性情的人。〈詩幟〉云：「誰家五子築長城，旗鼓飄揚百萬兵。我是守陣稱小卒，也來文陣學縱橫。」〔註208〕自我解嘲是守陣小卒，也敢來文陣學縱橫。另一首〈秋日江頭送客〉云：「風急江亭暮，凄凄此送行；西歐仍炮火，東亞又刀兵。有志將謀國，無家欲請纓。相期輸鐵血，莫共作書生。」〔註209〕對於紛亂的時局，陳春亭眞希望自己也能盡點心力。

第二節　日籍作家

澎湖有兩個時期，大量湧進外來者書寫澎湖，一是清朝時期的大陸遊宦文人，一是日治時期的日本官員和漢學家。日治時期，臺人爲了對抗日本政府，舊文人刻意保存漢學，紛紛成立詩社，日本人爲了拉攏臺人，以懷柔政策，派遣熟悉中國文化的漢學家來臺，與臺灣詩人互相唱和，澎湖亦是如此，因此臺澎古典詩在異族統治下，反而呈現朝氣蓬勃的景象。除到澎湖任官的日人，如伊集院兼良外，也有到澎湖視察，寫下與澎湖相觀的古典詩，如後藤棲霞〈澎湖島夜泊〉，伊藤貞次郎〈漁翁島即事〉等等；還有爲了史蹟調查來到澎湖的，如久保天隨，是所有關於澎湖的日籍創作群中，最爲傑出的一位，有《澎湖遊草》詩集問世，故將其置於前討論，餘則以「其他日籍作家」一併討論。

一、久保天隨

久保天隨是一位學識淵博，著作豐富的學者，對漢詩的研究非常深入，而且創作等身。值得一提的是其《澎湖遊草》，乃昭和七年（1932），同尾崎古村、古川梅人等史蹟調查委員，到澎湖作史蹟調查〔註210〕所寫的詩集。外

〔註206〕同上註，頁401。
〔註207〕同上註，頁404。
〔註208〕同上註，頁398。
〔註209〕同上註，頁403。
〔註210〕此則新聞刊載於《臺南新報》，昭和七年三月十日第一萬八百三十號和昭和七年三月十二日第一萬八百三十二號。

地來澎湖旅遊者，有如此豐富的詩作，從目前所見，無出其右。再從詩集中我們看到一位日籍漢詩人對中國文學、掌故及澎湖歷史、地理環境，民情風俗瞭若指掌，令人咋舌與汗顏。

詩中描寫了澎湖周遭的海域，澎湖多處的景點和歷史古蹟，如媽宮的天后宮、順成門、通梁古榕、文石書院、法國提督孤拔墓址、到太武山弔明盧牧洲尚書、漁翁島的礮臺和燈塔、八罩、虎井沉城等等。其中亦有對澎湖歷史的回顧，展現了他個人的史觀。例如：其以一位海權侵略國的子民讚賞法國將領孤拔的謀略，這和澎湖人的觀點顯然不同，頗值得玩味。此外，如能將其詩中所述詳加解讀，更可勾勒出昭和七年（1932）前後澎湖的人文、交通、景物等相關情況。

（一）生平傳略

久保得二先生，號天隨，以號行。明治八年（1875）七月生於東京市，是一個早熟的人，十四歲就唸過《莊子》，因為讀到一句「神動而天隨」，〔註211〕因而以「天隨」為名號，另有名號如：默龍、青琴、兜城山人、虛白軒、秋碧吟廬主人、兜城（係指信州高遠城的別名）。父親久保讓次，〔註212〕久保天隨為長子。

久保天隨早期唸過橫濱市之師範學校附屬之老松小學，杉浦重剛日本中學，仙臺舊制第二高等學校，仙臺第二高等學校畢業後，於明治二十九年（1896）七月，入學東京帝國大學。大學期間，即常在《帝國文學》發表漢詩作品及論文，並任編輯委員。明治三十二年（1899）七月，自東京帝國大學文科大學漢學科畢業。同年，進入同校大學院就讀研究所。

因性不厭拘束，也不喜歡交際，且患有口吃，更避世間之交際，故研究所畢業後約二十年間不就定職，而以著述為業。其時居於東京本鄉區西片町十番地，當地是許多東京大學教授，知識階級者居住之地。明治三十四年（1901），獨自經營《新文藝》雜誌，明治三十八年（1905）四月起任法政大學講師四年。大正四年（1915）七月起數年間，任日本遞信省囑託。大正五

〔註211〕《莊子·在宥》：「尸居而龍現，淵默而雷聲，神動而天隨，從容無為而萬物炊累焉。」（參見莊子著、郭慶藩編：《莊子集釋》（臺北市：木鐸出版社，1988年。）

〔註212〕久保讓次，弘化三年十月生於高遠，舊名薰科荒三郎尚彪，是以前信州高遠藩屬武士。自明治五年（1872）成為官吏以來，歷任各省地方官職，在明治三十四年（1901）七月，病逝於任地臺灣臺東。

年（1916）至十三年（1924）間，任陸軍經理學校囑託，從事公文書類的文章。其間，大正八年（1919）受宮內省圖書寮囑託，翌年任圖書寮編修官，編修天皇、皇族，尤其是西川、桂、閑院三宮之實錄。當時還受到高松宮的委託，從事有西川宮行實的編修，工作勤勉。

所謂圖書寮是皇室的一大秘庫，也就是未對外公開的圖書館。這裡收藏了無數珍貴典籍，因此他在這裡工作，很幸運地可以自由閱覽群書進行研究工作。閱讀館藏漢書後，把需要的地方抄寫下來，做成綿密筆記，這些筆記計有好幾冊，現在都還被保存著。從此，他捨棄了賣文筆的工作，開始了研究生活。在圖書寮工作的那段時期，他還每週六在大東文化學院講授詩作法，一直到他赴任台北為止。昭和二年（1927）十一月以元曲研究獲頒東京帝國大學文學博士學位。昭和三年（1928）九月，博士論文《支那戲曲研究》由弘道館刊行。

昭和四年（1929）四月，臺北帝國大學文政學部東洋文學講座新設，受聘為講座教授，攜妻及最小的孩子赴任。當時神田喜一郎同行是助教授。任臺北帝國大學東洋文學講座教授五年，臺籍學生受教者有田大熊、吳守禮、黃得時等人。吳守禮、黃得時於光復後任教臺灣大學中文學系，略承久保天隨學問之餘緒。

在臺執教期間，熱心於漢詩，乃與同在台北的漢詩愛好者尾崎古村、西川萱南、山口東軒、豬口鳳庵、大西笠峯、伊藤壺溪、柳田陵村、魏潤庵、神田鬯盦、小松天籟、三屋清蔭、大浦思齋等人，在昭和五年（1930）一起創立「南雅社」，他被推舉擔任該社主持人，指導作詩。詩社同人多為日本旅臺官僚及學者，其中尾崎古村、山口東軒、豬口鳳庵、小松天籟、三屋清蔭等乃屬於早期詩人，臺籍詩人僅魏潤庵一人。每月雅會一次，時而易其場所，先以席上聯句，而後課題，每次作品蒐錄成篇，每年成一卷，共刊行四卷，顏曰《南雅集》。此為日僑最後而最堅實之詩社。

昭和九年（1934）六月一日，因腦溢血逝世於臺北住所，差兩個月就滿六十歲。在台北那段時期，他心情比較從容，做人變得比較圓融，對週遭的人也比較溫和。歿後，所藏圖書由臺北帝國大學購入，名「久保文庫」，其中多有關中國文學之古籍，尤多戲曲善本，今為臺灣大學圖書館珍藏圖書之一。

他的著作數量驚人，經他自己整理出來，共有二十部三十六冊。出版的作品則有初期中期的漢文漢詩類計四十二部八十冊，初期中期的入門啟蒙和

概論的作品有二十七部四十一冊，初期中期的遊記和當時所謂的美文集等之類的有十一部十一冊，初期翻譯西歐作品有四部四冊，公事報告書有四部六冊，都是大部書。晚年時期的著作，除了漢詩集以外計有十部十六冊，漢詩和草稿則有二十三部四十八冊，合計大約多達一百四十部。其中他最擅長的是漢詩，匯集爲個人詩集，稱《秋碧吟盧詩鈔》，共五帙十四卷。這些作品再加上前面沒有計算進去的旅行吟，實際上超過一萬多首。他自己也說：「和我一樣著作這麼多的，在中國也沒幾個人。」晚年的著作中，有很多在學問上都是非常優秀的作品，簡單的隨筆類和初期中期的東西和這些作品都無法相比。他不但博覽強記而且下筆快速，收錄在續國譯漢文大成的十一冊，是他在昭和初期和赴任台北前後的作品。每卷大約八百頁左右，都是徹夜之作。從各卷出版的年月日，可以看出每卷大約相隔兩個月，而且都以毛筆書寫，令人嘆爲觀止。

（二）《澎湖遊草》詩作分析

久保天隨《澎湖遊草》內容包含：陳衍爲其所寫的敘和十六個詩題五十一首詩。其詩題依序爲：〈三月初四舟抵澎湖〉（七言古體詩）、〈通梁古榕歌〉（七言古體詩）、〈晚自白沙島歸馬公港〉（七言絕句四首）、〈次尾崎古村韻〉（七言律詩）、〈文石書院〉（七言律詩二首）、〈法國提督孤拔墓址〉（七言律詩）、〈大武山弔明盧牧洲尙書〉（七言律詩二首）、〈後藤少將招飲〉（五言律詩）、〈漁翁島〉（五言古體詩）、〈八罩澳〉（七言律詩）、〈明末人避亂居南天嶼遭海寇女子七人投井死今稱七美人墓井畔有花數株殆魂魄所化而莫知其名開時色頗絢爛有折之者病作云予至八罩澳值風浪不可航乃望其地賦此以遙弔焉〉（七言古體詩）、〈望安值風〉（七言絕句五首）、〈澎湖詠史詩〉（七言律詩七首）、〈澎湖雜詩〉（七言絕句二十首）、〈舟入打狗〉（七言絕句二首）、〈天人菊歌〉（七言古體詩）。〔註213〕久保天隨以詩爲日記，內容交代：抵澎與離澎時間、題詠澎湖古蹟名勝、歷史、物產、旅遊插曲等。而久保天隨以一殖民者的身分，他帶著怎樣的心情旅行？用怎樣的視角閱歷澎湖的人、事、物、景？怎樣書寫澎湖？建構澎湖？

1.海洋書寫呈現的壯遊心情

久保天隨擅於運用長篇律詩歌行創作，藉此體式詩人可馳騁其才情，作

〔註213〕下文所引久保天隨詩作皆出自《澎湖遊草》（昭和八年（1933）自刊出版），未避免繁瑣，不再註明出處。

品豪邁壯闊的氣勢也往往油然而生。〈三月初四舟抵澎湖〉:「黑水洋裏舟似
揚……海若怒時檣艣摧……凌晨喜見漾澄碧……」是久保天隨自滬尾到澎湖
時所見臺海之千變萬化,詩人寫來尤其令人驚心動魄,也如身臨其境般感受
那濤天巨浪的恐怖。〈八罩澳〉「八卦水高潮勢殊,嵯峨巖嶼限南隅;忽來颶
母日初蝕,縈長著孫田欲蕪。沙溢有時浮玳瑁,海心何處網珊瑚;斷磯佇立
瘴煙黑,回首天涯形影孤。」雖是八句的律詩,然壯闊的景象、豪邁的氣勢,
自破題而直貫全詩;再如〈望安值風〉寫遇風浪之情形,亦是讓人為之捏一
把冷汗,還好詩人總算平安地從驚濤駭浪中歸來,但詩人卻未顯驚嚇畏縮的
神情。又如〈晚自白沙島歸馬公港〉和〈望安值風〉雖都僅是七言絕句,卻
也寫得雄邁昂然:「漁翁島外白鷗呼,海氣橫空落日孤,遠水無波浮暝色,依
稀三十六蓬壺。」,「乘槎身似一浮萍,沙樹籠煙晚更青,隊隊游鱗何處去,
水心作暈浪紋腥。」

　　澎湖海景的變幻多端,浪潮詭譎莫測,無不深深地掃進詩人的腦中,
化做一句句美妙的詩。〈晚自白沙島歸馬公港〉的「海氣橫空落日孤,遠水
無波浮暝色」「一灣潮漲靜無風」;〈次尾崎古村韻〉的「澎湖直與海相通……
極目鯨濤連鹿耳,漫天蜃氣悶雞籠」;〈漁翁島〉的「帆開截積水,煙消天宇
廓……去趁風潮便,舟行迅於矢……島陰銜斜照,餘霞麗成綺」;〈八罩澳〉
的「八卦水高潮勢殊……忽來颶母日初蝕」;〈望安值風〉的「天水膠黏黯
不分」「白馬蹴空潮逆流」「捲地風來浪不平」「橫掣急流潮怒奔」「銀濤百
尺劇崔嵬」;〈澎湖雜詠〉之二的「洲渚灣環鷗鷺呼」,之五的「極浦斜陽送
釣船」,之九的「颶母風狂每怒號」等等,捕捉澎湖海洋的陰晴變化,精準
生動。

2. 以憐憫之心看待戰敗者

　　《澎湖遊草》中,古蹟巡禮是題材上的一大主體,也是此行的主要任務。
早在大正五年(1916),日本東京人松山靖憲首以臺灣名勝舊蹟誌編纂主任編
纂《臺灣名勝舊蹟誌》,書中共載 331 處,關於澎湖的有 13 處, [註214] 大正
十三年(1924)底就任澎湖郡守,任內發揮所長和經驗,著《澎湖を古今に

〔註214〕 十三處為:媽宮城、媽祖廟、紅木埕城、孤拔中將墓、千人塚(日本混成枝
　　　　隊、陸軍軍人軍屬合葬墓)、施將軍廟、嘉陰(陰)亭、萬歲井、萬軍井、田
　　　　中井、松島艦遭難紀念碑、北島燈塔、漁翁島燈臺。(參見杉山靖憲:《臺灣
　　　　名勝舊蹟誌》,臺北市:成文出版社,重刊本,1985 年,頁 605～622)。

涉りて》一書，內載澎湖名勝舊蹟 23 處，其中包括原《臺灣名勝舊蹟誌》所載的 13 處，減少北島燈塔一處，再增加 11 處，〔註215〕多處與日人統治臺澎相關，如上陸紀念碑、松島紀念館、軍艦廣丙號遭難紀念碑（1895 年清日戰爭因颱風觸礁，死亡將士 38 人）、第十六號水雷艇遭難紀念碑（1895 年日軍犯澎時，在媽宮港沉沒，死亡將士 14 人）、奈良丸遭難紀念碑（1897 年在目斗嶼因遭颱風沉沒，死亡將士 8 人）。

　　回觀此次久保天隨名勝古蹟的書寫，有些是松山靖憲未列的，如大武山明盧牧洲尚書遺塚、劉國軒吼門奔逃等；對於以戰勝之姿殖民臺澎的日人相關景點，未見書寫，覺得久保天隨隱藏深意在其中。描繪古蹟時，所傳遞出的情感是蒼勁悲涼，似其個性。在〈文石書院〉、〈大武山弔明盧牧洲尚書〉中恬懷中國賢人；在〈通梁古榕歌〉、〈文石書院〉、〈澎湖雜詩〉（觀音亭古接郊墟）中發思古幽情；在描寫到兩位戰敗的歷史人物，一是劉國軒，一是孤拔，深表憐憫、悲嘆之情。〈晚自白沙島歸馬公港〉航經劉國軒乘舟逃回臺灣之處，詩人懷歎「日暮奔潮下吼門……憐殺敗軍劉國軒」。〈法國提督孤拔墓址〉一詩，對孤拔「絕海遠征偏苦辛，胸中韜略不輸人」讚賞又心疼。但對被侵略者而言，卻不如此，誰要你辛苦渡洋遠征？你胸中韜略，在我們看來都是令人厭惡的侵略計謀。「天低虎井風雲惡，城接龍宮旗幟新，既有鯨鯢來助戰，卻因瘴癘遽捐身」詩人對於法國的侵略行為不加以指責，還稱孤拔受天助戰，順利攻陷澎湖，卻因瘴癘而捐身，其因此而生「于今遺恨滄波闊，手撫殘碑淚溼巾」之惋惜。對澎湖人來說這是一件大快人心的事，罪有應得。何須歌頌？何須感慨？何須淚濕巾？澎湖人陳國彥〈孤拔紀念碑與萬人塚〉云：「強權蠶食更鯨吞，孤拔萬人侵入門。自古干戈因果報，身亡瘴疫異鄉魂。」〔註216〕對澎湖人而言，以一外來侵略者，其死是罪有應得。於今何以要立碑？

〔註215〕增的十一處有：文石書院、通梁榕樹、觀音亭、上陸紀念碑、萬人塚（1885 年法兵戰歿者碑，位於風櫃尾山後）、松島紀念館、ボクハラ遭難紀念碑（布哈拉號 1892 年遭難於白沙庄姑婆嶼，死者 130 人，居香港英籍人在此為受難者立碑）、軍艦廣丙號遭難紀念碑（1895 年清日戰爭因颱風觸礁，死亡將士 38 人）、第十六號水雷艇遭難紀念碑（1895 年日軍犯澎時，在媽宮港沉沒，死亡將士 14 人）、奈良丸遭難紀念碑（1897 年在目斗嶼因遭颱風沉沒，死亡將士 8 人）、七美人塚。（參見杉山靖憲：《澎湖を古今に涉りて》，臺北市：成文出版社，重刊本，1985 年）。

〔註216〕參見陳鼎盛、陳國彥合著：《澎湖之美百題唱和詩文集》（馬公：澎湖文化局出版，2000 年），頁 57。

如陳鼎盛所云：「爲道東來枉斷魂」〔註217〕，爲法國侵略澎湖做見證，告知世上，侵略行爲天理所不容，一切終歸枉然。史誌言，當時法軍遭惡疫侵襲，病死者眾，孤拔亦病沒於媽宮。但是稗史傳言，是澎湖人在他們的飲水中下毒，想來頗有理，何以他們一來就會得惡疫？頗值得玩味。

再談孤拔的墓址，墓園由大變小，原碑址佔地約二百餘坪到現今躲在民生路與民族路交叉路旁的一牆角。法人眼中的「一代功臣」，現已「萬骨枯」！

3. 詩人眼中勤苦耐勞的居民

詩人此趟對澎湖居民的生活多所著墨。如〈漁翁島〉的「海山勝無比，漁價賤如泥，而抵太牢美，地僻物產饒，晏居藐城市，但惜少教化，依然習俗鄙。」〈澎湖雜詩〉之四的「鶉衣〔註218〕鶴髮〔註219〕號先生，獨踞岡頭候嫩晴，快槳打圍灣口簌，魚花疊疊水紋明」，〈澎湖雜詩〉之五的「極浦斜陽送釣船，渺茫積水晚生煙，但因春後多漁獲，海錯盈籃不值錢」，〈澎湖雜詩〉之十一的「頹屋破垣生計貧，何由炊煮過昏晨，家家不復忘經濟，貯得牛柴代束薪」，「窮陰地拆既防農，日薄海天鯨霧重，矮屋數間扃鐍固，避風偃臥過三冬」描寫漁村生計的艱難與樸實的生活；〈澎湖雜詩〉之十二的「健婦力耕紅芋栽，夕陽野徑尚徘徊，但因灌溉無溝洫，不見禾田罫樣開」，寫婦人辛勤地忙於農事，夕陽已西下，仍在田裡耕作未歸的勤奮形象。詩中細膩的描繪出澎湖人生活的辛勞與儉樸，純眞賞樂的篤實生活，也顯詩人悲天憫人的襟懷。

此值得再提的是，此詩集將〈天人菊歌〉置卷末，頗堪玩味，這是最早書寫天人菊的詩人，日治時期也不見人書寫，直到戰後陳國彥、陳鼎盛才又題詠。其詩云：

> 纖藥層英圓屬小，可憐秀色殊窈窕；點點似散黃金錢，一齊泡露媚
> 清曉。到底野趣知者稀，日競紛奢世情非；但怕狼藉疏煙臥，顧影
> 亭亭帶晴暉；傷心昨雨紅紫碎，翻將奇彩換荒穢。彷彿天人自天降，

〔註217〕同上註，頁 57。

〔註218〕鶉衣：破舊的衣服。因鶉鳥尾禿，像弊衣短結而得名。《杜甫·風疾舟中伏枕書懷三十六韻奉呈湘南親友詩》「烏几重重縛，鶉衣寸寸針。」《劉長卿·行營酧呂侍御……以見論詩》「井稅鶉衣樂，壺漿鶴髮迎。」

〔註219〕鶴髮：白髮，白如鶴羽。《庾肩吾·八關齋夜賦南城門老詩》「鶴髮辭軒冕，鮐背烹葵菽。」《錢起·省中對雪寄元判官捨遺昆季詩》「瓊枝應比淨，鶴髮敢爭先。」

斜貼寶鈿閒弄態。微物何由經變遷，本草遺之非偶然；即今託生孤島裏，疇昔遙自瀛西傳。水犀壓海奔濤急，媽宮劫火萬蛟泣；虜帥遽死始解嚴，築城改鎮拓原熙。石徑碤碑著瓊葩，滿目榛蕪歲月賒；莫是梟雄魂所寄，墳前爭放遺愛花。昨游澎湖停舟久，絕愛仙種依郊藪；橐底齎得兩三株，海山千里趁程走。移植幸無生意窮，嫩葉怒萌蔚作叢；何用灌園助汝長，土膏自稗造化功。賺人幽姿柔不脆，看取風韻堪邁世；他年傳播遍塵寰，低亞盆中朵朵麗。君不見天家以菊為徽章，第一秋芳爛有光；此物既甘附庸小，四時繁殖賁南疆。

澎湖的土壤是由火山岩質的玄武岩風化而成，含有豐富的磷酸肥料成分，土質至為膏腴。但是因為常達半歲的季風災害，表土被吹失，或為雨水流失，露出畑底的岩盤，或剩下石礫交雜的地表，所以才成為今所謂的磽碕之地，致使許多植物無法在此生長，但是天人菊卻能在此僻島中生長，誠值得歌頌。

天人菊，分布於北美洲、美洲熱帶、美洲大陸，原產於美國中部。大正元年（1912）由日本引進臺灣北部，卻大量見於澎湖群島，道旁、野地都有芳蹤。夏季滿山遍野開放，艷紅、鵝黃、淡黃、橙橘，濃淡有緻。「纖蘂層英圓麗小，可憐秀色殊窈窕；點點似散黃金錢，一齊泡露媚清曉」即描繪天人菊的外貌。「到底野趣知者稀，日競紛奢世情非；但怕狼藉疏煙臥，顧影亭亭帶晴暉」寫天人菊長在野外，真正能欣賞的人不多。諷喻世人追求奢華，不懂野趣。對於天人菊獨在斜輝下搖曳，不免生起憐憫之情。「傷心昨雨紅紫碎，翻將奇彩換荒穢。彷彿天人自天降，斜貼寶鈿閒弄態。」傷心昨天的一場雨，淋落了滿地的花瓣，好像貼滿寶鈿的天人從天而降。此扣著「天人菊」的名稱，和被雨淋落之景書寫。「微物何由經變遷，本草遺之非偶然；即今託生孤島裏，疇昔遙自瀛西傳」寫澎湖天人菊來源。「昨游澎湖停舟久，絕愛仙種依郊藪」，稱其為「仙種」，可以看出久保天隨極愛荒郊野外綻放的天人菊。詩末云：「君不見天家以菊為徽章，第一秋芳爛有光」以驕傲的口吻向人訴說天人菊的美。「此物既甘附庸小，四時繁殖賁南疆」天人菊既甘於長在偏疆僻野，就讓它在此繁衍，燦爛這南疆（澎湖）。天人菊不與人爭的特質，深深吸引著久保天隨，由此也反映出詩人的性情與之相應。

今人陳國彥〈天人菊〉云：「紅橙黃綴美南花，不懼寒風日曬加。含笑綻開爭冠冕，鰲頭獨占眾人誇。」〔註220〕陳鼎盛云：「底事此花稱縣花，金黃遍

〔註220〕參見陳鼎盛、陳國彥合著：《澎湖之美百題唱和詩文集》，頁145。

野紫紅加。韌強無懼狂風雨,一似島民贏讚誇。」〔註221〕天人菊今俗名「澎湖野菊花」,已成澎湖的代名詞,澎人選為縣花。人們已將她不懼寒風狂雨日曬的強韌性質,與澎民的堅韌性格類化。久保天隨來到澎湖,特別注意到這奇異的花朵,特別以四十句的長詩歌詠,奠定了天人菊的堅毅形象。全詩掌握天人菊形貌和精神,加以描繪,是一首出色的詠物詩,也顯現久保天隨作長詩的功力驚人。

4. 適題適裁展現豐富的澎湖

(1) 七言體多於五言體

全詩集共十六首詩題,五十一首。多為七言體,只有〈後藤少將招飲〉、〈漁翁島〉兩首是五言體。可見其擅長七言體之創作,此現象亦普遍存在於臺灣的古典詩人,當時習於七言體之創作,因為詩社多習七言體,此又以「擊鉢吟」的傳入臺灣有密切的關聯。

(2) 律詩、歌行、絕句諸體皆備

全詩集五十一首,七言絕句共三十一首;七言律詩共十四首;七言歌行體四首;五言歌行體一首;五言律詩一首。若就詩題來說,全詩集共十六個詩題,律詩體有七,古體長篇歌行有五,絕句體有四,諸體皆備。此外,值得一提的是其歌行體之創作,在當時少有詩人為之,若非有豐厚的才氣是不足以完成。詩集中的〈三月初四舟抵澎湖〉、〈通梁古榕歌〉、〈漁翁島〉、〈明末人避亂居南天嶼遭海寇女子七人投井死今稱七美人墓井畔有花數株殆魂魄所化而莫知其名開時色頗絢爛有折之者病作云予至八罩澳值風浪不可航乃望其地賦此以遙弔焉〉、〈天人菊歌〉,五首歌行體都是上乘之作。

再者,從詩集之題材中發現詩人多以律詩體來表現特定主題之歷史、古蹟名勝,顯其渾厚;如〈文石書院〉二首、〈法國提督孤拔墓址〉、〈太武山弔盧牧洲尚書〉二首、〈八罩澳〉、〈澎湖詠史詩〉七首;而以絕句體來表現旅途雜感,顯其精簡潔暢,如〈晚自白沙島歸馬公港〉四首、〈望安值風〉五首、〈澎湖雜詠〉二十首、〈舟入打狗〉二首。

(3) 聯章詩數量多

久保天隨以長篇歌行為詩,十足表現其酣暢淋漓的才情。此外其亦喜用聯章詩,在看似首首獨立的作品中,詩人以不同角度來觀察時事物,而仔細

〔註221〕參見陳鼎盛、陳國彥合著:《澎湖之美百題唱和詩文集》,頁145。

審視之，內在卻又互相關聯，更能呈現較為全面的關懷與體會，這可以說是另外一種型式的長篇歌行。全詩集十六題五十一首作品中，聯章詩合計七題四十二首，所占份量頗重，是此詩集的主要形式。

《澎湖遊草》諸聯章詩中，有以二首為一章，此型態最多，如〈文石書院〉、〈大武山弔明盧牧洲尚書〉、〈舟入打狗〉三題。有四首為一章，如〈晚自白沙島歸馬公港〉。有五首為一章，如〈望安值風〉。有七首為一章，如〈澎湖詠史詩〉，以七首七言律詩歌詠澎湖歷史。每一段歷史，不同身分的侵略者，覬覦這一群島，就是來一場海上大戰，而詩人除了精確的掌握歷史之外，更將戰爭場面描寫的絲絲入扣，似乎每一場海戰其皆親臨其境般，令人不得不讚嘆其神遊歷史的工夫，以及駕馭文字的功力。久保天隨選用了適切的體裁加以描繪。另有巨型結構，二十首為一章，如〈澎湖雜詩〉，二十首七言絕句，從不同角度記述澎湖特有的風土、民情、氣候等。

綜觀詩作，久保天隨富於想像，堪稱其書寫史事的特色。除〈澎湖詠史詩〉外，七言古詩〈明末人避亂居南天嶼，遭海寇，女子七人投井死，今稱七美人墓，井畔有花數株，殆魂魄所化，而莫知其名，開時色頗絢爛，有折之者病作云。予至八罩澳，值風浪不可航，乃望其地賦此以遙弔焉〉，亦堪稱佳作。詩題清楚記錄寫作之由。久保天隨一行人本欲前往七美島憑弔七美人墓，卻碰到風浪作罷，而遙弔賦此詩。詩中「飛廉作虐海若瞋，滿目賊氛白日淪」這無非是詩人對具體事物了解外，又多了一層聯想，巧妙地將現景與昔景聯結在一起。回到當時的時空，更能領略七美人的處境。

讀《澎湖遊草》詩，宛如神遊了一趟澎湖歷史，也總遐想著，揣測著詩人旅遊時的心境，如何的與歷史神遊，與古人交會！以一位日籍漢詩人來論，能對澎湖的歷史如此熟悉，不論統治者與否的身分，都足讓人深深感動。身為澎湖人，都未必對自己生長的土地有那麼深的認識。此外，久保天隨詩多用典，文字雅潔蒼勁，無怪乎陳衍言其詩才乃私淑梅村者。梅村詩詞才華橫溢，文字風雅，詩句多激楚蒼涼，風骨傲然，號稱詩史。而在當時日籍漢詩人中，久保天隨詩作之質與量，無人可及，就是漢人，能及者也不多，信手捻來即能題詠，稱得上漢詩界魁楚。〔註222〕

東越竹影盦林无玷曾與久保天隨談詩，深讚其學養豐厚，云：「於我國各

〔註222〕久保天隨生平傳略、詩作分析詳參筆者碩士論文《久保天隨即其澎湖遊草研究》。

家詩靡不精研，故所作之博贍，直無一字無來歷」，今讀此集，足以見證其才氣之充溢，學識之豐富。又言：「先生日本人，日本文字雖與我國同中間兼用和文，其發音與結構之法實不相類宜，其作韻語或艱澀枯強，不易叶於音調。願讀先生詩，不但不艱澀枯強而於浩瀚淹博中，更以聲調神韻擅長，尤難能矣！」〔註223〕以《澎湖游草》觀之，所言甚是。且其遊草之作，大都成於船唇馬背之間，詩中澎湖掌故，中國歷史俯拾即是，如果不是平日博覽群書，能至此焉？再舉〈晚自白沙島歸馬公港〉一詩證之，詩人從白沙島回航馬公時，右望吼門，那段劉國軒自吼門奔逃回臺灣的歷史，忽焉上演。這若非對臺灣歷史瞭若指掌，真無以為之！

二、其他日籍作家

此段落，針對零星所見日籍作家題詠澎湖而論。下依創作時間先後，分就伊滕貞次郎、岡本韋庵、富田禎、結城蓄堂、小泉政以、田宮櫻城、田村省三論述。

（一）伊滕貞次郎

伊滕貞次郎〈漁翁島即事〉云：

> 緝馬灣頭百戶村，男從漁獵女耕園。傷心最是湘山楮，異臭牛柴朝
> 夕燔。（牛糞混草，為圓板狀，晒日乾燥，謂是牛柴，以供炊飯喫烟等。有異臭，
> 袖海曰此外人所不知，八水曰一讀臭氣衝鼻。）〔註224〕

詩描寫到漁翁島所見。清時稱「西嶼」，日治時因此嶼幾以漁為業，改稱為「漁翁島」。第一句寫來到漁翁島的一個百戶人家的村落——緝馬灣，點出即事之地點。第二句寫此地居民生活情形，是男生捕魚，女生耕種。第三、四句聚焦在牛柴。此題材題詠始自清朝，書寫者都是外地人，蓋覺新奇。乙未割臺、澎，統治者換人，日人看到此物，還是充滿著異樣、獵奇的眼光。但不同的是清人未言其臭，日人卻直呼臭氣衝天，稱它為「異臭」，至難以承受之狀溢於言表，鄙夷之情可見。

（二）岡本韋庵

岡本韋庵〈臺灣史詩〉二十首之十八，云：

〔註223〕參見林竹影：〈閩中游草・序〉（參見久保天隨：《閩中游草》，昭和六年（1931）自刊本）。
〔註224〕此詩收於《劍潭餘光》，頁28。（標點為筆者所加）

挑選澎湖入水師，諳知沙線耐驅馳。先生當□存長計，雲海射鯨曾
莫知。(徐氏澎湖改請募兵議，有言澎民者以捕魚爲生，極爲勤苦且熟諳水性，
履波濤如平地。健壯丁男挑選入伍，以備不虞，較水師實爲得力，是固然矣。余意
多造堅牢船舶，與土人合資設會，實行遠洋，從事捕魚，則其於國家必多裨益焉，
是亦今日急務，不可不審也。)〔註225〕

日人古典詩，加註甚於清朝。簡短一絕，卻用上極長的篇幅解說，可謂繁瑣。
此蓋以新入主此地，對其歷史、風土民情需掌握清楚，以便於管理。從其註
文中，看到日人如何統治、利用澎湖的老百姓，以充實他們的國家。他們算
計著澎湖人以捕魚爲生，極爲勤苦且熟諳水性，履波濤像走在平地上，挑選
健壯丁男入伍，以備不虞。也可以和當地人合資設會，建造堅牢船舶，從事
遠洋魚業，增加國庫收入。

（三）富田禎

富田禎〈巡澎偶成〉，云：

> 村園門巷斷還連，婦飼雞豚夫力田。自恐及民恩未偏，也參廟宇禱
> 豐年。〔註226〕

此詩是富田禎到澎湖巡視所作。前兩句描寫到澎湖所見，吸引其目光的是澎
湖的村落結構，屋舍之間，小巷穿連著。進一步近距離的觀察，他看到了婦
人飼養著雞和豬，男人則在田裡耕作。末兩句則以統治者的身分書寫，到廟
中祈禱豐年，看似愛民。

（四）結城蓄堂

結城蓄堂〈澎湖島〉二首，云：

> 澎湖三十六青螺，潮蘸樓臺曉色多。莫是鮫人來獻玉，白鷗無數落
> 烟波。樓臺掩映彩雲中，曉日涵波海氣紅。咫尺門前大瀛水，媽宮
> 直欲接龍宮。〔註227〕

此詩著眼於澎湖群島的海上風光，第一句爲遠眺澎湖群島如一顆顆的青螺浮水
面，甚爲貼切。第二句點出遠眺的地點是在樓臺，而遠眺的時間在清曉。詩人
站在樓臺前就可以看到大海，感覺潮蘸樓臺，而海邊的早晨是美妙動人的。詩
言曉色多，誠然，從東方魚肚白，到太陽尚隱沒在海平面下，到探出頭來，到

〔註225〕參見《臺灣新報》。(標點爲筆者所加)
〔註226〕參見《臺灣新報》。(標點爲筆者所加)
〔註227〕參見《臺灣日日新報》。(標點爲筆者所加)

躍上水面，到離水面，每一時刻景致皆殊。頷聯寫曉色之一，見如玉的白鷗飛翔，詩人巧妙聯想成是鮫人所獻之玉，甚爲特殊，未見有人做此譬喻。頸聯寫曉色之二，天光雲影之美。近景寫彩雲掩映他的樓臺，遠景寫曉日涵波，照得大海一片紅通通。一遠一近，涵蓋宇宙虛空，盡是迷幻的紅光與彩雲，詩人就站在樓臺。末聯故云：「咫尺門前大瀛水，媽宮直欲接龍宮」，與大化合一。全詩讀來清遠舒闊。再看結城蓄堂另一首詩作，〈送比志島將軍〉，云：

> 威名久是振千軍，始入澎湖掃瘴氛。三歲邊陲忠與勇，六韜精蘊武
> 兼文。勒碑功業南溟月，潢茱英風北越雲。好是豪雄興起地，幾回
> □吊憶遺勳。〔註228〕

此詩是送別之作，對象是一殺戮戰場的將軍，故詩中多稱美其戰功。「威名久是振千軍，始入澎湖掃瘴氛」，看在澎湖人眼裡，是相當刺眼的。當 1895 年三月，李鴻章登陸日本馬關，談判講和時，伊藤博文拒絕停戰，反而趕快派日軍比志島混成部隊，登陸並佔領澎湖。比志島將軍所率領的混成部隊，爲了佔領澎湖島，共犧牲了二千一百多名的士兵。爲什麼日本要犧牲這麼多士兵的性命，佔領澎湖呢？扼住澎湖的要塞，等於是日軍以尖刀，刺著臺灣島喉嚨，脅迫李鴻章「割臺」。四月，在日軍扼住臺灣喉嚨下，清朝覺得很難保住臺灣，才簽下「割臺澎」的馬關條約。〔註229〕

　　明治三十一年（1898）五月二十日《臺灣日日新報》，「文苑欄」刊出題爲〈比志島將軍送別會〉的詩作。比志島爲混成守備隊第三旅團長。這個課題參加者有日人結城蓄堂、磯貝蠶城、石母田石佛等，臺人有羅秀惠、蔡國琳、〔註230〕蔡夢熊、陳脩五、趙鍾麒、陳渭川、陳雨臣、曾馥笙、李嘯耕等。蔡國琳、趙鍾麒爲浪吟詩社的成員〔註231〕。就表面現象看來，日本殖民政府與臺灣的上層階級已達成默契，藉由相互拜訪、聚會宴飲、同題賦詩，呈現一種官紳趨合、同志共樂的氣氛。這些詩作大大的讚美了比志島將軍，說他如同陳稜、班超、馬援、狄青等名將，來臺平定亂軍，如李嘯耕：「智勇冠群英」、曾馥笙：「赫赫威名留絕島」、蔡夢熊：「鯤身鹿耳掃鏡槍」，蔡國琳：「陳稜略地澎湖島……五等銘鐘應普爵」功勞勳業俱盛。這組詩可以解讀出的涵義包括有：國家認同的轉換，以中國歷史人物讚美異民族的「挪置」；在臺精

〔註228〕參見《臺灣日日新報》。（標點爲筆者所加）
〔註229〕參考許介鱗〈臺灣人民反對日本強盜臺灣〉一文。
〔註230〕蔡國琳曾任澎湖文石書院山長。
〔註231〕參見明治三十一年（1898）5月20日《臺灣日日新報》第17號，頁128。

英階層的妥協傾向。來臺日人與臺人共同用傳統漢詩表達「平亂」將軍的勳勞，間接否定了臺民抗日的意義，準備好接受殖民政府的統治。〔註232〕

（五）小泉政以

小泉政以〈舟抵澎湖〉，云：

豪吟擊舳懾天吳，不假扶搖南可圖，瘴海安瀾一帆月，鷁衝蜃氣下澎湖。〔註233〕

小泉政以，字子潔、號盜泉，日本盛岡人，後藤新平之祕書；日治時期旅臺漢詩人，淡社社員，《臺灣日日新報》記者。此詩寫乘舟前往澎湖之作，詩充滿殖民者的霸氣，將臺灣海峽稱爲瘴海，視其爲蠻荒未開化。

（六）田宮櫻城

田宮櫻城〈南巡雜詩　媽公夜泊〉，云：

澎湖白沙又漁翁，島似砲臺泛海中。風月滿灣波亦靜，媽公城是古龍宮。〔註234〕

此詩是田宮櫻城南巡，夜泊媽公之作。一、二句寫周遭之景。灣泊媽公，北邊是白沙鄉，西邊是漁翁島南方是桶盤、虎井，羅列無數平台似的方山島嶼，在田宮櫻城眼中是如浮在海中的砲臺，頗新奇的譬喻。三、四句將視線拉回灣內，風月滿灣，波平浪靜，浪漫至極。全詩描繪的景致宜人，看來詩人完全沉浸美景中，沒有鄉愁，沒有牢騷，淡而有味。

（七）田村省三

田村省三〈留別〉二首，云：

卅二年來只一誠，簿書堆裡送斯生。殘骸今日謝恩命，頓覺瘦肩從此輕。奉職澎瀛士庶親，一朝致士尚爲賓。諸君莫笑遲□去，此地人情似古人。〔註235〕

田村省三任職澎湖三十二年，本詩爲離開澎湖之作。詩中寫出對澎湖人最大的感受是此地人情像古人，這是外地人對澎湖的印象。良善純樸，願澎湖人永遠保有如此的美德。

〔註232〕參考王幼華：〈日本帝國與殖民地臺灣的文化構接——以瀛社爲例〉（《臺灣學研究》第七期，2009 年 6 月，頁 37。）

〔註233〕參見《臺灣日日新報》。（標點爲筆者所加）

〔註234〕參見《臺灣日日新報》。（標點爲筆者所加）

〔註235〕參見《臺灣日日新報》。

第六章　戰後迄今

本章論述 1945 年以後到現在的澎湖重要古典詩作家及作品，第一節探討在地重要作家，第二節探討旅外重要作家。

第一節　在地作家作品

Harold Bloom 討論詩人之間的代代影響，認爲「美學領域裡每一次重大的覺醒似乎意味著越來越善於否認曾經受到前人的影響：與此同時，一代一代的追逐名聲者不斷地將別人踩翻在地。」〔註 1〕如何讓自己逃離前人的影響，克服這種影響的焦慮，對 Bloom 而言，是好詩人的某一種標準。王浩威認爲：「同樣的，這樣影響的逃離／克服，也將是地方文化的主體性的必要。」〔註 2〕戰後的澎湖在地古典詩人，正努力透過詩作，以自己在地人的視野建構澎湖的主體性。戰後詩作中看到的是書寫澎湖的美，觀光事業的鼎盛。所呈現的是世外桃源的勝景，而不再是清朝、日治，那悲苦萬分的賑災詩，貧病交集，仰賴他鄉的苦吟。

戰後的在地澎湖詩人組成分子蓋有三類：一是生於日治時期，但大量創作於戰後者，如許保富、吳克文、洪東碧；二是戰後隨國民政府來臺，定居於澎湖者，如賴潤輝、吳剛；三是戰後生於澎湖，受教於第一類者，如陳國彥、陳鼎盛。諸詩人有專集問世，豐富澎湖文學。以下就此三類，分別論述。

〔註 1〕Harold Bloom 原著，徐文博譯：《影響的焦慮》（臺北：久大出版，1990 年）。
〔註 2〕王浩威：〈地方文學與地方社群認同〉，收入《鄉土與文學：臺灣地區區域文學會議實錄》（臺北市：文訊雜誌出版，1994 年），頁 16。

一、生於日治成於戰後的詩家

（一）許保富（1912～2005）

1. 生平傳略

許保富，號瀛洲，大正元年（1912）八月，生於澎湖縣湖西鄉港仔尾（戰後改名爲許家村），卒於民國九十四年（2005）十一月。父親許朝宗，母親許黃儔。父親除了務農爲業，並擁有一座石灰窯，是村中名望人士。明治年間，澎湖廳在澎湖各村落發起的勤儉儲蓄組合，許朝宗即爲港仔尾鄉勤儉儲蓄組合長。

大正八年（1919），許保富進入湖西第一公學校鼎灣分教場（現沙港國小）接受日本教育，下午則入私塾研讀漢文，也奠定其日後漢文的基礎。大正十一年（1922），隨母親前往屏東投親，學業因而中斷。母親爲人幫傭，許保富則販賣油條維持生計。歷經四個多月，再回港仔尾與父親一起務農。同時，放棄日本教育專心負笈從師於潭邊歐仲侯研習漢文達五年之久。昭和三年（1928），在黃文藻鼓勵下再度進入湖西第二公學校爲旁聽生至六年畢業。〔註3〕隔年，許保富與李近結婚。旺盛求知慾的驅使下，昭和六年（1931），再跟隨前清秀才陳梅峯攻讀四書五經、唐詩、千家詩、瓊林古文、東萊博議、秋水軒尺牘等古文，兼學撰詩法達三年之久，漢學根基日益深厚，也因此受聘爲鼎灣私塾教師二年。

然後赴臺灣本島開設布行，光復後一度在縣府任翻譯，不久，從事兩岸貿易事業。民國三十七年（1948）當選馬公一信理事，民國三十八年（1949）大陸淪陷，事業又告中斷。不久又從事銀樓生意及紡織事業，終歸不順。民國四十二年（1953），考入臺灣第一商業銀行，在馬公澎湖分行服務，民國四十六年（1957）六月擔任西瀛吟社副社長。民國四十七年（1958）調往高雄等地後，許保富中斷一段時間未參與西瀛吟社的活動。民國四十九年（1960）二月調回澎湖後，許保富又重拾往日的樂趣。民國五十七年（1968）自臺灣第一商業銀行退休，由於工作的緣故，離開澎湖旅居台北之後，就甚少參與西瀛吟社的活動。期間在商場發展，歷任經理、總經理等職位。民國七十四年（1985），辭去大統裡襯股份有限公司的職務，已逾古稀之齡的許保富對人

〔註3〕黃文藻，吳爾聰弟子。昭和二年（1927）四月至昭和十六年（1941）八月，任教於湖西第二公學校。（沙港國小編：《創校八十週年特刊》，頁27。）

生多所感懷：「一生風塵僕僕，南征北戰，無非耕人之田；兩袖清風，白髮頻添，有如老驥伏櫪之感」！〈七四誕辰感懷〉一詩，十足的表達他此時心中的想法：

> 虛度浮生七四秋，無成一事自增羞。心驚雅興隨年減，眼看光陰似水流。記性加衰身漸老，吟篇未輯志空道。但人此日聊堪慰，喜有兒孫共樂遊。

民國七十五年（1986）返鄉歸隱，昔日的朋友與學生紛紛前來探望或請益漢學。有鑑於此，許保富乃在家鄉許家村開設「杏園學堂」，與朋友研究詩詞排遣時光。不久又受聘為省議員許素葉的秘書二年餘。曾受邀擔任澎湖縣政府鄉土語言讀經班的講師，並為各地廟宇或知友至親，撰作詩聯、祭文，也為各地的鸞堂撰寫疏文或校正鸞書。亦常參加西瀛吟社的活動，以及課題習作，徵詩比賽，甚獲肯定。〔註4〕

　　民國八十二年（1993），有感於生平的詩作「吟篇未輯」，乃商請友人將詩作編輯成冊，名為《杏園雜草》。〔註5〕民國九十三年（2004），在友人的催促下，再從生平數百首詩作中擇其一百首作為紀念。〔註6〕此後，許保富因身體欠佳，甚少外出。民國九十四年（2005）十一月，以94歲高齡逝世，結束其精采又豐富的一生。〔註7〕

2. 詩作析論

　　許保富創作題材，除西瀛吟社月會課題外，因是吟社大老，常對外參加全國性的聯吟大會，故詩中常有題詠記錄。從諸詩略可窺見戰後臺灣古典詩發展面貌之一隅。茲依年代先後，論述如下：

　　民國七十八年（1989）五月二十八日，澎湖縣慶祝己巳詩人節暨西瀛吟社創社八十五週年紀念，以及全國詩人大會在澎湖文化中心舉辦。這天是澎湖縣的大日子，瞬間湧進來自全臺的詩人，盛況空前，許保富有詩〈西瀛吟

〔註4〕　參考澎湖西瀛吟社主編：《西瀛吟社詩穗百年度專輯》（澎湖縣：澎湖西瀛吟社出版，2005年），頁75。

〔註5〕　《杏園雜草》一書以毛筆書寫影印而成，共41頁。

〔註6〕　該詩集仍名為《杏園雜草》，電腦打字、無頁碼。許保富自序：「……平生每有所作，獨抒胸懷，不落蹊徑，尋章摘句，悉自心裁，今逢摯友囑余，商為平生所做詩草，摘選一百首作為留念。因此，乃將平生所賦詩草數百首中擇選一百首，裒為一集付梓……」。

〔註7〕　許保富生平特蒙許玉河提供〈許保富傳〉，筆者略做摘要。

詩社八五週年全省詩人大會聯〉〔註8〕記之。會後還有澎湖覽勝，〈詩人節澎湖覽勝〉云：「欣逢己巳節天中，瀛島風光氣象雄。西嶼落霞憑遠矚，大橋跨海臥長虹。」〔註9〕記會後遊覽澎湖風光。詩中特別列出西嶼落霞與跨海大橋為代表，可見此二景是當時勝景中的勝景。

民國七十九年（1990），值南投縣藍田書院濟化堂三十週年紀念，全國詩人聯吟大會在此舉辦，〔註10〕陳保富賦〈濟化鸞音三十年〉云：

卅載鸞堂覺大千，無邊玄理啟長天；慈音靉靆鐘聲響，法雨微茫院
影連。嘹喨梵音遙入耳，清幽境界悟參禪；藍田濟化忘機地，警世
迷津了俗緣。〔註11〕

從此可見臺灣鸞堂致力於弘揚濟世理念，提倡詩學儒風，端正世道人心。陳保富善於捕捉藍田書院濟化堂事物，頷聯、頸聯以靉靆慈音、鐘聲、法雨微茫灑院落、梵音遙處傳來，營造出充滿禪味的氛圍。頷聯對仗尤佳。

民國七十九年（1990）十一月十日，和吳克文一起到中國大陸，參加海峽兩岸詩人大會，〈革命先行者（福州詩人大會）〉云：

一代賢豪出翠亨，不撓不屈志如城；推翻帝制興華夏，確保人權覆
滿清。革命精神垂不朽，匡時氣節發先聲；捨身救國施仁政，天下
為公策太平。〔註12〕

一行人從香港轉赴大陸，福州及岳陽，宏揚詩學，作文化交流，並至杭州、蘇州、鎮江、揚州、南京、北京、桂林、長沙、廣州等地觀光。此詩是陳保富來到廣東省，想起一代偉人國父 孫中山先生就出生於此，特為抒懷歌頌。

集中又有一章〈寶桑冬集（全國詩人大會在台東寶桑吟社擊鉢）〉四首，之三云：

陽月敞吟筵，寶桑景色妍；聯盟追舊侶，雅集會新賢。昨歇黃花酒，

〔註8〕 參見許保富：《杏園雜草》，頁5。（許保富民國八十二年春存稿）（標點筆者所
加）

〔註9〕 參見許保富：《杏園雜草》，頁5。（許保富民國八十二年春存稿）（標點筆者所
加）

〔註10〕 參見《藍田書院濟化堂三十週年堂慶全國詩人大會特刊》（二十五開，平裝本，
八十八頁，五〇〇冊，七十九年元旦發行。）

〔註11〕 參見許保富：《杏園雜草》，頁8。（許保富民國八十二年春存稿）（標點筆者所
加）

〔註12〕 同上註，頁13。

今敲白雪篇：同人來聚晤，擊鉢樂題箋。〔註13〕

此詩記載在陽月（十月），前往台東參加寶桑吟社舉辦的全國詩人大會，舊侶新賢會聚一堂，擊鉢題詠的歡樂氣氛。會後並遊覽東海岸風光，有〈東海岸覽勝〉，云：「車入双溪景色饒，惹思退隱學漁樵。輕風颯爽桃源境，縱目遙看落晚潮。」〔註14〕東海岸的自然風光，亦是讓人流連忘返的。從詩作中，反映出許保富晚年仍積極參加詩社活動，並藉以遊山玩水、賦詩吟詠，生活充實愜意。

（二）洪東碧

1. 生平傳略

洪東碧，昭和二年（1927）生於西嶼鄉池西村，幼時受過日本教育。民國三十四年（1945）第二次世界大戰結束，開始在國學名師盧顯帳下，學習漢文。對漢文、詩詞特感興趣，民國四十三年（1954）加入「西瀛吟社」，從此每週參加詩社舉辦的「擊鉢吟」及「課題」詩作。是時擔任西嶼鄉公所戶籍課長之職，公餘之暇，喜讀陸游《劍南詩鈔》及袁枚《小倉山詩選》，每有會意便欣然忘食。為人豪爽，喜酒吟詩，種植盆栽以觀賞。嘗謂：「詩是人生最美妙之精神食糧，未曾廢遠。」

洪東碧在漢詩啟蒙老師盧顯逝世後，常向顏其碩請益。每當顏其碩從馬公回小池角，便一起切磋詩學，深受其鼓舞。詩集輯錄二人唱和之作，達五十八首之多，二人深厚情誼可見。

民國五十年（1961）至五十二（1963）年，常見其作品與其師盧顯、顏其碩出現在《西瀛吟社擊鉢課題詩集》〔註15〕中。之後，與吟社接觸漸少，有次顏其碩惠詩給洪東碧，云：「城隍廟畔隱吟身，每到秋來憶故人，戶政勤推彰偉績，萊衣戲舞孝尊親，公餘一券心常樂，父執多年禮益純，獨惜騷壇長不去，西瀛社運任沉淪。」〔註16〕特別提及洪東碧於公於私都克盡其責，就是少到西瀛吟社走動，希望他多到吟社來，莫任社運沉淪。洪東碧和〈敬步其碩先生大作原玉〉，云：「仰慕卓然察察身，詞壇每見語驚人，秋風來雁文如錦，月夜惠詩情似親，晚輩有緣蒙教誨，先生垂愛是真純，西瀛韻事須

〔註13〕 參見許保富：《杏園雜草》，頁14。
〔註14〕 同上註，頁14。
〔註15〕 《西瀛吟社擊鉢課題詩集》為手稿本，筆者所見為許保富藏本。
〔註16〕 洪東碧：《賞霞山莊吟草》（澎湖縣：澎湖縣文化局，2001年），頁126。

重振，愧我無能難拯淪。」〔註17〕表達深受顏其碩教誨之恩，與自認無力拯救沉淪的吟社。此見吟社內部運作的人事紛爭，洪東碧採取的是消極退出。在西嶼戶政事務所主任退休後，隱居家鄉，怡情養性。屋舍號爲「賞霞山莊」，著有《賞霞山莊吟草》。〔註18〕

2. 詩作析論

洪東碧詩體裁以近體詩爲主，有律詩、有絕句，還有詩鐘、對聯，以七言律詩居多。詩題材則有西瀛吟社月會課題，每題一首，或數首不拘，也有即興之作，感動之詠，奉勸世人之作，以及與顏其碩唱和之作，其中最具特色的是海洋書寫。聊舉數例以窺其貌，〈海邊居〉云：

> 西巖寄隱幾經年，家境雖貧不怨天，思飲隔籬呼酒友，謀生近海縱帆船，望洋興嘆緣何事，故土仍淪在劫煙，手執一竿空有恨，未能渭水繼前賢。（之一）

> 寄隱東濱避劫煙，生涯多半在漁船，水旁茅屋偕妻住，酒後沙鷗伴我眠，帆影隨時收眼底，潮聲鎮日響門前，何愁作業無耕地，大海洋洋總是田。（之二）〔註19〕

西巖是澎湖西嶼鄉小池角的地名之一，詩人就住在此處，日日與沙鷗爲伍。第一首首聯、頷聯寫家貧不怨天，隔籬呼酒友，駕帆船出海捕魚，生活也是很愜意的。頸聯、尾聯文意一轉至望洋興嘆，爲何興嘆？因爲大陸的人民生活在水深火熱之中，同爲同胞，境遇卻不同。詩人手執釣竿有餘恨，乃謂無法繼前賢拯救之。見戰後初期，瀰漫著「反攻大陸，解救苦難同胞」的思想。第二首書寫隱居海邊，安然自得的生活，有漁船、海水、沙鷗、潮聲，還有妻爲伴，人生愜意莫若此，何愁沒有地耕作？大海洋洋，望去都是田。詩充滿海洋的氣息，但不是澎湃，而是悠哉！另一首〈澎湖銷夏〉，云：

> 酷熱蒸人何處趨，潮聲響耳抵澎湖，行吟澤畔涼風拂，斜臥沙灘暑氣無，垂釣臨流生妙趣，駕舟逐浪更歡娛，魚蝦爲侶鷗爲友，仙境果然在海隅。〔註20〕

詩中出現潮聲、沙灘、垂釣、輕舟、魚蝦、沙鷗，海風徐來，這些都是海洋

〔註17〕 同上註，頁128。
〔註18〕 參見洪東碧〈自傳〉手稿。
〔註19〕 洪東碧：《賞霞山莊吟草》，頁46。
〔註20〕 同上註，頁32。

書寫的元素，透過這些詞彙，詩人建構的是一個海島仙境，其樂無窮的海上樂土，而非闃暗、浪濤屏立，令人生畏的黑水溝。這海邊是親切可愛的。

（三）吳克文（1928～1995）

吳克文生平已述於「背景論」，此不再贅述。其一生宏揚詩教，從事社會服務，改善民風，提攜後進，爲人處事深獲澎人肯定。陳鼎盛有〈賀吳理事長獲教部頒贈「宏揚詩教」獎牌「四字冠首」〉，云：

> 宏會常開發浩吟，揚清激濁本眞心，詩名響遍西瀛島，教誨後生同所欽。（之一）
>
> 宏亮金聲徹碧空，揚揚意氣振騷風，詩心寫出鏗鏘句，教化群英社運隆。（之三）〔註21〕

特別在他獲得殊榮時，表達祝賀外，對其詩名與教化之功，深表讚嘆。

吳克文著有《藻卿吟草》，內收有十六歲，就讀高雄第一中學校（日治時期舊制中學）時所作〈旅中過元旦〉，云：「風光轉眼又翻新，好鳥催詩入戶頻，身處高雄猶在學，未能返梓聚迎春。」〔註22〕見其早慧。十八歲時，日本投降，吳克文賦有〈詠日本投降〉，云：「原子彈投瞬慘悲，裕仁屈服未容遲，受降各地升旗日，抗戰八年奏凱時，台島從今歸祖國，日人好此返東夷，黃河終有澄清現，信是循環果報維。」〔註23〕強烈民族意識湧騰於年輕的生命中。民國三十四年（1945）十月二十五日，臺灣光復，吳克文人仍在高雄，興奮之餘，賦〈詠臺灣光復〉三首，之一一云：「消息傳來展笑眉，凱歌聲裡仆降旗，倭奴軒冕今何在，虎落平陽犬亦欺。」〔註24〕全台歡欣鼓舞。「倭奴軒冕今何在」，表達被日人統治的氣忿，今天他們終於戰敗了，久積之怨怒，終得以宣洩。民國三十四年（1945）秋，臺澎光復，適其中學畢業，乃自高雄返澎。三十五年（1946）九月奉派馬公國校爲教師。

綜觀吳克文詩作，除西瀛吟社月會課題、與詩友唱和、喜慶喪弔、感懷等等之作外，最爲特殊的題材是書寫與鸞堂相關的訊息。此蓋如吳克文自序中所言：「溯吾家世代，均讀書行善，設鸞堂、著善書，講道說仁、勇爲義舉。」

〔註21〕參見陳鼎盛：《退思軒吟草》（澎湖縣：澎湖文化局，1999年），頁99。
〔註22〕參見吳克文：《慶祝西瀛吟社創立八十週年紀念特刊・藻卿吟草》（澎湖縣：澎湖縣西瀛吟詩會，1984年），頁3。
〔註23〕同上註，頁3。
〔註24〕同上註，頁3。

〔註25〕常與鸞堂接觸有關。吳克文十八歲剛從高雄返鄉，西衛福善堂在乙酉
（1945）菊月（農曆九月）十八日剛開堂，國曆十月三十日便賦〈祝西衛福
善堂開堂誌慶〉二首，詩云：

> 開壇闡教育英才，堂友相親道義栽，大學首章明德在，吉辰盛事會
> 鸞台。（之一）
>
> 開放光明耀滿天，堂輝如錦燭華妍，大家有幸善為寶，吉曜臨門慶
> 福緣。（之二）〔註26〕

從詩中了解鸞堂的功能在於「闡教育英才」、「勸善積福」；傳播之教是「大學
首章明德在」的儒學。民國三十五年（1946）四月四日賦〈題福善堂宣講台
上兩屏〉二首，之一云：

> 澎山春色麗，湖水鏡中台，西社仁風轉，衛邦雅教回，宣經崇聖蹟，
> 講諭化賢才，善誘循循勵，文章道德開。〔註27〕

描繪澎湖西衛福善堂宣講之社會教化。民國三十八年（1949）七月十日，福
善堂新雕塑孚佑帝祖金身開光，並且建醮，吳克文亦賦詩三首記之，題〈祝
福善堂新雕塑孚佑帝祖金身開光建醮（己丑六月初九日）〉，云：

> 夙慕仙公孚佑靈，曾經完夢句深銘，虔誠新塑金身奉，從此善堂耀
> 福星。（之一）
>
> 佳辰寶像慶開光，延請齋師設醮場，善信敬恭同拜祝，威靈大顯薦
> 馨香。（之二）
>
> 有志竟成示夢中，澎湖從未祀仙公，他年將建金龍殿，善愿必酬感
> 應通。（之三）〔註28〕

第一首寫雕塑孚佑帝祖金身的原由，是因孚佑帝祖托夢所示。神蹟顯現，這
是民間信仰堅定不移之因。第二首描寫為神明開光的宗教儀式。選良辰吉時
開光，並延請齋師設醮場作醮，善男信女同祝拜。第三首寫孚佑帝祖托夢指
示，他年福善堂將升建金龍殿。何年升建金龍殿？就在民國四十五年（1956）
十月二十五日。吳克文有詩〈祝福善堂升建金龍殿（丙申九月十八日）〉，云：

> 福善鸞堂聖教揚，十年功績達蒼穹，旨頒升號金龍殿，先建前亭後

〔註25〕同上註，頁1。
〔註26〕參見吳克文：《慶祝西瀛吟社創立八十週年紀念特刊・藻卿吟草》，頁3～4。
〔註27〕同上註，頁4。
〔註28〕同上註，頁7。

建宮。（之一）

　　金碧交輝象一新，龍門逸興弄精神，殿開勝會神人慶，座滿春風百
　　福臻。（之二）〔註29〕

由「堂」升爲「殿」，必須該堂有不錯的功績，玉皇上帝才會頒旨升級，非由
人間自行決定。福善堂經由神人共同努力，就在十年後，升建金龍殿，此對
善男信女而言，是一件值得慶賀的大事。

　　此類詩作，記錄了戰後澎湖鸞堂信仰的面貌：「宣講」有儒家仁義禮智的
內涵，佛教的從善積福的因果論；「開光」有道教的建醮儀式，爲澎湖鸞堂重
要史料。

二、北討南征到澎湖的軍官

（一）賴潤輝（1917～1994）

　　賴潤輝，自號梅山莊人，廣東梅縣大平鄉（現改爲大坪鎮）人，生於民
國六年（1917），民國八十三年（1994），因肺癌病逝於澎湖醫院，享壽七十
八。〔註30〕在大陸隨前清舉人梁伯聰，秀才李翹楚研習經史詩詞。考入中央
軍校第十七期，從事軍戎生涯，民國三十八年（1949）來台，於澎防部歷任
十五年之久。民國四十六年（1957）考進美國工校，於華盛頓研習軍事工程。
民國五十三年（1964）退休，賦詩飲酒，研習經史，宏揚文化。喜四處旅遊，
所歷地球之半，常見於詩中。以「靜坐常思己過，閒談不論人非」爲座右銘。
曾任西瀛吟社理事，詩詞俱佳，留有《梅山吟草》，民國八十六年（1997），
其女賴美芳爲其整理遺稿，編成《賴潤輝先生詩文集》。

　　所輯五言絕句 20 首、五言律詩 7 首、七言絕句 286 首、七言律詩 76 首、
詞賦歌文 25 首、對聯 52 副。綜觀以七言居多，尤以七言絕句居冠，七律次
之。詩創作面向非常廣泛，有西瀛吟社月會課題，每題一首，或二、三首，
或五、六首不拘，也有即興之作，感動之詠，還有許多遊歷之作，足跡遍及
海內外。諸詩當中常寓有故鄉之思，蓋因長於中國大陸。澎湖雖是他生活大
半輩子的地方，卻仍是他鄉。他心中魂牽夢縈的原鄉，還是廣東梅縣。〈午夜

〔註29〕同上註，頁 15。
〔註30〕參見張淦宏：〈悼念賴潤輝先生逝世週年——兼懷賴母陳太夫人之懿德嘉言〉
　　　　（《賴潤輝先生詩文集》，澎湖縣：賴立銘、賴立德、賴美芳出版，1997 年，
　　　　頁 118。）生年據張淦宏言賴潤輝民國八十三年（1994），因病逝於澎湖醫
　　　　院，享壽七十八，所推知。

夢梅州〉云：「勝地睽違四十年，山情水意仍悠然，神仙塵世觀時局，石筆崖奇景色妍，歲月磨人多變化，老成出谷龍流泉，畢生不念蒼桑史，海岸先聲入管絃。」〔註31〕詩中對故鄉思念之深可見。此爲直接題爲夢梅州，其他非直接寫梅州的詩，也常常在句末文意一轉，希望能早日反攻大陸回故鄉，如〈慶祝澎湖建設創刊二十五週年社慶〉云：「創社欣逢廿五秋，宣揚國是砥中流，⋯⋯千軍一掃山河動，鼓吹中興復九洲。」〔註32〕又〈海島驚秋〉云：「海島西風起夕曛，漫天蕭索不堪聞，⋯⋯有恨蘆花偏照影，無情雁字遽成群，飄零何日歸鄉國，盼切王師建異勳。」〔註33〕同是從中國大陸而來，但是時代背景不同，致使與清朝遊宦文詩中所表現的情感迥異。清朝遊宦文人，任期一到便可返回中原，其鄉愁是短暫的；但戰後隨國民政府來台的，卻再也難回故鄉，直至開放大陸探親，方得圓回家的夢，時已垂垂老矣！有的甚至來不及回鄉，就客死他鄉，其鄉愁是長且痛的。

同樣背景來到澎湖的阮壽昌，福建省古田縣人，宣統三年（1911）生，卒於民國八十七年（1998），也是民國三十八年（1949）隨國民政府播遷來臺。原是公職人員，抵臺之後於澎湖稅捐處任股長。〔註34〕其〈海邊居〉云：「避秦流寓水雲邊，過隙白駒十二年，續命區區依鶴俸，佐餐日日有魚鮮，每懷大陸情難已，爲處窮途志益堅，引領王師光故土，泛舟歸去樂堯天。」表達著同樣的鄉愁。避秦流寓到澎湖，日日有鮮魚可食，卻仍無時不想起赤色河山，何時能歸故里？

此詩是西瀛吟社月會課題之作，但因爲成長背景不同，書寫的角度不同，賴潤輝、阮壽昌和洪東碧的就不同。洪東碧所述，雖也提到故土中原仍淪在劫煙的感慨，但因爲土生土長在澎湖，也就不必泛舟歸去。

（二）吳剛

吳剛，字彩元，別號若愚，廣東省興寧縣人。其先祖爲清文秀才，自幼習詩書。及長，肄業於廣州文化學院，先後畢業於中央軍校十八期工科、陸軍指揮參謀大學十八期、國防特考乙等考試及格。曾參加抗日、剿匪、轉戰

〔註31〕 此詩收於賴潤輝：《賴潤輝先生詩文集》，頁76。
〔註32〕 同上註，頁75～76。
〔註33〕 同上註，頁76。
〔註34〕 參考澎湖西瀛吟社主編：《西瀛吟社詩穗百年度專輯》（馬公：澎湖西瀛吟社出版，2005年），頁71。

大江南北。從事軍戎生涯多年，民國五十八年〔1969〕自澎防部退伍。曾任
澎湖縣碼頭工會秘書、廣東同鄉會理事長，喜愛吟風弄月，研習詩文。著有
《彩元吟草》。〔註35〕

　　吳剛詩作特色在於軍戎生涯的描寫，〈戎行抒感〉云：

> 抗日剿匪志節堅，滿腔豪氣接雲天。沙場馳騁功勳定，大地遨遊情
> 趣邊。戎馬半生知戰鼓，干戈一命識烽烟。縱然白髮殷憂在，昂首
> 相期應凱旋。〔註36〕

身經百戰，志氣高昂，是吳剛詩中透顯出來的驕傲與豪氣。「滿腔豪氣接雲
天」，多麼磅礴的壯語。「大地遨遊情趣邊」，不是「醉臥沙場君莫笑」的無奈，
而是視馳騁沙場如壯遊大地般的情趣。頸聯藉由戰鼓與烽烟，寫出自己半生
軍旅生活，開啟尾聯，即使已生白髮，仍有「老驥伏櫪志在千里」的壯志。
抗日剿匪，衝鋒殺敵的英氣，散發在字裡行間。詩無悲弱氣，比起唐朝邊塞
詩，更震撼人心。另一連章詩，〈感懷（四十四年夏於金門前緣）〉云：

> 手握龍泉劍氣寒，昂藏七尺戰秦關。縱橫馳騁燕幽地，飲馬石城水
> 一灣。（之一）
>
> 又因髀肉復生寒，重著征衣百戰還。且御良駒嘶萬里，瀟瀟飛渡廈
> 門灣。（之二）
>
> 殺敵衝鋒氣似虹，赴湯蹈火有雄風。英豪壯士凌雲志，唧命前驅立
> 戰功。（之三）
>
> 漫道當年百戰功，劍橫秋水氣如虹。江山易色多遺恨，試問何顏見
> 阿翁。（之四）〔註37〕

民國四十四年〔1955〕一月，解放軍攻佔一江山島。失去一江山島的屏障，
國民黨已不可能守住浙江沿海島嶼，遂於二月，在美軍協助下主動撤離大陳
島全數軍民。此詩寫於同年夏天，國共對峙激烈時，詩人正在金門前線捍衛
家國。前三首回首當年雄赳赳，氣昂昂的衝鋒陷陣，常立戰功之景。第四首
寫今日江山易色，無顏見阿翁的遺恨。今昔兩樣景，讓詩人感慨萬千。

〔註35〕　參考吳剛：《慶祝西瀛吟社創立八十週年紀念特刊・彩元吟草・簡介》（澎湖
　　　　　縣：澎湖縣西瀛吟詩會，1984 年，頁 1）。澎湖西瀛吟社主編：《西瀛吟社詩
　　　　　穗百年度專輯》，頁 76～77。
〔註36〕　參見吳剛：《慶祝西瀛吟社創立八十週年紀念特刊・彩元吟草》，頁 4。
〔註37〕　參見吳剛：《慶祝西瀛吟社創立八十週年紀念特刊・彩元吟草》，頁 5。

三、生於戰後的詩壇新血

「西瀛吟社」目前仍有不少成員，每月課題吟詩，並發表於《澎湖時報》。而吟壇頗為活躍的兩位人物，一是陳國彥，一是陳鼎盛。二人創作豐富，以澎湖古蹟、歷史、特產、風土、民俗、文教等為題，互相唱和，介紹家鄉的美，似竹枝詞。從清朝到日治，未見澎湖子弟如此大量與多面向的以澎湖為題來創作，可謂創舉。

（一）陳國彥（1945～）

1.生平傳略

陳國彥，生於澎湖白沙鄉通梁村。台南師範畢業後，任教於國民中小學數十年之久，青年時代曾經拜方思溫為師，國學基礎雄厚，對於書法頗有研究與造詣，加入西瀛吟社之後，頗有佳績，撰詩並書法合一，通梁保安宮、赤崁龍德宮、合界威揚宮、小赤崁蜩鳴宮、風櫃溫王殿等，有其撰聯或墨跡。〔註38〕因受託為廟宇作對聯，將部分委陳鼎盛分擔，二人就此結緣。後又取澎湖古蹟吟詠之作十三，請當時吟社社長陳鼎盛和之，〔註39〕點起了一系列介紹澎湖的火花，陸陸續續完成了《澎湖之美百題唱和詩文集》、《菊島之美百題唱和詩文集》、《西瀛之美百題百調唱和詞文集》，並擔任吟社總幹事之職。民國九十二年（2003）九月至九十四年（2005），任西瀛吟社第二十任社長，任內編輯《西瀛吟社詩穗百年度專輯》，〔註40〕整理了西瀛吟社相關資料，保存吟社文獻史料，功不可沒。

2.詩作析論

陳國彥詩存於與陳鼎盛唱和的詩集，以及《西瀛吟社詩穗百年度專輯》，體裁以近體詩為主，有律詩、有絕句，旁及詩餘、對聯。詩作最大特色就是書寫澎湖之美，有關傳說、古蹟、勝景、物產、休閒、民俗、文教等等，盡囊括在內，不但記錄了澎湖的歷史、地理、人文，如同方志；更藉此將澎湖的文化資產介紹給外來的旅客知道，如同一本澎湖觀光導覽書。以下分就其分類，論述之。

〔註38〕 參見澎湖西瀛吟社主編：《西瀛吟社詩穗百年度專輯》，頁 79。
〔註39〕 參考陳鼎盛：〈澎湖之美百題唱和總序〉（陳鼎盛、陳國彥合著：《澎湖之美百題唱和詩文集》，馬公：澎湖文化局出版，2000 年）。
〔註40〕 參考澎湖西瀛吟社主編：《西瀛吟社詩穗百年度專輯》，頁 79。

（1）傳說之美

關於傳說之作有：〈女媧煉石補天餘石造就〉、〈黑水溝郡王玉帶化淡水〉、〈金龜抗荷分頭尾〉、〈龜山傳奇〉、〈呂洞賓仙屎造成說〉、〈鼎灣開帝殿傳奇〉，這些傳說題材，在之前的明、清、日治，都未見有人書寫，此爲創舉。茲舉澎湖起源的傳說，〈女媧煉石補天餘石造就〉云：（此列出陳國彥、陳鼎盛詩，以見唱和全貌）

> 西瀛八卦喜心狂，後起堆山道有方；大塊地維撐巨柱，共工頭頂破青蒼。女媧煉石天修補，神力拋餘島列張；難得人間雲漢土，傳奇夢境炫初陽。〔註41〕（陳國彥）

> 不周山觸共工狂，傾毀地維西北方；圓蓋洞開貽禍大，女媧石煉補天蒼。賸餘巧手東南撒，造陸全澎飏嶼張；六十四顆珠七彩，漁樵傳說到斜陽。〔註42〕（陳鼎盛）

兩詩描寫澎湖群島的起源，是因女媧上崑崙山頂採五色寶石，烈火而煉四十九日，手捧熔漿，修補共工折斷天柱所成的缺口，至滴水不漏，自此蒼穹復明。而賸餘寶石，顧而信手撒向東南，散落滄溟，星羅棋佈，即今之「澎湖群島」。〔註43〕小時常聽長輩說，澎湖群島是漂浮在海上的，不會被大海淹沒，蓋與此傳說有關。先民豐富的想像力，使澎湖充滿著美麗與夢幻，澎湖就是女媧撒落海上的閃亮珍珠。

（2）古蹟勝景

古蹟方面的書寫有：〈澎湖天后宮〉、〈西嶼西台〉、〈西嶼東台〉、〈西嶼燈塔〉、〈媽宮古城——順承門〉、〈四眼井〉、〈觀音亭〉、〈蔡廷蘭進士第〉、〈施公祠萬軍井〉、〈台廈郊馬公會館〉、〈澎湖二崁陳宅〉、〈媽宮城隍廟〉、〈文澳城隍廟〉、〈七美人塚〉、〈南浦三十人公廟〉、〈文澳東城門井〉、〈通梁古榕〉、〈鄭成功部將吼門殉國處〉、〈朝陽武聖廟〉、〈張百萬故居〉、〈文石書院（孔聖廟）〉、〈永安橋與中正橋〉、〈中屯十二客公廟〉、〈登瀛樓（魁星樓）〉、〈孤拔紀念碑與萬人塚〉、〈通梁客公廟〉等。此舉澎湖人之光的蔡廷蘭進士第，日人未列爲澎湖古蹟勝景，刻意抹去澎民的精神領袖，意圖甚明。陳國彥〈蔡廷蘭

〔註41〕 參見陳鼎盛、陳國彥合著：《菊島之美百題唱和詩文集》（馬公：澎湖文化局出版，2002年），頁16。

〔註42〕 同上註，頁16。

〔註43〕 同上註，頁16。

進士第〉，云：

> 進士廷蘭宅第全，英名榮耀道光年，滿園飄送書香氣，吾輩當思效
> 昔賢。〔註44〕

道光二十四年（1844），澎湖第一位，也是唯一的一位進士產生，即是家住雙掛頭的蔡廷蘭。舉進士後，道光二十六年（1846），回鄉祭祖，興建宅第於今馬公市興仁里（舊稱雙頭掛）。大門頂有「進士第」名區，為當時澎湖最佳之宅第。室內原有「鄉國善士」一區，以及朱熹書「忠孝傳家遠，詩書繼世長」一聯，為子孫遷移他處，物換星移，而今屋宇破敗，亟待修葺。〔註45〕故陳鼎盛〈蔡廷蘭進士第〉云：「第居進士建周全，最是風光憶昔年，歷百春秋頹敗貌，應思維護敬高賢」〔註46〕，詩中深表惋惜。

　　勝景方面的書寫有：〈跨海大橋〉、〈嵵裡海水浴場〉、〈白沙海園〉、〈姑婆嶼〉、〈小門鯨魚洞〉、〈馬公港〉、〈赤崁頭〉、〈目斗嶼燈塔〉、〈風櫃濤聲〉、〈林投公園〉、〈天台仙境〉、〈貓嶼鷗翔〉、〈西嶼落霞〉、〈虎井沉城〉、〈龍門鼓浪〉、〈船帆嶼〉、〈將軍靈石〉、〈鯉岩洞〉、〈大義宮〉、〈跨海小橋〉、〈果葉日出〉、〈雙湖園〉、〈文化中心〉、〈桶盤石柱〉、〈大倉〉、〈險礁〉、〈成功水庫〉、〈四亭濱海（介壽亭、望潮亭、海豚亭、懷得亭）〉、〈四角嶼〉、〈澎湖忠烈祠〉、〈奎壁山〉、〈金龍頭情人小路〉、〈菊苑〉等。此舉澎湖最具特色的自然景觀，今聯合國列為世界遺產，但在清朝、日治，少見有人著墨的玄武岩柱狀石。陳國彥〈桶盤石柱〉云：

> 小島凹形桶狀盤，條條石柱最宜觀，嶔崎有節千秋立，不畏強風捲
> 急湍。〔註47〕

桶盤，去馬公港西南七公里上下，以其形似「桶盤」而名。全嶼是標準的方山小島，四周的東、西、南三面，率為玄武岩節柱狀，紋理分明的石柱羅列環抱，幾無闕處；北面為進島港口，稍有缺口。「桶盤石柱」，每柱高約二十公尺，寬一至一・五公尺許，為澎湖群島中極具規模、極具特色的玄武岩，素有「澎湖黃石公園」之美稱。詩第一句描寫「桶盤」外形似桶盤，凹處即北面缺口。第二句描寫島三面環繞著條條而立的玄武岩。前二句純由景入筆，詩第三、四句，轉寫物之神。從節理狀石柱經年受強風捲急湍的拍打，仍堅毅佇立

〔註44〕 參見陳鼎盛、陳國彥合著：《澎湖之美百題唱和詩文集》，頁 23。
〔註45〕 同上註，頁 23。
〔註46〕 同上註，頁 23。
〔註47〕 同上註，頁 107。

水崖，而賦予玄武岩嶔崎有節，不畏強權的意象，使得詩境提升、開闊。

上述古蹟、勝景有些是戰後才有，如〈跨海大橋〉、〈嵵裡海水浴場〉、〈白沙海園〉、〈文化中心〉、〈四亭濱海（介壽亭、望潮亭、海豚亭、懷得亭）〉、〈澎湖忠烈祠〉、〈金龍頭情人小路〉、〈林投公園〉、〈菊苑〉等；但也有古蹟、勝景在清朝、日治已存在，如〈四眼井〉、〈施公祠萬軍井〉、〈台廈郊馬公會館〉、〈南浦三十人公廟〉、〈文澳東城門井〉、〈鄭成功部將吼門殉國處〉等，但卻未見有人創作，足見每一時代關注的焦點不同。

（3）物產休閒

關於物產的書寫有：〈綠蠵龜〉、〈燒酒螺〉、〈天人菊〉、〈茭瓜〉、〈珊瑚〉、〈海豚〉、〈哈密瓜〉、〈砧石〉、〈丁香魚〉、〈金瓜〉、〈地瓜〉、〈花生〉、〈海茭〉、〈風茹〉、〈紫菜〉、〈石斑〉、〈木麻黃〉、〈文石〉、〈紅新娘〉、〈龍舌蘭〉、〈銀合歡〉、〈蘆薈〉、〈嘉寶瓜〉、〈玄武岩〉等，這些都是今日澎湖當紅的物產。茲舉保育類動物——綠蠵龜，〈綠蠵龜〉云：

> 滄海遨游綠蠵龜，望安青睞會如期，四靈今賸多情種，保育憑君共
> 此時。〔註48〕

綠蠵龜，時人稱為「石龜」、「黑龜」，屬於中大型海龜，棲息在熱帶、亞熱帶之太平洋、印度洋水域。近年，因人類干擾，捕獵、宰食，甚者挖取其卵，數量銳減。澎湖望安鄉是目前少數未受過度破壞的地區，年年上岸產卵之母龜，一季可產六窩，每窩卵百一十個，四十五至五十日孵化，三至七日後俟沙灘溫降，則成群游向大海。今國際生態保育聯盟（IUCN）、華盛頓公約組織（CITES）名列瀕臨絕種之野生動物，我農委會於民國七十八年（1989），通過野生動物保育法，明令保育。民國八十三年（1994）歲暮，在望安沙灘設二十三公頃之綠蠵龜產卵棲地保護區。〔註49〕詩人藉此詩，呼籲民眾、遊人能遵守相關規定，善加保護這有靈性的動物，使其有所生望。

關於休閒的書寫有：〈巡滬〉、〈牽罟〉、〈照章魚〉、〈撿螺〉、〈踏浪〉、〈採紫菜〉、〈吃海鮮〉、〈牽牛車〉、〈釣魚〉，這些是澎湖人平日生活樣貌，今日成為豐富的觀光資源。其中〈巡滬〉、〈牽罟〉、〈照章魚〉、〈撿螺〉、〈踏浪〉、〈採紫菜〉、〈釣魚〉，皆屬海洋書寫，最能展現大海子民與海相親的特色。茲舉先人智慧的結晶，遍布澎湖沿海的石滬。陳國彥〈巡滬〉云：

〔註48〕參見陳鼎盛、陳國彥合著：《澎湖之美百題唱和詩文集》，頁141。
〔註49〕同上註，頁141。

圍垣石滬半腰高，巡滬漁郎順水濤，流浪魚蝦貪戀處，高招滿簍久薰陶。〔註50〕

澎湖石滬之盛，冠於全省各地。石滬的建造，起自漁人在漲退潮時海水面高低相差較大的近岸淺處，圍築一心弧形石垣，口向陸地，大小不一，潮漲掩沒，潮退露出，深水處爲聚魚區。漁人待潮水一退，便前往巡視滯留石滬內的魚，此謂「巡滬」。此詩即描繪漁人巡滬，收穫滿簍的快樂神情。林文鎮老師〈關於石滬的書寫——代序〉一文指出：「石滬雖然是澎湖先民爲了改善家庭生活而建造的捕漁〔註51〕設施，但是它的核心課題並不只是那一道道有形石堤，更重要的是它所蘊含的複雜而多樣的海洋知識、捕魚技術、漁業組織與運作等內涵。」〔註52〕所謂誠然。

（4）民俗之美

關於民俗的書寫有：〈石敢當〉、〈蒙面女〉、〈建醮〉、〈普渡〉、〈迎媽祖〉、〈元宵乞龜〉、〈划龍船〉、〈抬轎〉等。茲舉〈蒙面女〉介紹，云：

自小蓬門滯故鄉，手操粗活晦瑜光，曾經麗質孤芳賞，半掩還羞歲月長。〔註53〕

澎湖捕魚人口泰半，多半漁家亦有農田，昔時，因女無織，一切種植，男女並力，有時還到海邊拾貝類。但見日出而作，時則風塵拂面、沙土撲衣；曉衝霧露，午曝烈日，若僅戴斗笠不足以禦日擋沙。是故，以布蒙臉，留雙目絲毫間隙，神秘韻致，難識廬山眞面目，「蒙面女郎」已成澎湖人物造型特色之一。〔註54〕此詩前兩句寫澎湖女子留在家鄉從事粗活工作，辛苦的一面；後兩句寫澎湖女子也是曾經有過麗質。詩人以憐憫的角度，書寫澎湖蒙面女郎的任勞任怨。

（二）陳鼎盛（1950～）

1. 生平傳略

陳鼎盛，民國三十九年（1950）生於澎湖馬公。父親陳昭烈，爲一新社

〔註50〕 參見陳鼎盛、陳國彥合著：《澎湖之美百題唱和詩文集》，頁191。

〔註51〕 按：「漁」宜改爲「魚」。

〔註52〕 參見林文鎮編著：《吉貝石滬記憶圖像》（澎湖縣：澎湖采風文化學會，2006年），頁4。

〔註53〕 參見陳鼎盛、陳國彥合著：《澎湖之美百題唱和詩文集》，頁213。

〔註54〕 同上註，頁213。

之祭祀社友及西瀛吟社社友，因與一新社總董事與管理人吳克文甚善，因緣
際會而加入西瀛吟社。他畢業於國立高雄師範大學國文系，國學基礎深厚，
民國六十三年（1974）任教於湖西國中前後達十五年，後轉任國立馬公高中
服務，對詩文頗有興趣，書法亦多鑽研，通梁保安宮、小赤崁蝌鳴宮、均有
其撰聯墨跡。民國八十八年（1999）六月至民國九十二年（2003），擔任西瀛
吟社第十八、十九任社長。退休後任職澎湖時報總編輯，每月課題佳作刊登
報端，藉以宏揚詩教，於社務之推展不遺餘力。著有《退思軒吟草》，由澎湖
文化中心付梓出版，又與陳國彥合作撰寫澎湖風土人情，名勝古蹟之詩文，
編輯成《澎湖之美百題唱和詩文集》、《菊島之美百題唱和詩文集》、《西瀛之
美百題百調唱和詞文集》，前後三集，博得各界讚頌。〔註55〕

2.詩作析論

從其詩集《退思軒吟草》與陳國彥唱和詩集《澎湖之美百題唱和詩文集》、
《菊島之美百題唱和詩文集》、以及《西瀛吟社詩穗百年度專輯》觀之，體裁
以近體詩為主，有律詩、有絕句，偶作古詩，《詩經》仿作，旁及詩餘、對聯。
詩題材則有西瀛吟社月會課題、中華民國古典詩研究社每月課題，每題一首，
或二、三首，或五、六首不拘，也有即興之作，感動之詠，與陳國彥唱和之
作。另《西瀛之美百題百調唱和詞文集》，則以詞體和陳國彥唱和，書寫澎湖
之美。觀其詩作，值得一書的是：一、在地書寫，二、政令宣傳。

（1）在地書寫

澎湖歷史悠久，海島自然風光優美，適宜開發觀光事業，戰後澎湖縣政
府亦朝此方向努力。每年春、夏是澎湖旅遊的旺季，馬公市街名產店、創意
藝品林立，人潮如織。陳鼎盛〈澎湖觀光季〉云：

> 春來百業展鵬程，島上多聞笑語聲，瀏覽風光隨處好，遊人到此暢
> 平生。（之一）
>
> 風光秀麗在西瀛，春日招徠遊客行，但見行行生意好，財源廣進喜
> 盈盈。（之二）
>
> 空氣清新水亦清，長橋古堡播聲名，值茲春暖花開日，四海遊人島
> 上行。（之三）〔註56〕

〔註55〕參考澎湖西瀛吟社主編：《西瀛吟社詩穗百年度專輯》，頁69。
〔註56〕參見陳鼎盛：《退思軒吟草》（澎湖縣：澎湖文化局，1999年），頁68。

三首詩描繪春日以來，島嶼風光秀麗，空氣清新，海水清澈，吸引許多觀光客前來玩水，賞名勝，商家也因此財源廣進，喜滋滋，笑呵呵。全詩節奏輕快，展現熱力四射的澎湖。又〈澎湖觀光〉〔註 57〕連章詩三首，內容與風格與此相近。而陳鼎盛與陳國彥唱和，首先著力於介紹澎湖五大風情之美，分就古蹟、勝景、物產、休閒、民俗等等來書寫；之後《菊島之美百題唱和詩文集》，更加入傳說、文教二類。以浪漫的詩筆寫澎湖，附文以詮釋，佐以澎湖攝影名家陳英俊攝影作品，吟詩、讀文、賞圖，讓人陶醉在菊島裡。

甲、傳說之美

關於傳說之作，茲舉望安天台山上的一顆「仙腳印」石頭的傳說，〈呂洞賓仙屎造成說〉以解釋澎湖起源，云：(此列出陳國彥、陳鼎盛詩，以見唱和全貌)

> 道是雲端來貴賓，聯翩過海八仙神；一仙翻絞傷腸腹，雙腳分開踩浙閩，糞屑佈棋全局定，足痕印石兩村鄰；西瀛天造風光好，棲止逍遙自在身。(陳鼎盛)

> 傳說當年呂洞賓，威名仙蹟感人神；出恭臨急張軀足，從浙伸長跨越閩。屎洩海隅澎島現，印留花嶼望安鄉；潮音永伴清新地，腐朽化為奇異身。(陳國彥)〔註 58〕

八仙神話，起自漢魏；過海神化，溯自三國東吳海上探測之事，至延平郡王光復台澎，加以附和。澎湖有個傳說，言八仙過海之際，呂祖出恭甚急，雲端之上，左足踩浙江天台山頂，右腳踏福建閩山之巔，大開「方便」之門，屎落東南海洋，蛻變而成「澎湖群島」。腳踩兩山分出望安天台山，山上有「仙腳印」，另一腳踩閩山，則陷落海峽，而成今之花嶼，花嶼之上亦印呂洞賓足跡。八仙過海神話，與火山爆發之地質學原因些許相似，亦合於「澎湖後起說」。〔註 59〕先民想像澎湖之由來，借由神力以顯其特殊、不凡。至今村人信而不疑，每到正月十五，大行拜拜，以求呂祖庇佑。

人們對於一處的來由，總是充滿著好奇心與想像，因此最易出現「地方起源說」；進而常在險惡的自然環境，加上神秘的色彩，像往來臺、澎、廈之間的黑水溝，有一則與鄭成功相關的傳說。〈黑水溝郡王玉帶化淡水〉云：

〔註 57〕 同上註，頁 71。
〔註 58〕 參見陳鼎盛、陳國彥合著：《菊島之美百題唱和詩文集》，頁 24。
〔註 59〕 同上註，頁 24。

> 郡王令下赴夷州，艦隊途經黑水溝；舌燥同袍乾瞪眼，日炎孤影苦
> 思籌。丹心表述憑空表，玉帶犧牲望海投；眼底瞬間清澈化，甘泉
> 汲取不停留。〔註60〕

即描寫明永曆十五年（1661），鄭成功豎反清復明大纛，自閩揮師東征，決驅紅毛，取臺灣做爲復興基地。當軍隊抵澎湖東吉的黑水溝，艦隊淡水告急。當時，晴日朗照，官兵口渴不已，袍澤精神萎靡。鄭成功憂心忡忡，行至船首，正襟仰望蒼穹，禱之曰：「成功統率水師，意欲光復中原，如若天不絕明，請賜水以助。」遂解御賜玉帶，繫以線，投向大海。驟然周遭水色，湛藍而轉清澈，湧現清甜淡水，官兵取而飲之，雀躍歡呼不已。而玉帶抽出，水色復原，將士失色，因汲取貯藏尚不足。郡王又將玉帶投入，官兵繫以稍粗麻繩以防遺失，詎料繩結滑落，玉帶深陷不可復見。彼處竟是顏色殊異之淡水，全軍適時汲取，不敢怠慢。東征大軍遂登澎湖，趨鹿耳門，逐荷人。〔註61〕汪洋大海，何處不淡水告急，偏在人人聞之色變的東吉黑水溝，更得神助將它變成淡水。在此看到人類畏懼黑水溝，但又一心想克服這障礙的複雜心理。

乙、古蹟勝景

關於古蹟方面的書寫，如〈澎湖二崁陳宅〉，云：

> 畫棟雕梁映日紅，建時融入閩南風，知音來賞陳家宅，二崁今朝大
> 不同。〔註62〕

二崁村是澎湖建築、聚落的縮影，最貼近澎民的生活面貌，其中有一棟陳宅，明治四十四年（1911）由陳嶺、陳邦兄弟創建，歷時二年竣工。陳氏昆仲因於台南經營中藥生意致富，以是回鄉興建大宅。邀請當時年僅二十一歲的池東村師傅設計，爲五落大厝，融合閩南建築與二崁居民特色。華宅立面正中，嵌飾一只時鐘，當時罕見。左右護圍自成院落，內部木作雖然簡易，彩畫工藝堪稱精美，而牆上浮雕圖紋，開窗布景，書畫，私家陳設，均高雅至極。今列入國家三級古蹟。〔註63〕

關於勝景的書寫，多與海島相關。澎湖由九十個島嶼組成，有些島嶼形

〔註60〕同上註，頁18。
〔註61〕參考陳鼎盛、陳國彥合著：《菊島之美百題唱和詩文集》，頁18。
〔註62〕參考陳鼎盛、陳國彥合著：《澎湖之美百題唱和詩文集》，頁28。
〔註63〕同上註，頁29。

狀特殊，如船帆嶼，也稱爲船篷嶼。爲形似船帆的巨大「方山」岩石，高數十丈。處望安鄉將軍嶼之東，漲潮時一水相隔，潮退則兩嶼相接，是一處極佳的磯釣場所。陳鼎盛〈船帆嶼〉云：

> 周邊八罩有奇觀，巨石船帆立急湍，過盡眼前名利客，何如此地任揮竿。〔註64〕

前兩句就帆船嶼的位置與外形書寫，後兩句寫此地是個桃源勝境，任你揮竿垂釣，忘卻名利。澎湖群島處處水連天碧，海洋資源豐富，這是女媧賜給澎湖人的禮物，是詩人最佳的養料。

丙、物產休閒

關於物產的書寫，有許多來自於海上，此值得一書的是海菜。昔時因家貧無米可食，日日採以充飢，今日因澎湖觀光事業興盛，與時人崇尙天然之物，海菜竟成頗夯的食物。陳鼎盛〈海菜〉云：

> 放眼青青在海邊，憑君摘取自延綿，不輸紫菜家鄉味，扮煮魚蝦綴綺筵。〔註65〕

前兩句寫青綠色的海菜，綿延不絕的長在潮間帶，任你摘取。澎湖海洋物產豐富可見。後兩句寫海菜拌著魚蝦煮，味道不輸給紫菜，是道充滿家鄉味的菜餚。空間由採摘之處的海洋，迅速移至色香味具全的廚房，讓人的想像力跟著飛騰起來。

關於休閒的書寫，亦多與海上活動相關。茲舉〈牽罟〉見其貌，云：

> 海邊無復浪淘淘，收網人人握得牢，喜看網中鮮活物，同心拖上笑聲豪。〔註66〕

「牽罟」，就是「曳地網」，也稱「牽網」、「牽繒」。早期漁民資金不是很充裕，常是合數十戶共同投資網具。牽網，四時都可以，晝夜不拘，以日落日升最佳。水域以海底平坦、無礁石、潮水緩合者最佳，澎湖以西嶼鄉之外垵、內垵、小池角；湖西鄉之龍門、林投；望安鄉之東安；以及蒔裡、山水二里諸處最宜。漁民先將首條曳繩置岸上固定，留人看守。後，四、五人乘舢舨將網撒入海中，或游泳海上布網，在去曳繩五十公尺許處泊岸，岸上者將另一曳繩牽上，兩方人馬合力，網成一弧形，靜俟魚兒入網。過一會，

〔註64〕同上註，頁91。
〔註65〕參見陳鼎盛、陳國彥合著：《澎湖之美百題唱和詩文集》，頁165。
〔註66〕參見陳鼎盛：《退思軒吟草》，頁152。

再由眾人齊心合力將網拖上岸。此詩即描繪「牽罟」的捕魚方式。一群人齊力拉網，看著在網中跳躍的魚群，大大小小，男男女女樂開懷的樣貌。昔時，澎湖沿海魚源豐富，牽罟常見，今則盛況不復，近年以觀光休閒漁業推廣之。

丁、民俗之美

關於民俗的書寫，仍與大海相關，此舉「建醮」論述。澎湖多廟宇，蓋因澎島居民打魚，每看天吃飯，而信仰崇隆。秋暮冬初，農漁賦閒，各地廟宇皆有建醮酬神，建醮，俗稱作醮。〔註67〕陳鼎盛〈建醮〉云：

> 三清三界起壇欣，果品香花堆滿雲，善信案前行禮拜，人和事順謝
> 天軍。〔註68〕

澎湖作醮，延道士到廟中主事，另董事募捐，為醮事之支付。全村民參與，祈福、感謝神祇庇祐民丁平安，風調雨順，即所謂的「平安醮」，也稱「公醮」。設三界壇、三清壇，供香燭、果品、鮮花，其中行禮如儀，間演外台戲，人神同歡。寧靜小村，頓時熱鬧騰騰！〔註69〕此詩即書寫澎湖建醮情形。

戊、田園風光

陳鼎盛所描繪的澎湖田家，是忙得很開心的氣氛。〈田家樂〉云：

> 田野人家種作忙，汗珠粒粒滴胸膛，秋來收獲真歡喜，瓜果成堆穀
> 滿倉。（之一）

> 日上耕耘日落歸，家家搬桌出柴扉，清風勝過涼風扇，合啖菜鮮魚
> 亦肥。（之二）

第一首一、二句寫田野人家忙於耕種，汗滴胸膛的辛勤樣貌，但詩人沒有因為看到此景而起憐憫心，而是思緒早已飛騰到秋天收成時，看到瓜果成堆，穀物積滿倉的歡喜之情。第二首寫農夫日出而作，日落而歸後，農家晚餐情形。家家搬出桌椅到門外，吹著涼風，全家吃著新鮮的蔬菜和肥魚。一幅淳樸快樂的農家景致，浮現眼前，此景恐怕很難在車水馬龍的都市看到。

綜觀其創作之最大特色，是以澎湖在地人，在地生活的視野書寫澎湖，詩作中充滿澎湖陽光、海洋之美。詩句淺白，平易近人，老少咸宜。詩前常加以長序，敘述該景、該物、該事之原由，風簷展書讀，橫越時空，如遊澎

〔註67〕參考陳鼎盛、陳國彥合著：《澎湖之美百題唱和詩文集》，頁215。
〔註68〕參見陳鼎盛、陳國彥合著：《澎湖之美百題唱和詩文集》，頁215。
〔註69〕同上註，頁215。

湖一回。

（2）政令宣傳

　　從其詩中的吟社課題之作，〈推行禮貌運動〉、〈推廣米食〉、〈慶祝光復節推行敬老運動〉、〈文化復興　復興文化（四字冠首）〉、〈全縣推行禮貌運動〉、〈實踐莊敬自強端正禮俗〉、〈宏揚文化〉、〈交通安全（四字冠首）〉、〈登革熱〉〈誠實納稅〉、〈守時〉、〈喝酒不開車〉等，全是戰後的一些政令宣導，最能看到時代的影子。茲舉以戰後初期最響亮的口號為題的：〈文化復興　復興文化（四字冠首）〉與〈實踐莊敬自強端正禮俗〉，看其創作風貌。〈文化復興　復興文化（四字冠首）〉云：

　　　文人有志拯頹風，化雨群黎各盡忠，復我邦家揚國粹，興華滅匪建
　　　奇功。（之一）

　　　復我河山事莫遲，興亡一念眾心知，文衰道沒還須振，化育群民值
　　　此時。（之二）〔註70〕

中國大陸由毛澤東領導後，實施文化大革命，將中國固有文化摧殘殆盡，而由蔣介石領導的臺灣，則大力鼓吹復興中華文化，尤其文人更應扛起此責，恢復我邦家，宣揚我國粹。〈實踐莊敬自強端正禮俗〉云：

　　　國家多難獻精忠，莊敬自強應始終，要使民國淳與美，正端禮俗在
　　　持躬。（之一）

　　　處世待人由寸衷，移風易俗禮居中，果能舉國多財富，莊敬自強推
　　　首功。（之二）〔註71〕

「莊敬自強、處變不驚、慎謀能斷、端正禮俗」，這也是戰後國民政府極力宣傳的口號，本質上還是緊扣著「復興中華文化」。人人能莊敬自強、端正禮俗，國家自會強盛，方有籌碼反攻大陸。

　　戰後西瀛吟社月會課題，與日治時期相較，有繼承，也有轉化。戰後課題也有以昔日中國歷史的人、事、物為題者；也有以當代新事物為題者，但所書寫的材料，已經隨著時代新發明、新政策，而有所不同了。其中最大的不同處，在於戰後書寫視野轉向關懷自己生長的土地，書寫自己身邊熟悉的地方歷史、地理、人文，為澎湖古典詩闢出一條新道路。

〔註70〕參見陳鼎盛：《退思軒吟草》，頁64～65。
〔註71〕同上註，頁82。

第二節　旅外作家作品

　　戰後澎湖旅外古典詩作家，多是在日治後期接受塾師的漢學教育，進入戰後繼續創作。此期古典詩因新文學崛起，創作人數銳減，有名之旅外古典詩人，多集中在高雄地區，許成章、黃光品為其中較具影響力者。此輩逝世後，古典詩創作沒落，旅外文人多以新文學創作。

一、許成章（1912～1999）

（一）生平傳略

　　許成章，大正元年（1912）生於白沙鄉後寮村。八歲就讀後寮公學校，並夜讀漢文於私塾，打下堅實的基礎。公學校畢業後，以成績優良，本可入臺南師範學院，因家貧缺旅費而喪失深造機會。十四歲渡海到高雄，為中藥店學徒，閒時自學，閱覽文史。十六歲隨姑丈至高雄市旗津重生堂為學徒，其間因耳濡目染，而認識了燈謎。十七歲回澎湖，入堂叔祖瓦硐秀才許凌雲私塾，攻讀五經，學習古文垂三年。二十歲後自讀諸子百家及各代詩文集，涉獵文事，並學會作詩填詞。且欣賞日本文學，又學會基礎北京語。昭和九年（1934），二十三歲到高雄縣路竹鄉康家為塾師。二十五歲再到臺南縣吳家為塾師，前後三年，其間對漢詩略有創作能力。二十七歲再到高雄與二弟經營電器零售與刻印業。當年與張連蒲長女張佩萱結婚。

　　戰後，因為漢文基礎雄厚，又會說北京話，乃於民國三十五年（1946），受聘為高雄中學國文教師，從此展開數十年的教師生涯。民國四十七年（1958）受聘為私立高雄醫學院講師，經歷副教授、教授前後十九年，民國六十六年（1977）退休。其間，民國五十四年（1965）兼任鳳山中學國文教師。民國六十八年（1979）兼任私立東海大學夜間部外國語文系教授。除教學外，自民國四十一年（1952）到民國八十年（1991）止，任高雄市文獻委員會委員。民國五十四年（1965）受聘為高雄市澎湖同鄉會會誌編輯委員。

　　許成章創作除詩、詞、散文、書畫、評論外，對閩南語研究深入，深獲學界敬仰。民國四十八年（1959）受臺大吳守禮教授影響，開始研究閩南語，立志編輯《臺灣漢語辭典》，經過三十多年的努力，此書成於民國八十一年（1992），由自立晚報文化出版，翌年榮獲金鼎獎。民國八十四年（1995）將此書手稿捐給高雄文化中心。除辭典外，還有《臺灣諺語之存在》、《臺灣諺語講義》等作品付梓。

　　民國八十八年（1999）逝世，由財團法人國家文化藝術基金會籌畫，春暉出版社於民國八十九年（2000）出版其遺作，共八冊，分別是《散文》、《正名室詩存》、《燈謎》、《詩論》、《評論》、《諺語》、《錯字的故事》、《臺語研究》，合名爲《許成章作品集》。〔註72〕

（二）詩作析論

　　《正名室詩存》收入詩作計有：七絕二八〇首、七律二五五首、五絕四首、五律九五首、排律一首、七古八首、五古六首、四言一首，作品數量不少。許成章重自然，以爲今人耽於擊缽，無異毀棄黃鐘，雷鳴瓦釜，無病呻吟，故其自作，常能避除這些缺疵，時出新意。〔註73〕他透過古體詩的形式，表現新題材、新思想、新詞彙與現實諷刺，龔師顯宗教授〈舊瓶新酒──論許成章詩〉一文做了精闢的分析。〔註74〕此處就其與澎湖相關的數首詩作加以論述。

1. 偶爾的鄉愁

　　旅外詩人常因節慶、同鄉詞友唱和，勾起鄉愁，但在許成章詩作中不多，偶見幾首，有〈客中七夕〉，云：

> 曬書挂犢上針樓，瀛海羈人又一秋；守拙半生難乞巧，思鄉此日又
> 添愁。鯤常橫海多風雨，鵲不塡橋誤女牛；無限天涯飄泊感，卅年
> 西望念神州。〔註75〕

這是寫於七夕的時候，又稱乞巧節。許成章藉此謙稱「守拙半生難乞巧」，離鄉背井奮鬥卻仍功業無成，更添鄉愁。

2. 偶爾的鄉土關懷

　　綜觀許成章一生的努力，貢獻高雄居多，回饋鄉土較少。當他聽到故鄉

〔註72〕許成章生平傳略綜合參考曾人口〈海漂一粟衍千秋──許成章教授逝世週年紀念〉；許勝一〈許成章年表〉（鄭炯明編：《逆浪淘沙的台語先覺：許成章作品學術研討會論文集》，高雄市：春暉，2000 年）。許雪姬總編纂：《續修澎湖縣志·人物志》，頁 156～157。參見龔師顯宗教授：〈舊瓶新酒──論許成章詩〉（鄭炯明編：《逆浪淘沙的台語先覺：許成章作品學術研討會論文集》，頁 33）。

〔註73〕同上註，頁 33。

〔註74〕同上註，頁 33～50。

〔註75〕參見許成章：《許成章作品集 2──正名室詩存》（高雄市：春暉出版社，2000 年），頁 102。

要從事綠化工作，也只能賦詩一表心情，〈聞故鄉正從事綠化〉云：

> 野無青草心何忍，志在蒼生力可擔。但願一勞能永逸，瀟湘煙樹賞
> 晴嵐。〔註76〕

澎湖因東北季風強烈，樹木不易生長，夏日無大樹遮蔭，極爲炎熱，戰後極
力從事綠化工作。許成章詩中言，希望自此一勞永逸，澎湖以後就有大樹乘
涼，可輕鬆賞晴嵐。

二、黃光品（1915～？）

（一）生平傳略

　　黃光品，字如瑩，號琢庵，大正四年（1915）生於澎湖西嶼鄉小池角。
幼受業於前清秀才劉對，及盧耀廷之門。稍長追隨其父黃南薰到嘉義，初在
其父經營的南春藥行工作，繼即自辦西園書畫社，並曾設帳傳經，及任公司
行號文書會計規畫等工作。昭和十一年（1936）其父組麗澤吟社時，亦追隨
在旁學習及兼辦社務。昭和十二年（1937）春正式成立時，賦有〈麗澤春禊
（民國二十六年春麗澤吟社集會，四十餘人參加至爲盛況）〉云：「興趁春光
雅會開，群仙抗手盡奇才；羅山桃李花爭艷，澤國鷺鷗喜共陪。鉢繼斐亭聯
一氣，詞追東社萃三台；天教韻事逢佳節，合向諸公獻壽杯。」〔註77〕記其
盛況。昭和十三年（1938）與盧秀鸞結婚，《詩報》「騷壇消息」載：

> 嘉義麗澤吟社社長黃南薰令郎光品君與盧塔氏令媛秀鸞小姐締結佳
> 偶向全島徵求騷人墨客珠玉……〔註78〕

光復後轉任公務員，服務於高雄縣政府教育局，居住在鳳山北郊公家宿舍，
民國六十一年（1972）始籌資承購，有〈郊居〉詩載其平日居家生活，云：「平
生偏愛住村郊，結屋隣家乞把茅；宿雨歸山鶯出谷，清風入室燕營巢。春深
院草添詩興，市遠棚瓜佐酒肴；好是公餘無俗事，攤書日與古人交。」之二
云：「三兩臥房一客廳，庭院雖小足怡情；門開壽嶺千林遠，窗啓屏巒夕照
明。豈爲兒孫留後計，祇緣身世等浮萍；傍籬閒植松兼柏，但願欣欣日向
榮。」〔註79〕詩爲心聲，平淡自適生活中顯露詩人不與人爭的性情。詩中亦
懷有故鄉之思，「浮萍」是澎湖詩人鄉愁的符號。

〔註76〕同上註，頁40。
〔註77〕參見黃南薰、黃光品：《西園吟草》，頁53。
〔註78〕載於昭和十三年（1938）二月《詩報》，結婚紀念徵詩載於同年七月四日。
〔註79〕參見黃南薰、黃光品：《西園吟草》，頁52。

　　黃光品性情純厚恬靜，從少愛好藝術，對詩書畫均有濃厚興趣，除曾設書畫社外，並先後參加嘉義麗澤吟社，鳳山鳳崗詩社，被推爲高雄縣文史學會詩學研究會主任委員。民國六十一年（1972）十月，由何生春、徐馨邦、黃火盛、龔天梓等倡議創立林園詩社，鳳崗吟社陳皆興、陳子波、黃光品等騷壇大儒指導下，積極展開籌備事宜。同年十二月十日假林園鄉清水岩名勝區召開成立大會，黃光品諸人被聘爲林園詩社顧問。林園詩社成立時，黃光品賦有〈林園詩社成立紀盛〉云：「依冠濟濟萃林鄉，壇坫新開喜氣揚；鉢繼斐亭傳逸韵，文追東社有餘光。群賢畢至吟聲壯，一幟初飄雅興長；詩紹三唐資教化，國風猶望振鯤揚。」〔註80〕以記其事。

（二）詩作析論

　　黃光品詩作與其父黃南薰合刊，顏曰「西園吟草」，在其六十歲時刊行。由其子女黃友松、黃鶴代、黃旭夫、黃和惠、黃柏峰編印。絕句置於前，律詩在後。題材廣泛，有記生活足跡、與友朋唱酬、詠物、詠史、詠時事、旅遊、節令等，其中與澎湖相關詩作，以及感嘆世風日下詩作最具特色，以下就此論述。

1. 詩寫鄉愁

　　黃光品詩常透露著對故鄉的思念，〈和友人冬日書懷韵〉云：

　　幾莖白髮歷艱辛，半領青衫劫後身；最是天涯淪落客，那堪風雪阻歸人。案山漁火關懷甚，西嶼紅霞入夢頻；廿載有家回未得，一輪寒月倍傷神。〔註81〕

詩和友人冬日書懷，卻是感慨自己廿載有家回不得。澎湖才是他的家。家鄉案山的漁火，西嶼的紅霞時時入夢中，一輪寒月高掛，更引起遊子的愁緒。〈次竹村兄留別韵〉云：

　　板橋風月足平生，吟幟高標五字城；竹已成村堪隱鳳，喬經呈蓋待遷鶯。如棋世事嗟多變，似縷離愁總莫名；老我欲歸歸不得，他鄉爭及故鄉情。〔註82〕

寫的是送簡竹村歸鄉，勾起的是自己淹留他鄉，欲歸而不得的鄉愁。歸不得之因，蓋爲生計牽絆，此亦諸多澎湖遊子共同的心聲。其〈還鄉呈諸親友〉

〔註80〕　同上註，頁 62。
〔註81〕　同上註，頁 57。
〔註82〕　參見黃南薰、黃光品：《西園吟草》，頁 20。

云：「雲遊卅載始還鄉，碌碌端因爲腹忙；萬里波濤千古壯，無多親友幾時忘。清風兩袖精神健，行李半肩感慨長；依舊鼻頭尖上月，照人双鬢各成霜。」〔註83〕雲遊四海三十年才回到家鄉，一路奔波只爲果腹忙。即便在外地生活那麼久，月依舊是故鄉鼻頭尖上明。尾聯看到詩人對故鄉有著濃的化不開的情感，想到雙鬢已飛白。到老還鄉那百味雜陳的遊子淚，不是未離鄉的人所能感受的。到東石岱江的壽嶼觀海，詩人遙望的是被縹緲海雲籠罩的故鄉澎湖，〈壽島觀海（島在東石岱江，與澎湖島遙遙相對）〉云：「十里岱江飄玉帶，山頭有客望多時；雪花濺岸風光好，銀浪滔天景色奇。一片雲帆歸鹿耳，萬聲雷鼓振牛皮；遙看澎島滄溟外，西嶼紅霞落酒巵。」〔註84〕壽島山頭有一外來客，已佇立在那遠望多時，眺望呀，眺望，他在眺望遠方的故鄉，他看到西嶼紅霞映聚在手中的酒巵！

2. 詩寫故鄉

（1）海洋物產書寫

黃光品有幾首書寫家鄉的物產，如〈澎湖文石〉云：

> 雕琢磨礲後，紋生寶氣呈；無瑕君子德，至潔美人情。產自龍蛟窟，
> 靈鍾牡蠣城；中流成砥柱，海晏慶昇平。〔註85〕

詩人將文石比擬作無瑕的君子德，和堅貞至潔的美人情，是歷來給與文石最高評價的人。此物「產自龍蛟窟，靈鍾牡蠣城」，讚美文石也就是讚美自己的家鄉。澎湖還有一項頗珍貴的物產，就是珊瑚。黃光品有〈珊瑚船〉，詩云：

> 爲採珊瑚去，孤舟海盡頭；日斜帆影急，風靜櫓聲柔。但願撈千本，
> 〔註86〕因尋遍五州；遺珠如寶樹，鐵網一齊收。〔註87〕

此詩著筆於鄉人駕著孤舟，隱沒在海的盡頭，爲著採珊瑚去。頷聯描繪的大海是充滿詩意的。頸聯、尾聯詩人站在漁人的角度，關懷著漁人，希望他們能滿載而歸。澎湖的大海還有許多寶貝，〈龍宮貝殼〉，云：

> 品重圭璋寶氣龐，翁戎螺殼貴無雙。澎湖島外龍蛟室，萬顆玲瓏簇
> 海邦。（之一）

〔註83〕同上註，頁57。
〔註84〕同上註，頁58。
〔註85〕同上註，頁34。
〔註86〕「本」：指具完整根幹的珊瑚，故稱珊瑚樹的量詞，常曰「本」。「一本三枝」
　　　即指一株珊瑚具有三根主要的枝椏。
〔註87〕參見黃南薰、黃光品：《西園吟草》，頁34。

天生寶貝海中潛，五彩紋生瑞色添。寄語漁人休採盡，留些龍女作
粧奩。（之二）〔註88〕

黃光品所寫的故鄉物產皆產自海中，充實了澎湖的海洋文學。詩所表現的澎湖
海是個美麗多彩的寶庫。此詩寫翁戎螺殼，紋彩華美，價值不凡。第二首詩人
言「寄語漁人休採盡，留些龍女作粧奩」，有著保育的觀念，值得澎湖人省思。

（2）勝景書寫

故鄉的呼喚，民國六十一年（1972）夏天，詩人與妻子、朋友回澎湖，
一口氣寫了〈澎湖紀遊（民國六十一年夏）〉連章詩七絕十六首。茲舉數首以見其
貌，云：

黑潮怒捲半天風，恍似蛟龍起海中。檢點時鐘方十一，飛船已過吉
西東。（之一）

台澎輪上放双眸，六四沙灣一望收。西接鷺江東鹿耳，來龍去脉認
神州。（之二）

漁翁島嶼白雲遮，車過長橋認故家。垂釣有人閒且適，小池池畔一
竿斜。（之三）

探鱷有客氣橫秋，重整絲綸與釣鉤。站得鼻頭尖一角，半簑煙雨傲
公侯。（之四）

聯翩裙屐笑聲催，覽勝搜奇興未灰。豬母可真會落水，姑婆嶼上首
頻回。（之七）

塚瞻七美有餘光，弔古人來感慨長。細聽村翁談往事，老妻熱淚竟
盈眶。（十三）

大地如爐熾火雲，邀朋蒔裡逐群鷗。浴場十里淵淵水，滌盡炎威與
俗氣。（十五）

天外仙山信不虛，西瀛風景畫難如。他年告老歸來日，釣雨耕雲樂
有餘。（十六）〔註89〕

第一首寫搭乘台澎輪回澎湖。一、二句寫經過人人熟悉的黑水溝，船隻晃動
不已，好似蛟龍在海中翻騰。三句、四句透過看時鐘才十一點，船已過東西
吉，駛出黑水溝。「飛船」二字除表船行快速外，也看出詩人愉快的心情：家

〔註88〕 參見黃南薰、黃光品：《西園吟草》，頁40。
〔註89〕 同上註，頁36～37。

鄉就在眼前。第二首寫乘著台澎輪，家鄉的港灣盡收眼底。三、四句透過鷺江（廈門）、鹿耳點出澎湖的地理位置，最後收結於神州，見詩人時時心繫大陸同胞生活於赤色中。黃光品有〈春節懷大陸〉二首，云：「隔江烽火阻歸船，爆竹聲中歲又遷；漫對椒盤懷故國，且將柏酒慶新年。劍磨鯤島三更月，夢繞齊州九點煙；爲問歡場歌舞客，幾人還念舊山川。」、「鄰家爆竹報新年，西望神州淚欲漣；最是無知諸子女，可憐未解舊山川。安排柏酒酬佳節，聊備椒盤拜祖先；但願三陽開泰運，春江萬里放歸船。」〔註90〕故國山河之思深且濃，今人實難體會。遂見時局改變，代代思維不同。

　　第三首寫已轉搭車子回西嶼老家，途中所見。車過了跨海大橋，首映入眼簾的是漁翁島上的白雲，清朗的畫面，映現著清朗的心情。更接近自己的村落小池角，池畔邊有人垂釣，詩人覺得這是「閒且適」的畫面，也透露著詩人屬意的生活。第四首詩人接著描寫站在大池鼻頭尖一角垂釣的探鱸客，傲煞公侯，故最後一首，詩人如此告白：「他年告老歸來日，釣雨耕雲樂有餘」，也要像他的老師盧顯一樣，過著半漁半農的歸隱生活。「鼻頭尖」〔註91〕多次見於黃光品詩中，此處想是承載著詩人許多美麗的回憶，即便家鄉冬天吹著強烈的東北季風，「斗柄初臨亥，偏吹應候風；怒號按內外，疾拂衛西東。石捲潮迴黑，塵揚葉落紅；港灣三十六，無處不沙籠。」〔註92〕也要回家。

　　第七、十三、十五首寫與一群人遊透澎湖，詩中有景，有人情，描繪著故鄉的美，最後一首詩人如此總結自己的故鄉：「天外仙山信不虛，西瀛風景畫難如」，不是許成章筆下「被生活的鞭子抽到痛不可忍時逃亡的」貧困澎湖。

3.詩悲世風

　　黃光品由日治到戰後，看到世風日下，憂心忡忡。某日看到街頭呼嘯而過的機車，詩人賦〈街頭偶見〉連章詩五絕三首，云：

　　　　車闖紅燈去，聲如得意鳴。街頭如虎口，寸步感難行。（之一）

　　　　十里城西路，噪音起四圍。機車多載美，玉腿滿街飛。（之二）

　　　　迷你裙奇短，嬉皮髮更奇。世風悲日下，倒挽仗伊誰。（之三）

　　　　〔註93〕

〔註90〕　同上註，頁53。
〔註91〕　黃光品老師盧顯就在家鄉小池角西巖鼻頭處建造石滬。
〔註92〕　詩題〈澎湖季節風〉，參見黃南薰、黃光品：《西園吟草》，頁34～35。
〔註93〕　同上註，頁30。

第一首寫車子無視紅燈，直闖而過，而且排氣管聲震四方，一副得意模樣，讓詩人感嘆街頭如虎口，寸步都覺得難行。第二首前寫機車噪音四起，後寫後面載著美女，穿著短裙，透出大腿，滿街跑。看到此景，詩人用語仍敦厚，還稱是「玉腿滿街飛」，而不是「肥腿滿街飛」。第三首承上「玉腿」，寫女孩子穿著奇短無比的迷你裙，嬉皮理的頭髮更奇怪，看在受過中國傳統漢學教育的老者眼中，心怎能不悲世風日下？怎能不嘆有誰可以挽頹風？此組連章詩，安排妥貼，層層入扣主題。另一首〈夜總會〉，詩人看到通宵達旦的夜總會生活，心中也不免哀愁世風怎會如此，云：

> 電梯接客上樓高，歌舞通宵樂未休。別有枕戈人達旦，狂歡仕女赧顏不。（之一）
>
> 歌管樓台夜色幽，杯盤狼籍未曾收。三千朱履忘憂客，半是高陽舊酒儔。（之二）〔註94〕

第一首前二句寫夜總會的女子乘著電梯將客人接上高樓，整夜唱歌又跳舞；後二句詩人悲嘆價值觀扭曲，客人家中別有未眠人，不禁又要問那些狂歡仕女是否感到羞慚臉紅？詩人以問句書寫，除讓人省思外，語句也讓人感覺不那麼辛酸刻薄。第二首前二句寫夜總會內狂歡後杯盤狼籍的模樣，後二句寫這些狂歡男女都是外表光鮮華麗，品性卻是好飲酒而放蕩不羈的人。狼籍與朱履，成最大的諷刺。綜觀黃光品詩作，風格如其人，溫柔敦厚，少激切語，即便是反映社會頹風，亦如是。思念故鄉時，淡淡輕愁，細而緜長，不見呼天喊地語。

〔註94〕同上註，頁51。

下編　主題論

第一章　自然海洋書寫

　　澎湖四面環海，涉蒞此地，首先經歷到的是此處特殊的海洋環境。海洋的種種異象，映入詩人的眼中、心中，再化爲一首首動人的詩篇。詩中呈現複雜多變的海風巨浪、神秘奇幻的海洋異象、樣態奇特的海洋生物。這些迥異陸地的自然景觀，成爲海洋文學豐富的資糧。

第一節　多變的海風巨浪

　　林豪《澎湖廳志》清楚得記載澎湖風信，這是在帆船時代不可不知的訊息：

> 澎湖風信，與內地他海迥異。周歲獨春、夏風信稍平，可以種植；然有風之日，已十居五、六矣。一交秋分，直至冬杪，則無日無風，常匝月不少息；其不沸海覆舟，斯亦幸矣。「臺志」云：風之大而烈爲颶，又甚者爲颱。颶則倏發倏止，颱常連日夜。凡正、二、三、四月發者爲颶，五、六、七、八月發者爲颱，九月則北風初烈，或至連月，爲九降。過洋，以二、四、八、十月爲穩。二、四月少颱、八月秋中、十月小春，天氣多暖故也。然如乾隆丙年八月十八日，澎海覆敗多船；丁年八月自二日起風，至月杪皆烈，中間稍靜者三、兩日耳。則八月中秋之說，未敢盡信也。惟二月渡洋最爲平穩。三月二十三日媽祖颶後，應南風；白露後至三月皆應北風。若反常則宜防備。惟七月北風多主颱，六月有雷則無颱。諺云：「六月有雷止

三颶，七月一雷九颶來」。〔註1〕

此段詳載澎湖一年四季的風信：（一）澎湖一年多風，從秋分颶到冬杪，常使海沸舟覆。（二）風稍息的季節，在春、夏。（三）二、四月少颶、八月秋中、十月小春，天氣多暖，適宜過洋；但以二月渡洋最平穩。（四）白露後至三月，皆應吹北風。（五）三月二十三日媽祖颶後，應吹南風。（六）六月若打雷，就沒有颶風。（七）七月若打雷，吹北風，就會有颶風來襲。

從「澎湖風信，與內地他海迥異」可見以他者角度來看澎湖風信。他們關心澎湖風信的背後，不為農作、漁業，而為臺廈航行，從「過洋，以二、四、八、十月為穩」、「惟二月渡洋最為平穩」透露這一訊息。要如何掌握正確的資訊，方能安全抵達澎湖，才是他們所關切的。抵達澎湖時，亦需仔細分辨風向以停泊到適宜的港灣。雖說每月有其常吹的風向，但也有可能天氣驟變，風向突然改變。《澎湖廳志》又云：

> 至於灣船之澳，有南風、北風之別，尤不可不小察也。〔註2〕

澎湖港灣有適宜北風停泊處，和南風停泊處，亦有南、北風都適宜者，這在航行前務必判別清楚，否則會有觸礁或翻覆的危險。此外，開航至澎湖或由澎湖出發至臺灣、廈門，也需掌握時間點，不同時間，風向亦不同。道光年間，宋際春任臺灣教諭，〔註3〕行經澎湖，並在澎湖候風前往安平，將其行履足跡化作文字，有〈初見澎湖山〉：

> 大波槑黝大風硠，盡日唯聞海轉雷。忽見遙天青一斷，舟人拍手說
> 山來。〔註4〕

首二句寫還未到澎湖前，航行在茫茫大海中，盡日所見是大風大浪如雷鳴。詩以「槑黝」、「硠」，描繪海洋的恐怖性。後二句則寫出舟人看到遠處一抹青山，拍手叫好，開心之情。此蓋橫渡此海的共同情感。詩以映襯筆法寫出初見澎湖山的喜悅，但在近澎湖時，突然天色驟變，〈次初見澎湖山韻〉云：

〔註1〕 參見林豪：《澎湖廳志》，頁36～37。
〔註2〕 參見林豪：《澎湖廳志》，頁36～37。
〔註3〕 宋際春，字拓耕，莆田人，道光十五年（1835）舉人，歷任壽寧、閩清、臺灣教諭。（參見《臺灣文獻匯刊》第四輯，第九冊，廈門：廈門大學出版社、九州出版社，頁124。）
〔註4〕 參見宋際春：《宋拓耕詩文集・卷七・東渡詠草》（廈門：廈門大學出版社、九州出版社），頁192。（標點為筆者所加）

> 放洋三日但喧豗，拍拍南風吼若雷。忽轉一帆天色異，澎山卅六朵
> 浮來。〔註5〕

此詩前二句也是先表現海上風吼如雷的恐怖之景，但比前首更清楚的記載著
在海上已歷三日之久，所吹爲南風。詩末「忽轉」、「浮來」，有輕舟已過萬重
山的輕快感，以及澎山如花朵朵浮現的雀躍之情。詩人善於捕捉瞬間動作，
來傳達豐富的情感。暫收泊澎山後，得候風再往臺灣安平，宋際春〈澎湖候
風〉如此記載：

> 朝來誤喜北風道，到晚澎山尚影舟。自是舟人狃天幸，好風安必坐
> 全收。（之一）
>
> 澎山有意送行舟，傍晚南風卻少留。快事教君明復有，安平能及蚤
> 朝不。（之二）〔註6〕

從這兩首詩可見風向對航海之影響。《澎湖廳志》載：

> 澎湖之風，與內地相反而適相宜者，考「臺灣舊志」云：內地多早
> 西晚東，惟澎、臺之風則早東午西，名曰發海西，四時皆然。臺灣
> 船隻來澎，必得東風方可揚帆出鹿耳門。澎湖船隻往臺，必得西風
> 纔可進港。設早西晚東，則來澎船過日中，始能放洋；去臺船隻，
> 昏暮迫山，皆不能進口矣。此風信有天造地設之奇也。〔註7〕

澎、臺的風向，早上吹東風，中午吹西風。臺灣船隻來澎湖，必得東風才可
揚帆出鹿耳門，因此出航時間在早上。澎湖船隻往臺灣，則必得西風才可進
鹿耳門，而且最好在中午進港，因昏暮迫山，不易進港，故得控制好抵達鹿
耳門的時間。

　　掌握好風向後開航，這是帆船時代必備的；但是海洋氣候變化多端，在
科技尚未如今日發達下，海上突遇風暴是常有的，這也是渡航最擔憂畏懼的，
因此清詩有關澎湖氣候的書寫，多著墨於海上颱風之恐怖與航行時的艱鉅。
孫元衡渡海時，就因遇颶風而迷航，未見澎湖，再回西北帆。〈乙酉三月十七
夜渡海遇颶天曉覓澎湖不得回西北帆屢瀕於危作歌以紀其事〉記之：

> 羲和鞭日日已西，金門理檝烏鵲栖。滿張雲〔註8〕帆夜濟海，天吳

〔註5〕　同上註，頁192。
〔註6〕　參見宋際春：《宋拓耕詩文集・卷七・東渡詠草》，頁192～193。（標點爲筆者
　　　　所加）
〔註7〕　參見林豪：《澎湖廳志》，頁36～37。
〔註8〕　孫元衡：《赤嵌集》作「雲」，胡建偉《澎湖紀略》、林豪《澎湖廳志》作「風」。

鎮靜無纖翳。東方蟾蜍照顏色，高低萬頃黃琉璃。飛廉倏來海若怒，
黷飆鼓銳喧鯨鯢。南箕簸揚北斗亂，馬銜岡象隨蛟犀。暴駭鏗訇兩
耳裂，金甲格鬪交鼓鼙。倒懸不解雲動席，宛有異物來訶詆。伏艎
僮僕嘔欲死，膽汁瀝盡攣腰臍。長夜漫漫半人鬼，舵樓一唱疑天雞。
阿班眩睫瘵筋力，山海環玦頻難稽。不見澎湖見飛鳥，鳥飛已沒山
轉迷。旁羅子午晷度錯，陷身異域同酸嘶。況聞北嶕沙似鐵，誤爾
觸之爲粉虀（澎湖山南有北嶕，下爲鐵板沙）。回帆北向豈得已，失
所猶作中原泥。浪鋒舂漢鷁首立，下漩渦白高桅低。怒濤內濺頂踵
濕，悔不脫殼爲鼃黽。此事但蒙神鬼力，眢然大地眞浮稊。翠華南
幸公卿集，從臣舊識咸金閨。挂冠神武蹤已邁，願乞骸骨還山谿。
讀書有兒織有妻，春深烟雨把鋤犁。

詩記康熙四十四年（乙酉，1705）三月十七夜，渡海前往臺灣任臺灣府海防
同知，海上遇颶風，到天亮時還未見到澎湖，心中驚恐萬分的景象。

嘉慶八年（1803）七月到任的陳廷憲，〈澎湖雜詠二十首〉之二云：

陰雲忽起颶風去，雪嶺銀峯頃刻成。不獨船中人膽落，山頭閒看也
心驚。〔註9〕

描繪在海上突遇颶風，頃刻間海上捲起千堆雪，浪如雪嶺銀峯。那氣勢別說
在船上的人嚇得心驚膽落，就連站在山頭的人看了也膽破魂奪。海上遇颶之
可怕，於此可見。

第二節 奇幻的海洋異象

一般人對大海的印象，是海連天，浩渺無邊，神祕不可測，遂畏於航向
海洋。清官員的接觸海洋，實亦不得已，但這不得已之行，有其驚怖之景，
但亦有其令人嘖嘖稱奇之景，是陸上無法觀得，這些感情都在詩中展現。下
就詩中所述海洋奇幻美景，分神秘的海光、絢麗霞光映萬波、海上明月共潮
生、如雷轟隆濤聲響論述。

一、神秘的海光

渡黑水溝、海上颶風的書寫，呈現的是驚心動魄的畫面；而海波不興，
白鳥飛翔、滿天星斗映水波、海波夜動如流火等海上奇觀的書寫，呈現的是

虛空遼闊、神奇、平和、絢麗的畫面，這是臺、廈橫洋給詩人的另一番驚喜。孫元衡〈海波夜動餤如流火天黑彌爛亦奇觀也〉記海波夜動，光怪陸離的現象：

> 亂若春燈遠度螢，坐看光怪滿滄溟。天風吹却半邊月，波水杳然無
> 數星。是色是空迷住著，非仙非鬼照青熒。夜珠十斛誰抛得，欲掬
> 微聞龍氣腥。

夜間海波上光餤像慶賀新春的花燈，又像流動的螢火，奇異景象深深吸引作者目光，坐看這滄溟的「光怪」，作者驚訝的神情可見。頷聯交待當時四周環境，海水幽深寂靜，天邊星斗無數，海天一片祥和寧靜，更顯的這流火的燦爛。頸聯書寫作者面對奇景，有著如夢如幻的感覺。尾聯將思緒拉回眼前之景，發出這樣的疑問，是誰抛下這如夜珠的青熒？正要掬起，卻是滿鼻的腥味，拉回到現實。詩有實寫、有虛寫、有疑問，將所見海上夜光之「奇」，寫得淋漓盡致。范咸〈三月二十五日渡海紀所見〉亦記著相同的渡海奇觀：

> ……晚霞日初落，星斗何迢迢。夜黑青燐生，非鬼亦非妖。餤餤千
> 萬點，誰將十斛抛？此景洵奇絕，坐看過中宵。……

范咸所記更是清楚。燐火，是夜晚在野地裡常見的忽隱忽現的青色火光，是燐化氫遇到空氣燃燒所產生。俗稱「鬼火」，乃因死人骨頭所化的燐火，於夜間墳塚間閃爍，發微弱綠光。但詩人所遇這黑夜的青燐，卻是在海上，所以范咸、孫元衡遂言非鬼非妖，亦非仙。那到底是誰撒下這千萬夜珠？令人納悶。此景真是天下奇絕，竟不知不覺從日落天暗坐看到半夜，從這觀賞時間之久，可見景之奇。這海上夜光到底是何物？從孫元衡、范咸詩中知時人亦不解，至乾隆三十三年（1768），胡建偉往任澎湖通判，作〈渡海紀行〉記渡海所見，稍可見其端倪：

> ……島嶼青青四山失，只見上天下水相膠連。渾淪囊括地軸逸，洗
> 濯星辰浴日月；有如混沌未分之兩儀，朔南何方東西暆。餘皇巨艦
> 輕於毛，一葉泛泛隨波濤；後船瞥見前船底，彷彿露出鯤魚尻。形
> 形色色見未見，灼灼爍爍閃流電。似燹非燹磷非磷，云乃鹹氣浮光
> 夜炫煽。認副駕（渡洋官船為正駕，餘船為副駕），招鄰舟，火號高
> 燒明星流。……

「島嶼青青四山失，……一葉泛泛隨波濤」描繪海天相連，日月星辰映水中，舟行大海輕於鴻毛。「後船瞥見前船底，……云乃鹹氣浮光夜炫煽」即記載從

後船瞥見前船底好像露出鯤魚臀部，樣貌從未見過，灼灼燦燦閃著光像流電。像火又不是火，像磷但也不是磷，說是「鹹氣浮光」所成。景致特殊，於是興奮地呼招鄰舟快賞此景。從「火號高燒明星流」知此景並非瞬間即逝，且範圍不小。乾隆十七年（1752）王必昌《重修臺灣縣志》載：

> 海波夜動，燄如流火。天黑彌爛，船在洋中，可擊水以視物；一擊
> 而水光飛濺，如明珠十斛，傾撒水面，晶光熒熒，良久始滅。〔註10〕

此段清楚寫出「燄如流火」之景，是因海波夜動所成，清初孫元衡、范咸詩中神祕的氣氛不見，想必往後夜航者常見此景，更加認識海洋。後人已知如欲視物，可以擊水，讓水光飛濺，就會像十斛明珠傾撒水面，晶光閃閃，而且這亮光會持續很久才消失。由此推想胡建偉言「後船瞥見前船底，彷彿露出鯤魚尻」隨即見到閃閃流光，應是游魚所濺起的水花而成。

諸詩所載水天渾圓、洗濯星辰浴日月、鹹氣浮光夜炫煽，這樣的奇異美景，也只有親臨大海方得領略。

二、絢麗霞光映萬波

日月司掌著白天與黑夜的變化。自古中國以日代表陽剛，月代表著陰柔，各有千秋。而在澎湖的日月有別於他處，乃因其四面環海，使得從海平面躍升的曉日特別震撼，紅光映照水面，波光粼洵，美不勝收；日落海平線的晚霞亦特別絢麗。關於霞光之美，最常被題詠者有「西嶼落霞」和「金雞曉霞」。此處先介紹乾隆時錢琦稱「臺陽八景詩」，謝家樹、周芬斗稱「臺灣八景詩」，以及章甫稱「臺邑八景」之一的「金雞曉霞」。至於「西嶼落霞」，清初即被題詠，歷史意義特殊，於後專節介紹。

「金雞嶼澳」位在澎湖將軍、挽門二澳之北。南北風俱可泊船。舊名岑圭嶼。層級如階，晴霞映之，爛若丹陛。〔註11〕錢琦〈金雞曉霞〉云：

> 石立金雞唱曉聲，曙光紅泛早潮平。暖蒸春髓浮元氣，小結仙壺幻
> 赤城。捧日天真瞻咫尺，應時海亦象文明。晴霞五色濤千丈，穩載
> 長更十二程。

首聯以「石立金雞唱曉聲，曙光紅泛早潮平」緊扣詩題；頷聯點明詩作季節，一年之始——春，與一日之始「晨」相呼應，展現蓬勃朝氣。頷聯寫到海上

〔註10〕 參見王必昌：《重修臺灣縣志》，頁59。
〔註11〕 參見王必昌：《重修臺灣縣志》，頁45。

觀日出，如捧著日，近在咫尺，海景一片清明景象。尾聯承著上聯，進一步描繪晴霞五色紛彩，將是個風和日麗的好天氣，可以安安穩穩的渡過十二更水程。全詩展現輕快活潑的氣氛。再看謝家樹〈金雞曉霞〉：

> 澎山非一狀，獨立紀金雞。鬥浪衝凹吼，迎潮拍竅啼。暎霞揚彩羽，
> 倒日落丹梯。看盡重洋客，昂頭欲指迷。

此詩不僅對霞光之描寫外，亦捕捉了金雞嶼的狀貌，將金雞曉啼與曉霞巧妙結合，並賦予了神聖使命——看盡重洋客，昂頭欲指迷津。以擬人修辭技巧修飾金雞，使得金雞嶼如雞般的雄赳赳氣昂昂。顏紹隆〈金雞曉霞〉：

> 溝分紅黑兩條齊，過客驚看眼欲迷。澳島灣環三十六，曉占佳氣在
> 金雞。

此詩言澎湖「澳島灣環三十六」，而以金雞澳的曉霞最為可觀。詩文字簡練，明白曉暢。臺地人士金鳴鳳〈金雞曉霞〉：

> 金雞旭照氣氤氳，片片晴霞布彩紋。萬里滄波聯錦綺，乾坤五色繪
> 奇文。

此詩著重於曉霞映滄波的描寫，「錦綺」、「五色」用辭與西嶼落霞詩同，此顯現時人描述彩霞之熟語。道光年間徐一鶚〔註12〕賦〈金雞曉霞〉：

> 西嶼峻嶒勢亦豪，赤城曉嶂半空高。山疑着鳳舒丹翼，天為驂鸞擁
> 絳旄。清墟雲開光欲曙，野灣日出影猶韜。最憐暗澳花如海，照耀
> 應分五色毫。〔註13〕

「金雞曉霞」在澎湖的東邊，「西嶼落霞」在澎湖的西邊，皆以霞光聞名。首句徐一鶚即以西嶼與之對列。頷聯寫日出前霞光被瀰，山天呈現之景如着鳳舒丹翼，如驂鸞擁絳旄，形象的描繪出曉霞的特殊。頸聯寫雲開日出，曙光乍現，整個灣澳光亮的情形。尾聯空間移至暗澳，遙望暗澳的天空亦是五彩繽紛。此詩用字濃艷，以顯曉霞之絢麗；以澎湖地名入詩，營造遼闊的空間，顯現霞光之廣被。

〔註12〕徐一鶚，字雲汀，侯官人，道光二十四年（1844）舉人。曾任臺灣某縣教諭，亦主講某書院講席。著《宛羽堂詩鈔》，有〈擬施肩吾重九登嘯臥亭原韻〉〈鹿耳連帆〉、〈鯤身集網〉、〈赤嵌夕照〉、〈金雞曉霞〉諸詩。（參見《臺灣文獻匯刊》第四輯第九冊，廈門：廈門大學出版社、九州出版社，頁236。）

〔註13〕參見徐一鶚：《宛羽堂詩鈔》，光緒二年（1876）刊本。（《臺灣文獻匯刊》第四輯第九冊，廈門：廈門大學出版社、九州出版社，頁269～271。）（標點為筆者所加）

三、海上明月共潮生

當月亮升起，映入大海中，浩淼無邊的廣闊感亦非映入湖中所能比擬。胡建偉《澎湖紀略》載：「中秋夜，風清月朗，買扁舟一葉，放乎中流。斯時微波不動，月星交輝，水天一色，極目無際，恍如置身瓊樓玉宇之中，真奇觀也。」又云：「時當子夜，銀濤浴日，遙望東海，紅光璀燦，雲霞繚繞，月如車輪旋轉，載沉載浮，濯波而起，亦奇觀。」此景固當久居此處方能領受。陳廷憲〈中秋玩月〉：「風飄丹桂從天落，潮帶氷輪入港流」書寫海邊特有的明月：

> 三五平分九十秋，良宵得月倍清幽。風飄丹桂從天落，潮帶氷輪入港流。錦里先生來海嶠，絳紗弟子住瀛洲。光陰荏苒真堪惜，老矣吾還秉燭遊。

陳廷憲嘉慶八年（1803）九月初七日任澎湖通判。此詩寫中秋時節，月在海嶠分外清幽，見此美景，勾起陳廷憲思緒的不是鄉愁，而是「光陰荏苒真堪惜」，感嘆時光飛逝，實堪珍惜，老矣！更應把握時光，要如古詩十九首所言：「畫短苦夜長，何不秉燭遊。為樂當及時，何能待來茲。」及時秉燭遊賞佳景。另有吳性誠〈看月〉二首，描繪海上月景：

> 滄溟萬里動清光，天水涵虛把渺茫。看到圓時圓便好，入從圓處見情長。（二首之一）

吳性誠嘉慶十七年（1812）七月初六到九月二十一日代理澎湖廳通判，至澎湖寫了六首〈澎湖九日登高〉，之四言：「管領秋光倍嵼然，氣吞雲夢水連天。乾坤浩落中流楫，日夜蒼茫外海船。眼闊壯遊五岳後（予遊徧五岳），心娛奇勝十年前。江鄉兄弟登高處，好景當憑雁字傳。」對澎湖景觀大加讚賞一番。清人寫詩，常加註說明，此詩吳性誠亦自註言其徧遊五岳，眼界大開，而澎湖秋光更勝一籌，直誇「心娛奇勝十年前」。景物感受的書寫，反映著詩人心情。〈看月〉首二句特寫月映滄溟，清光晃動，天水涵虛之空闊；後二句深富哲理。從清詩見澎湖海上的明月，比「月湧大江流」更加的氣派。

第三節　奇特的海洋生物

海洋生物的共同特點，就是以海洋為其生活場域，因深不可測的海水阻隔之故，絕大數的人類，無法真實地認識海洋生物。偶爾接觸海洋生物，如

鯨、蚌瓢、海馬、醋鱉、龍蟲、龍蝨、帽華螺、馬陰螺、木理蛤、氣魚等，
總是被其奇怪樣態、特殊習性所迷惑。來自內地的遊宦人士，總是心動不已，
而留下不少的詠海洋生物詩。道光十二年（1832），周凱到澎湖賑災，對澎湖
海產著墨特多，〈詠物二十四首〉，分別以七絕連章詩描繪了螺盃、蚌瓢、海
馬、醋鱉、龍蟲、龍蝨、琵琶魚、帽華螺、馬陰螺、氣魚、鬥魚、扁魚、胎
魚、鸚歌魚、燕子魚、丁香魚、珊瑚樹、石拒魚、龍占魚、木理蛤、鐵枝樹
等二十一種海洋生物，爲諸詩之冠。詩題下還爲該物作了簡要的說明，裨使
人們更易知曉此地風物。下就澎湖古典詩中所詠之海洋生物，分類論述，以
見物之繁庶與特色。

一、鯨、鯢、鯤

（一）鯨鯢

林豪《澎湖廳志》載：

> 鯨魚　俗呼「海翁」，長數十百丈，虎口蝦尾，皮生沙石，刀箭不能
> 入。大者數萬斤，目珠即明月珠，死則脫落。《閩大記》：「巨能吞舟，
> 日中閃鬐鬛若簸朱旗。道健好動，故又名鰌。」《閩中海錯疏》：「海
> 鰌噴沫成雨，其來也形若山岳，乍出乍沒，舟人相值，必鳴金鼓以
> 怖之、布米以饜之，乃逝去。有自斃沙上者，土人梯而臠之，取其
> 皮爲油，船甚佳。」《紀略》云：「三月媽祖誕時，眾魚來朝，海翁
> 來必三躍而去。躍時波浪滔天，海舟謹避之。」

澎民將鯨魚稱做「海翁」，視之爲神物。《澎湖紀略》記載三月媽祖聖誕時，
港內會有許多魚群，海翁也會來參加這盛會，而且三躍便離去，深具神秘色
彩。跳躍時波浪滔天，但海舟一定謹慎迴避，看出澎民對牠的敬畏。

　　「鯨」爲海洋文學中常用的字，能明確地傳達海洋主題。但作家對「鯨」
字的意涵，則呈現多元化的認知。鯨古代又名海鰌、鯨鯢，是海中生物之最
者，被稱爲吞舟之魚。由於鯨浮沈於大海中，人們以「若即若離」的距離認
識鯨，將其體型及習性誇大，如「大者如山，長五六里」(《魏武四時食制》)、
「大者長千里，小者數千丈，鼓浪如雷，噴沫成雨」（崔豹《古今注》）。「鯨」
在宋、元海洋文學中，由海中龐然大物的「巨大」特質，延伸出虛、實雙重
意象。爲能清晰表現「鯨」意象的轉變，製圖如下：

圖 下編 1-1：「鯨」意象轉化圖

1. 描寫鯨鯢的生態、體型 → **強調體型之碩大（實）**
　　　　　　　　　　　　　↓
　　　　　概括式描寫　　具體地描寫

2. 順著古籍的認識脈絡，將鯨當成巨大的神物 → **轉化為特定的意象（虛）**
　　　　　　　　　　　　　　　　　　　　　↓
　　　　　　　　　　　　巨浪　抒發壯志的對象
　　　　　　　　　　　　　　斬鯨／騎鯨／釣鯨〔註14〕

筆者從澎湖古典詩輯錄含有「鯨」字的文句，以為分析之據，發現詩人亦將「鯨鯢」當成海中神物和巨浪，還多了以「鯨鯢」代稱鄭成功的意象。下就鯨為巨大神物、鯨為巨浪的代稱、鄭成功鯨鯢所化，展現「鯨」的多義性。

1. 鯨為巨大神物

（1）守護海洋生物者

陳廷憲〈澎湖雜詠〉之八云：

> 終古無人見鬱蔥，不材榕樹亦驚風（環島不產樹木，惟人家栽植榕樹，風威摧折，不甚高大）只除鐵網中間覓，倒有珊瑚七尺紅（外塹海中有珊瑚樹，紅毛曾百計採取，鯨魚守之，不得下）

陳廷憲詩中小註言外塹海中有珊瑚樹，紅毛人曾千方百計要採取，但是鯨魚守護著珊瑚樹，使他們無法得逞。足見鯨魚在人類眼中是具有靈性的。

（2）鼓動巨浪者

狂風吹起滔天巨浪，衝撞崖洞，捲起千堆雪與轟然巨響，讓觀者心魄為之震撼。衝撞岸崖的巨浪，隔岸觀之，是驚心動魄的嘆賞；而舟行大海遇颶風而起的大浪，則是令人心驚膽跳，因為它危及生命。海中大浪因何而起？成為人們關注的主題。自古認為是海中鯨鯢翻動，詩人便承此傳說入詩。孫元衡〈乙酉三月十七夜渡海遇颶天曉覓澎湖不得回西北帆屢瀕於危作歌以紀其事〉云：

> 東方蟾蜍照顏色，高低萬頃黃琉璃。飛廉倏來海若怒，頹飆鼓銳喧

〔註14〕 此表參考陳清茂：《宋元海洋文學研究》（國立中山大學中國文學研究所博士論文，2010 年），頁 331。（筆者略有更改）

鯨鯢。南箕簸揚北斗亂，馬銜罔象隨蛟犀。

這是孫元衡康熙乙酉年（1705）三月十七日夜間渡海遇到颶風，寫下海上波濤洶湧的樣貌。詩中運用許多與海相關的傳說與詞彙，其中的「喧鯨鯢」，就是取鯨鯢可鼓動巨浪的意象。又〈颶風歌〉云：

颶贔起中央，沙礫盡飄灑。鰲身贔屭挂坤軸，羲轂軒軒欲回輠。怒鯨張齒鵬奮飛，涸鱗陸死鹽田肥。

此詩也是寫巨浪因鯨魚發怒而起。「張齒」二字形象的表現浪之洶湧澎湃與令人畏懼。這樣的聯結，使自然的海浪，更富於想像空間。吳性誠〈初到澎湖歌〉：「天鼓挾鼉吼，魂夢駭怦怦。怒潮掀白馬，地軸翻鼉鯨。」，也用相似的詞彙表示風浪大作。

董相東渡臺灣，暫於澎湖八罩嶼頭候風，不久拔帆前往鹿耳門，途中遇到大浪顛簸，讓人極度不舒服，寫下詩句云：

俄頃帆開魂胆墮，地震天翻同箕簸。嘔出心肝暈眼昏，艙底羈囚絕粒臥。精衛木石空怒填，鯨鯢起舞鼇足顛。白馬騰空靷欲絕，險於弱水環三千。

詩中藉用神話故事寫大浪的起因，一是精衛滿懷怒氣衝木石填海，造成大浪；一是因鯨鯢起舞，使得撐住五山的鼇足也都搖晃不穩。一個是怒氣沖天，一個是興奮地手足舞蹈，使得巨浪富含千變萬化的情緒。胡建偉〈渡海紀行〉云：

黑水之溝黑逾墨，蛟鯨宮闕龍伯國。任爾銅船鐵梢公，每每過之生喘息。

詩中描述經過黑水溝，此處溝黑逾墨，水中暗潮洶湧，水面驚濤駭浪，故詩人常以能興風作浪的蛟鯨、龍伯國等傳說附會。〔註15〕除了能鼓動巨浪外，鯨還能將海水吸盡，孫霖〈渡海達鹿耳門，寄朱石君先生，即次贈行原韻〉即云：「斷鯨飲海海水空，亞班針指層洋東。」吳玉麟，福建侯官人，乾隆二十四年（1759）舉人，嘉慶二年（1797）任鳳山教諭，〈渡海歌〉云：「前有一溝湧赤水，長鯨噓吸成長虹。」〔註16〕從諸詩可見文人眼中的鯨是具有神

〔註15〕蛟，傳說中能發洪水，像龍一類的動物。漢王充《論衡·龍虛》云：「蛟則龍之類杝，蛟龍見而雲雨至，雲雨至則雷電擊。」龍伯國，古代傳說中的大人國。《列子·湯問》云：「龍伯之國有大人，舉足不盈數步而暨五山之所，釣而連六鼇。」使得撐住五山的鼇少了六隻，而搖晃。
〔註16〕參考連橫《臺灣詩乘》。

奇力量的。

2. 鯨為巨浪的代稱

當鯨轉化為特定的虛擬意象時，鯨由被附會成可鼓動海浪的巨大生物，轉變成鯨波、鯨浪、鯨濤等辭彙，借指洶湧的海浪。巨大的鯨與洶湧的浪潮結合後，海浪就是鯨的力量展現。阮元〈輓李西巖提軍〉云：「遠探蛟窟五千里，苦歷鯨波四十年。」以蛟窟代大海，以鯨波代波濤。胡建偉〈通梁澳〉云：「海絕鯨波逢道泰，民無鱷夢覘官良。」周凱〈謝吳雪峰協戎（朝祥）贈千里鏡〉云：「虎帳一樽談夏口（廈門一稱廈口），鯨波千里察秋毫。」都以「鯨波」代稱巨浪。周凱〈留別八首和徐幼眉大令（必觀）見贈韻〉：「鯨鯢殄盡春風暖，戈鏃耕餘夏雨涼。」以鯨鯢表示巨浪。

3. 鄭成功鯨鯢所化

《重修福建臺灣府志・雜記》載：

> 康熙癸亥四月，澎島忽見鱷魚，長丈許，有四足，身上鱗甲火炎，從海登陸。百姓見而異之，以冥鈔、金鼓送之下水。越三日，仍乘夜登山，死於民間廚下。按，鄭成功起兵，荼毒濱海，民間患之。有問善知識云：「此何孽，肆毒若是？」答曰：「乃東海大鯨也」。問：「何時而滅？」曰：「歸東即逝」。凡成功所犯之處，如南京、溫、台並及臺灣，舟至，海水為之暴漲。順治辛丑，攻臺灣紅毛，先望見一人冠帶騎鯨，從鹿耳而入；隨後成功將舟由是港進。癸卯，成功未疾時，轄下夢見前導稱成功至；視之，乃鯨首冠帶乘馬，由鯤身東入於外海。未幾，成功病卒，正符「歸東即逝」之語；則其子若孫，皆鯨種也。今鱷魚登岸而死，識者知其兆不佳。至六月，澎師戰敗歸誠，亦應登山結果之兆焉。

從此則雜記中，可看到書寫背後有濃厚的意圖。清朝特意在方志中塑造與醜化鄭成功為鯨所化的傳說，與清朝必勝的合理性。林豪《澎湖廳志》也花了大大的篇幅這麼記載：

> 康熙十九年夏六月，有星孛於西南，形如劍，長數十丈，經月乃隱。
>
> 【《臺灣府志》】
>
> 按：臺、澎之西南，為漳之銅山、古雷等處。又三年而施侯師船由銅山進討澎湖，遂下臺灣矣。意者，我朝仁人之師將救斯民於水火，故蒼穹垂象，為授鉞專征、削平逋寇之兆歟？未可知也。

二十二年癸亥夏五月，澎湖港有物，狀如鱷，長丈許，有四足，身上鱗甲火燄，從海登陸。百姓異之，以冥鈔、金鼓送之下水。越三日，仍乘夜登山，死。

濟水尹東泉曰：「鄭成功起兵海上，或云此東海大鯨，歸東則逝矣。辛丑攻臺灣時，有望見一人冠帶騎鯨從鹿耳門入者。癸卯，成功轄下夢鯨首冠帶乘馬，由鯤身東入於海，未幾，成功卒，正符歸東則逝之語，則其子孫亦鯨種也。癸亥四月【《府志》作「五月」，俟考】，鱷魚登岸而死，至六月，澎師戰敗歸誠，亦應登山結果之兆焉。」按：此殆劉向《洪範傳》所謂魚孽也，是時鄭氏骨肉相殘，民心離析，運丁荒末，是有咎徵，亦其氣焰有以取之歟？吁，可畏哉！

夏六月二十二日，潮水驟漲數尺，水師提督施琅帥師克澎湖。二十六夜，有大星隕於海，聲如雷，是日，明寧靖王朱術桂自經，姬妾死者五人。

新城王漁洋曰：「明崇禎庚辰，僧貫一居鷺門，掘地得古磚，刻古隸文云：『草雞夜鳴，長耳大尾。干頭啣鼠，拍水而起，殺人如麻，血流海水。起年滅年，六甲更始。庚小熙皞，太和千紀。』凡四十字。識者謂：雞，酉也，加草頭、大耳，鄭字也。干頭，甲字；鼠，子也；謂芝龍以天啓甲子起海中也。明年甲子，距前甲子六十年矣。前年萬正色克金、廈，今年施琅克澎湖，鄭克塽乞降，六十年海氛一朝盪滌，此固國家靈長之福，而天數已預定矣。異哉！」按：是時大兵至八罩虎井海濱，隨地得甘泉，攻澎湖時，海水驟漲四尺，見施侯奏疏，另詳「軼事」中。【節《池北偶談》】

冗長又誇張的文字，盡利用漢朝災異觀念，無非在宣說清朝統治臺澎的正當性與必然性。這樣的傳說，也影響著古典詩創作，常在遊宦文人詩作中見到它的身影。胡建偉〈同戴文煒、林五雲兩總戎閱紅毛城舊址，因懷靖海侯賦〉云：

　鯨鯢勢絕波濤靜（世傳鄭成功為鯨魚妖氣），臺、廈勳懸日月高。

巨浪既鯨鯢所製造，那麼鯨鯢勢絕，波濤當然就平靜下來，而此鯨鯢卻另有所指。世傳鄭成功是鯨魚所化，清人提到與鄭成功時，常以鯨喻之，此「鯨鯢」即暗指鄭成功。「勢絕」指鄭成功勢力被清打倒，「波濤靜」指海

上不再有戰火。范學洙〈澎湖三十六島歌〉也用相同的譬喻,「當年僞鄭曾踞險,我軍雲集足投鞭;一戰海氛風掃盡,鯨穴鮫窟滌腥膻。」黃瑞玉〈御賜「平章臺逆」匾額於澎湖天后宮〉:「王師一旅誅鯨赫,天語三章紀績香。」沈鑅〈丁巳九月二十日泊澎湖即景〉:「廟謨神算蕩鯨氛,隸入版圖建司牧。」亦是。徐必觀〈壬辰春仲來澎撫卹,三閱月而蕆事。公餘閱蔣懌荈同年所輯澎湖續編,有前刺史陳廷憲澎湖雜咏詩;勉成和章,即爲懌荈同年誌別〉:「島嶼遙傳畫角聲,樓船咸望靖長鯨。」此「靖長鯨」,即指打敗鄭成功軍隊。

以上詩句中的鯨鯢,充滿著神話色彩。鄭成功雖被清人塑造成一妖物,但亦透顯著其來歷不凡,而被賦予神話色彩。

(二)鯤

《莊子‧逍遙遊》:「北冥有魚,其名爲鯤。鯤之大,不知其幾千里也。化而爲鳥,其名爲鵬」。《初學記》卷三十引晉王嘉《拾遺記》:「黑河,北極也。其水濃黑不流,土云生焉,有黑鯤魚,千尺如鯨,常飛往南海。」鯤魚明顯是大魚形象,後代詩文亦多同於此。仇兆鰲注引《拾遺記》云:「鯤魚千尺如鯨」,可見鯤的體型和鯨一樣巨大。唐杜甫〈八哀詩‧贈秘書監江夏李公邕〉:「鍾律儼高懸,鯤鯨噴迢遞」,「鯤」、「鯨」連用。金元好問〈鹿泉新居二十四韻〉云:「西南諸峰不知數,蕩海鯤尻背露」。從古籍所載,鯤魚代表巨大的意象,游於海中能噴沫。清范咸〈三月二十五日渡海紀所見〉云:

> 巨浪拍天起,比似桅檣高。龍骨(船底大木曰「龍骨」)從上過,一落輕
> 於毛。遠望峻嶺矗,水沸山岳搖。柂師噤不語,謂是鯤魚尻。噴沫
> 散作雨,十里聞腥臊。轉瞬無所覩,但覺心旌憁。

三月二十五日,范咸渡海到臺,航行中突遇巨浪拍天起,比桅檣還要高,船從巨浪上而過,落到波峰底部,如鴻毛飄於大海。身歷其境,是會讓人捏一把冷汗的,控制不當,船隻可能就翻覆大海,「柂師噤不語」,驚嚇的神情可見。仔細一看是鯤魚尻,噴沫如雨下,十里遠仍聞得到牠的腥臊味。鯤魚轉眼不見蹤影,但一顆心早被牠那洶洶來勢嚇得魂飛魄散。此詩未具體描繪鯤魚的外貌,而著眼於鯤魚游過鼓動巨浪的可怕形象。胡建偉〈渡海紀行〉:

> 餘皇巨艦輕於毛,一葉泛泛隨波濤;後船瞥見前船底,彷彿露出鯤
> 魚尻。形形色色見未見,灼灼爍爍閃流電。似熒非熒磷非磷,云乃
> 鹹氣浮光夜炫煽。

詩僅表示從後船瞥見前船底部，好像是鯤魚尻，語無十足把握，故亦難具體描繪鯤魚的外貌；但如范咸所言，同樣表示巨艦行過輕於毛的經驗。此外據胡建偉所記，海上「鹹氣浮光夜炫煽」，似乎是此物游過激起的海花所成。清人對鯤魚的印象亦是「巨大」的意象。

二、其他魚產

澎湖水產豐富，魚是最易受人類注目的生物，澎湖靠海爲生，魚是經濟來源的最大宗。據調查浮游及底棲魚類，約近三百餘種，〔註 17〕澎湖人看到海中的魚群，聯想到的是錢財；那外來之客，他們看到各式各樣的魚，他們聯想到的又是什麼呢？透過詩作來看看文人筆下透露的訊息。

（一）氣魚

道光年間周凱到澎湖賑災，見澎湖特產新奇，題詠二十四首，其中對海中動物之著墨特多，海中動物有以魚類爲主，有氣魚、鬥魚、扁魚、胎魚、燕子魚、丁香魚、琵琶魚、鸚歌魚、石拒魚、龍占魚。

周凱〈氣魚〉（河豚之類。大者尺許，小者寸許。平時游泳如常魚，遇物腹中鼓氣而圓。刺如蝟，形如龜，又名刺龜魚。中空，可爲燈）：

　　刺如蝟集形如鼓，應比河豚毒幾分。只道世間成棄物，燃燈亦足照

　　繽紛。

氣魚，屬於河豚類。大的可長一尺多，小的一寸多。平時游泳和一般的魚沒兩樣，若遇到他物，腹中鼓氣，脹得圓圓的。身上的刺會如刺蝟一根根豎起。外形像烏龜，所以又稱刺龜魚。把肉刨空，可做成燈籠。其肉質鮮美，今人有人食用，但必須處理得宜，免得中毒。從周凱詩題小註，可見今人叫「刺龜」，清朝已如此稱呼。詩第一句就氣魚遇物鼓脹的外形著墨，第二句寫氣魚的毒性比河豚還猛。第三、四句寫氣魚因含毒性，無人食用而成棄物；但將其肉刨空，可爲燈，亦有一用。全詩能掌握氣魚的特點書寫，並見今日澎湖觀光藝品店懸掛的氣龜魚燈籠，早在清朝就知如此運用。

（二）鬥魚

周凱〈鬥魚〉（長寸許，狀如指，紅白相間。閩書：名丁班魚，善鬥，養盆中可翫，入淡水亦活）：

〔註17〕參見張默予編纂：《澎湖縣誌・物產志》，頁 84。

文采班斕五色鮮，盆中游泳自天然。如何善鬥偏成性，狼藉鱗而亦可憐。

鬥魚身上紅白相間，色彩斑斕，但生性善鬥，常導致身上鱗片狼藉不堪，人們常將牠養在盆中賞玩。此詩即就其鮮艷的外表和好鬥的本性書寫。

（三）扁魚

林豪《澎湖廳志・物產》載：「扁魚　形如貼沙，曬乾味美，鮮食稍遜。」周凱〈扁魚〉（形極扁，平行。雙目與比目魚異）：

一片輕浮水面勻，雙睛炯炯朗如銀。非同比目難分舍，猶剩鶼鶼一對鱗。

扁魚形狀扁平，故名扁魚。腹部白灰色，背部深灰色，兩眼同側長於背部，常底棲大陸棚。若游於水面，如一片紙輕浮著。外形和比目魚相似，難以分辨。詩就其游水姿態與雙眼之特色描寫，見周凱對此物了解甚深。

（四）胎魚

胎魚就是鯊魚。周凱〈胎魚〉（鯊魚胎生，小魚自腹中出、時入腹中。乳大至不能入，乃止）：

胎生聞說有鯊魚，多少鯤鮞出尾閭。入腹依然容乳哺，此中空洞定何如。

鯊魚是胎生動物，鯊魚生出小鯊魚後，小鯊魚還時常游進母鯊腹中，母鯊哺乳到小鯊魚大到不能入，才停止。首句「聞說」二字顯露周凱驚訝之情：海中有物竟與人同為胎生！第三、四句則針對小鯊魚可以自由進出母鯊魚腹中，讚嘆母鯊肚子很神奇。林豪《澎湖廳志・物產》載：

鯊魚　一名胎魚，種類甚多。《紀略》云：「《海族志》以皮如沙得名。有胡鯊，青色，大者丈餘，鼻如鋸；鮫鯊，皮可飾劍；虎鯊，頭凹，有虎文；狗鯊，頭如狗，尤劣；黃鯊，好食百魚。」按：鯊之佳者曰龍文鯊，皮有黑、白文，取其翼鬣曬乾，為魚翅，珍錯也。周凱云：「鯊魚胎生，小魚子時入腹中，乳至大，不能入乃止。」《淡水志》有白鯊、雙髻鯊等種。

此條林豪《澎湖廳志・物產》引用《澎湖紀略》、周凱詩以及《淡水志》。所引用周凱詩小註與蔣鏞《澎湖續編》文字略異，意思不變。周凱詩針對鯊魚是胎生生物描寫，林豪增寫魚翅為珍錯。看來今人奉魚翅為上等佳餚，清人早已知此美味。

（五）燕子魚

周凱〈燕子魚〉（狀如燕，重十餘觔。又一種極小，漁人夜燃燈於舟，魚自飛至，舟滿減燈。疑爲燕所化）：

　　秋去春來滿水村，夜深飛撲一燈昏。避羅不免仍投網，一樣同爲釜

　　底魂（海濱人食鷙燕）。

周凱詩小註云：「狀如燕，重十餘觔。又一種極小，漁人夜燃燈於舟，魚自飛至，舟滿減燈。疑爲燕所化」記載了燕子魚的外形如燕，體重可達十餘觔。又有一種極小，漁夫夜間燃燈於舟，魚自己飛至，船裝滿了燕子魚才將燈滅掉。眞是奇特的魚，自投羅網，漁人不費吹灰之力就魚獲滿船，全詩就此而寫，也見當時魚產之豐富，今未見此狀。末句言「一樣同爲釜底魂」，立於燕子魚的角度，起悲憫之心。林豪《澎湖廳志・物產》：「燕子魚　狀如燕，有赤、黑二種，可曬乾。黑名烏燕，翅四開，價較昂。大者十餘觔。或云海燕所化。」此物形狀眞特別。

（六）丁香魚

周凱〈丁香魚〉（長寸許，身圓尖。澎人以爲醬，稱佳品）：

　　蟻子曾聞堪作醢，澎湖佳味有丁香。京都可惜無人寄，崇效花前客

　　未嘗。

今澎湖名產「XO 醬」即以丁香爲醬，早在清朝，此物就爲外來人口中的佳品。六十七〈鮡魚〉云：「海外蟲魚皆有異，他年歸去紀南蠻。」〔註18〕海外的蟲魚海錯屢屢衝撞著文人的感官，周凱言可惜京都無人可寄，否則寄給你們嘗嘗，汝便知此物之美味。

（七）琵琶魚

周凱〈琵琶魚〉（俗呼鍋蓋魚，即郭璞江賦鱝魚）：

　　鍋蓋呼名奈俗何，鱝稱江賦亦傳訛。澎湖喚作琵琶好，魚更多於飯

　　甑多。

此詩就琵琶魚的異稱來書寫，寫來逗趣活潑。首句寫琵琶魚俗稱鍋蓋魚，眞是俗氣，語爲琵琶魚叫屈。而郭璞〈江賦〉稱作鱝魚，也有錯誤，還是澎湖叫作琵琶魚最好。林豪《澎湖廳志・物產》：「琵琶魚　身圓而扁，尾長有刺，俗呼「鍋蓋魚」，以形似得名。《紀略》謂即郭璞〈江賦〉之鱝魚。有紅、黑

〔註18〕 此詩收於董天工：《臺海見聞錄》。

二種。」

（八）鸚歌魚

周凱〈鸚歌魚〉（紅嘴綠身，狀如鸚鵡）：

> 鸚鵡飛來大海中，綠毛紅嘴宛然同。劇憐有翅身無足，誰把金條鎖
> 玉籠？

孫元衡也有一首〈鸚哥魚〉（鳥觜，紅色，週身皆綠。）云：「朱施鳥喙翠成
襦，陸困樊籠水厄眾。信是知名無隱法，曾聞眞臘有浮胡（相傳眞臘有魚名爲浮
胡，觜似鸚鵡）。」〔註19〕前兩句與周凱詩一樣，皆針對鸚哥魚與鸚鵡外貌相同
來書寫。周凱後兩句一轉寫海中的鸚鵡有翅無足，亦不得飛，由此遂起憐憫
的說：「誰把金條鎖玉籠？」是誰用金條鎖住了玉籠，讓鸚鵡不得飛。詩化用
了納蘭性德的〈相見歡〉：「落花如夢淒迷，麝煙微，又是夕陽潛下小樓西。
愁無限，消瘦盡，有誰知？閑教玉籠鸚鵡念郎詩。」容若此闋詞如詩如畫，
寫盡閨中女子的情思。深居樓中不得出，百無聊賴，只好教玉籠中的鸚鵡念
意中人的詩。大悲無言，思念之深自不在話下。周凱活用語典，別出心裁的
將「玉籠鸚鵡」用於鸚歌魚身上，語意一轉爲活潑逗趣，比孫元衡後二句更
有詩趣。

（九）石拒魚

周凱〈石拒魚〉（八足，長一尺許。人捕之，能以足抱石拒人）：

> 魚生八足背無鱗，海洞悠悠寓此身。偏有漁人來捕取，居然桀石欲
> 投人。

石拒魚，形似章魚，有八足，長一尺多，吸力特強，人捕捉牠時，八足緊抱
著石頭，遂得此一美名——石拒。《澎湖廳志‧物產》載石拒：「似章魚而大，
八足，長尺許。居石穴中，人捕之，能以足抱石拒人。曬乾味尤清甘，魚乾
之極美者。」此詩第一句就其八足、無鱗的特色書寫，第二句寫石拒魚喜居
住海洞的環境，並寫出其悠遊自在的神貌，以爲下一句做伏筆。第三句寫偏
有漁人干擾了石拒魚悠悠寄此身，無爭無奪的生活，想來捕取牠們，只好緊
抱著石頭。周凱將此舉想像著石拒魚居然想要桀石投人，用語活潑生動，讀
之令人莞爾。全詩站在石拒魚的立場書寫。

〔註19〕 參見孫元衡《赤嵌集》，此詩又載范咸《重修臺灣府志》〈物產〉、董天工《臺
　　　　海見聞錄》、余文儀《續修臺灣府志》〈物產〉、蔣師轍《臺灣通志》〈物產〉、
　　　　連橫《臺灣詩薈》、陳漢光《臺灣詩錄》。

（十）龍占魚

龍占魚是魚中上品，價格頗高，澎湖群島周圍附近皆產，四時皆有。《澎湖廳志・物產》載龍占：「大一、二斤，醃以作鯗亦佳，澎人推為上品。一作龍尖。」當時無冰箱保存，澎民將其醃製成鯗，今因網具發達以及食用人口增多，濫捕之下，產量大不如前，鮮食仍嫌不足，何來醃製？

龍占體高，呈卵圓形，側扁，背鰭一枚，起點略與胸鰭起點對稱，胸鰭後端達臀鰭起點上方，尾鰭淺分叉，上葉較下葉略長，吻上部背緣幾成筆直，口小，上顎後端僅達前鼻孔下方，兩顎側部具有八至十枚臼齒狀之圓錐齒排成一列，其前方通常有一對犬齒，鋤骨與口蓋骨無齒，頭頂與鰓蓋前骨無鱗。體呈灰棕色，腹面白色，背鰭鰭膜之邊緣呈暗赤色，尾鰭有黑點形成帶狀紋。〔註20〕專食蝦類，肉質鮮美，富彈性，捕撈以使用延繩釣為主，亦有使用拖網、曳網及一支釣者。

周凱〈龍占魚〉（尖口、細鱗，形如海鯽、大僅一二觔，色紅。四時皆有。醃為鯗，味佳美，澎魚上品）：

> 身肥渾不論秋冬，繒網還教處處逢。占得澎湖魚第一，不知何意亦
> 名龍。

周凱詩前三句寫龍占四時皆肥，四季皆有人捕捉，味美為澎湖魚首選；末句以問句「不知何意亦名龍」做結，讚譽其為魚中之龍。

從上面詩作看到文人筆下的魚，有就其外形奇特而寫，如遇敵脹得鼓鼓的氣魚，兩眼同側扁平棲海底的扁魚，紅嘴綠身如鸚鵡的鸚歌魚；有關心美味海錯者，如製成醬的丁香魚，醃為鯗的魚中上品龍占魚；有記習性特殊者，如自投羅網的燕子魚，緊抱石頭拒人的石拒魚，可自由出入母體的胎魚，真可謂五花八門。

三、貝類

（一）蚌瓠與珠

今澎湖珍珠加工行業不盛，然就清詩中可見清朝八罩澳地區產珍珠，胡建偉〈八罩澳（即網垵、水垵二澳）〉云：「八罩澎南海外村，也憑漁艇當田園。珠璣（海出蚌珠）映月尋花嶼（島名）……」可證，但產量不多，《澎湖

〔註20〕參見行政院農業委員會水產試驗所網站：http://www.tfrin.gov.tw/friweb/index.php?func=aquarch1&act=ShowForm&num=167

紀略》載：「島中蚶蚌，亦有珠，碎如小米，得之亦罕甚。」《澎湖縣志》載：「澎湖尚產珍珠貝一種，偶爾亦有珍珠出自其中。產地均在近海岸。」〔註21〕周凱〈蚌瓢〉（蚌之大者解爲瓢）云：

> 老蚌無成老水濱，珍珠吐盡不堪珍。平生自是甘瓢飲，半箇壺蘆尚
> 挂身。

詩小註：「蚌之大者解爲瓢」，見澎民將蚌解開後，物盡其用，較大的還留下來，當作舀水的瓢。此詩寫老蚌吐盡珍珠，不值得珍惜；然老蚌甘瓢飲，有安然自適的豁達胸懷。作者明寫老蚌甘瓢飲，暗指人繁華落盡後，仍能安於平淡自適的修養。

（二）帽華螺

　　林豪《澎湖廳志》載：「螺　《本草》：『含泥在腹，二十年猶活，能伏氣、飲露。』《紀略》：『有巴螺、鈿螺。俗云琉球螺可飾器，達摩螺可作杯、花螺、白螺、黃螺、紅螺、珠螺、麥螺可作醬。生水田者曰田螺。』按：螺種甚多，又有莿螺、石螺、肉螺、苦螺，而香螺尤美。」澎湖濱海地區螺類種類繁多，不僅《澎湖紀略》、《澎湖廳志》所載之巴螺、鈿螺、琉球螺、達摩螺、花螺、白螺、黃螺、紅螺、珠螺、麥螺、莿螺、石螺、肉螺、苦螺，香螺，還有沙螺、流口水螺、火螺……，當然能爲詩人所詠者，一定要有引起他人興趣之特質，如帽華螺，色翠碧可爲帽飾；馬陰螺，可爲酒器，方能得詩人青睞。周凱〈帽華螺〉（形如醋鱉，大如指，色翠碧。可爲帽飾。又名螺蓋）云：

> 滇池翡翠珍如玉，合浦蠙珠纍作花。何以此間文貝好，人人壓戴帽
> 簷斜。

帽華螺又名螺蓋，外形像醋鱉，大小如指，顏色翠碧，人們將牠拿來做爲帽飾。此詩寫來俏皮活潑，讀之彷彿見到大街小巷穿梭著頭戴螺帽的澎民。

（三）馬陰螺

　　澎湖人常將貝類的肉挑出後，貝殼仍再利用，或爲帽飾，或磨爲盃爲酒器，周凱〈馬陰螺〉（貝屬，狀甚惡，大者可爲酒器）云：「有酒何須好模樣，大螺如斗小如甌。古來飲器知多少（飲器，古注兩解），試問何如智伯頭？」〔註22〕古

〔註21〕參見張默予編纂：《澎湖縣誌‧物產志》，頁87。
〔註22〕智伯頭：韓趙魏三家滅智伯時，趙襄子以智伯頭做酒器。

來大大小小、形形色色的酒器不勝枚數。馬陰螺外型雖醜陋，還是有人把牠磨製成酒器，周凱首句直言只要有酒就好，管它酒器好看不好看。末句還詼諧的問：你看用智伯頭做成的酒器怎樣呀？言下之意，馬陰螺製成的酒器也就不足爲怪了！

不僅馬陰螺可磨成盃，其他螺類亦可。周凱〈螺盃〉(澎湖多螺，小大異狀，殼堅厚，內明外碧，土人磨以爲盃。)云：「螺盃五色燦生花，海外磨成只幾家。遺我故人斟酒看，不知可否抵銀槎？」澎湖海邊出產許多螺類，大大小小型態多樣，不一而足。外殼堅厚，水中多呈碧綠色，壁內如拋光滑潤的銀器，陽光下閃耀著銀光，將牠磨製成酒杯，周凱打趣的說：可否和元朝朱碧山的銀槎相比擬？澎湖螺盃身價在周凱筆下飛漲。同樣是寫螺所製成的酒盃，但周凱切入的角度不同，呈現不同特色。〈馬陰螺〉掌握其醜陋的外貌書寫，遂取智伯頭與之相譬喻；〈螺盃〉掌握內壁絢麗的銀光書寫，遂取銀槎與之相譬喻。物產隨著文人的記憶與書寫，融合著地方與歷史事典，增添了文人意象，形成一種特殊的文化況味。

（四）木理蛤

林豪《澎湖廳志》載：「蛤　《閩書》：『殼白厚而圓。或云蛤蜊、文蛤皆一潮生一暈。有白蛤、赤蛤、花蛤數種。殼可燒灰入藥，爲蛤粉』。」澎湖蛤類頗多，周凱〈木理蛤〉(俗呼蟯蛤。大寸許，中有肉角。殼色黑，紋如沈香木，又名沈香蛤)，此蛤紋路特殊如沈香木，因此特別吸引文人的目光。詩云：

　　　肉角雙雙出蝸舍，殼紋細細似沈香。回環文理渾如木，性比蜉蟊〔註23〕分外涼。

木理蛤俗呼蟯蛤，《澎湖廳志》載：「蟯　蛤之大者，種亦不一，即車螯之類。」木理蛤是蛤類較大的。周凱詩描繪動態的木理蛤，兩隻肉角探出殼外的可愛模樣，而最引人注目的是它身上的紋路，「回環文理渾如木」，因此給詩人的感覺是比之蜉蟊分外清涼。

四、珊瑚

珊瑚屬腔腸動物門的珊瑚蟲，分泌出石灰質骨骼，經石化作用而形成珊瑚（化石）。因珊瑚形似樹木，古人誤歸於草木類，常稱珊瑚樹，棲息於熱帶、

〔註23〕林豪《澎湖廳志》記載，內地蠔皆種而生，臺灣以竹竿插海中，澎湖四面環海，蠔自生海中。

亞熱帶海域，在陽光充足、海水年平均溫度不低於 20℃、水質清澈的淺海區形成。

珊瑚種類頗多，林豪《澎湖廳志・物產》載：「珊瑚樹　《紀略》：『澎湖海中有一種土珊瑚，在水中見淡紅色，山水則白而枯槁，並無紅潤之色，且極鬆脆，久則碎折，亦海樹之屬耳。』」又陳廷憲云：「外塹海中有珊瑚樹，夷人百計採取，鯨魚守之，不得下取。」石帆條又云：「石帆　按：海樹或名碧珊瑚。」產於澎湖的珊瑚類，常見者有紅珊瑚、土珊瑚、海樹三種，澎湖古典詩中多詠此三物，茲論於下。

（一）紅珊瑚

珊瑚以柏狀形體且色澤鮮紅以及桃紅者為佳。紅珊瑚是珍貴的寶石珊瑚，中國過去曾作為皇家貢品，具有極高的觀賞和裝飾價值，是海洋貿易的熱門珍寶之一。〔註24〕東晉葛洪《西京雜記》卷一云：

> 積草池中有珊瑚樹，高一丈二尺，一本三柯，上有四百六十二條，
> 是南越王趙佗所獻，號為烽火樹，至夜，光景常欲燃。

漢宮上林苑積草池中，有南越王趙佗所獻之大珊瑚樹，高一丈二尺，一本（樹幹）三柯（樹枝），上有 462 條細枝，至夜間時，光明煥然，故又號為烽火樹。顏色鮮艷，柯枝碩大的烽火樹，在珊瑚化石中極為珍罕，被漢宮視為稀有珍寶。〔註25〕

珊瑚的美麗珍貴，廣為古人喜愛，常為文人歌詠的對象，清人亦視為珍寶，陳廷憲〈澎湖雜詠二十首〉之八云：

> 終古無人見鬱蔥，不材榕樹亦驚風（環島不產樹木，惟人家栽植榕樹，風威摧折，不甚高大）只除鐵網中間覓，倒有珊瑚七尺紅（外塹海中有珊瑚樹，紅毛曾百計採取，鯨魚守之，不得下）。

此詩以對比方式寫出珊瑚的珍貴。前寫澎湖多風陸地無大樹，遂不見蔥蘢貌；後寫在海中卻有紅豔美麗的珊瑚。從此詩見澎湖外塹海中所產珊瑚，為價值最高的紅珊瑚。詩中小註云：「外塹海中有珊瑚樹，紅毛曾百計採取」證知在明末荷蘭人到澎湖，已知外塹海中有珊瑚樹，千方百計要開採，卻不得逞，可見當時荷人採取的技術欠佳。而澎湖外塹海中生產珊瑚的訊息，早已遍傳清人耳中，清初康熙年間齊體物〈澎湖嶼〉中已云：「蕩漾金波浮玳瑁，連環

〔註24〕參考陳清茂：《宋元海洋文學研究》，頁 336。
〔註25〕同上註，頁 336。

鐵網出珊瑚。」並知以「連環鐵網」的方式開採珊瑚。珊瑚質地易碎，柯枝易折，要從海中完整採集，極為不易。古代常見的珊瑚採集工具有兩種，第一種為五爪鐵錨，第二種為鐵網。宋朝趙汝适《諸蕃志》載：

> 珊瑚樹出大食毗喏耶國。……土人以絲繩繫五爪鐵猫兒，用烏鉛為
> 墜，拋擲海中，發其根，以索繫於舟上絞車搭起，〔註26〕

載漁民將繫有鉛塊的五爪鐵錨，拋擲海底，鉤住珊瑚的根部，再以船上的絞車拉起，即以五爪鐵錨採之。宋代岳珂〈珊瑚〉（《玉楮集》卷三）歌詠珊瑚，其中前兩句寫到採獲珊瑚的方式：「銅柯凝異質，鐵網墜層淵。……」〔註27〕即以鐵網投入海中採捕。清人採捕概多以鐵網，嘉慶年間吳性誠〈初到澎湖歌〉：「不網珊瑚樹，休貪金滿籯。」除見珊瑚有極高的經濟價值外，亦見漁人以網採珊瑚。

日本昭和七年（1932），澎湖望安俞狗，於臺灣堆附近，從事鯛魚延繩釣作業時，發現珊瑚，引起地方人士注意，嗣又在望安近海，連續發現珊瑚漁場，一時競相計劃採取。澎湖水產會，派機漁船開澎丸先行試驗，所獲甚多。〔註28〕而所用漁具屬曳網類，由網地、連結網、沉石、曳綱四部分所組成。網地成帶狀，用苧蔴線編成，10寸目，30掛，長9公尺為一片，每一沉石結附網地四片，稱為「一房」。連結綱用徑為1.5公分，苧蔴繩，長4至6公尺，連結沉石與曳綱之用。沉石扁圓形，徑約30公分，重約10公斤，用12號鐵絲縱橫緊縛。曳綱徑為1.5公分之馬尾刺索，其長度為漁場水深之1.5倍。〔註29〕船甲板上增設捲揚機，船之兩舷外側添裝孟宗竹數根，以防珊瑚網與船舷相磨。〔註30〕蓋珊瑚易碎，小心防護。船抵漁場後，將帶狀之網地結附沉石上投入海底，船藉潮流或風力曳網緩行，當網地與海底接觸時，珊瑚即為網具纏絡而提起。每船漁民約十至十二人，使用漁具六至八房，每次曳網約二小時。〔註31〕

（二）土珊瑚

此種珊瑚樹，剛出水是淡紅色，不久變成白色，枝幹極為脆弱，易折碎，

〔註26〕趙汝适：《諸蕃志》，頁52，「中理國」。
〔註27〕參考陳清茂：《宋元海洋文學研究》，頁337。
〔註28〕參見張默予編纂：《澎湖縣誌・物產志》，頁81。
〔註29〕同上註，頁81～82。
〔註30〕同上註，頁81。
〔註31〕同上註，頁81。筆者父親曾從事珊瑚漁業，澎湖稱為「卡珊瑚」（閩南語）。

不具經濟價值。周凱有〈珊瑚樹〉（俗名土珊瑚。出水淡紅色、甚腥臭；久之即白，枝幹碎折）云：

> 鐵網曾教海底尋，拾來火樹已成林。可憐出水無顏色，枉費漁翁一
> 片心。

詩中載漁夫用鐵網尋珊瑚，一撈起火樹成林，驚喜萬分，結果沒一會兒工夫，全部變成白色。「枉費漁翁一片心」，漁夫失望之情可見。而此又一證清時澎湖以鐵網採珊瑚。詩中稱珊瑚為「火樹」，顯見延襲葛洪《西京雜記》之說。「火樹」一詞已為書寫紅珊瑚的熟語。

（三）石帆

石帆又稱鐵樹枝、碧珊瑚、海樹，與紅珊瑚一樣生長在海底石巉巖上。林豪《澎湖廳志》載：「石帆　《紀略》：『類書云即海樹也。枝柯如鐵線相勾連，扁薄如帆，生海底礁石上，有紅、黃、黑、白數種，外有鹹涎包裹，洗去其膜，即見木本。』」石帆的枝柯像鐵線相勾連，今人多稱海樹，味極腥，常在漁夫採珊瑚時，一併被撈起，經濟價值不高。周凱〈澎湖雜詠二十首和陳別駕（廷憲）〉云：

> 珍錯從來說海邊，石帆鐵線採聯翩。有時攜向人間賣，七尺珊瑚不
> 值錢。

即寫人說珍錯都來自海邊，但偏偏這石帆，鐵線採起拿到人間賣，高高大大的七尺珊瑚，卻一點也不值錢。不值幾分錢，棄之又不捨，澎湖人就將它插在屏中觀賞，周凱〈鐵樹枝〉（又名石帆，名海樹，似珊瑚而小。枝柯細密，相粘如帆。有紅黃黑白數種，土人以插瓶）云：

> 采得珊瑚采石帆，根生海底石巉巖。花瓷亦作邀清供，終覺差池臭
> 味鹹。

詩首二句寫石帆被採起的原因與生長環境。第三句寫澎湖人將牠們插在瓶中玩賞，末句則寫自己對於這海樹腥味難耐。顯然鹹濕又腥的海水味，並不是人人所能接受的，張華《博物志》：「東南之人食水產，西北之人食陸畜。食水產者，龜蛤螺蚌，以為珍味，不覺其腥臊也。食陸產者，狸兔鼠雀，以為珍味，不覺其羶也。」〔註32〕其理同。

〔註32〕 參見晉・張華《博物志》卷一「五方人民」條，收入《漢魏六朝筆記小說大觀》（上海市：上海古籍社，1999 年），頁 188。

五、其他水族

（一）海馬

海馬，是一種小型海洋動物，身長 5～30 厘米。屬於魚類，但不同於一般魚類的外形，尾鰭完全退化，脊椎如猴子尾巴一樣，可捲曲來鉤住任何突出物體，以固定身體位置。海馬在水中的遊動方式也不同於一般魚類，牠們幾乎總是昂立著身體，依靠小而幾乎透明魚鰭的扇動，可以任意上下左右移動，但速度緩慢。人類以海馬爲藥材和補品，用來治療哮喘、散結消腫、補腎壯陽。清人周凱〈海馬〉（一名海龍，狀如博古龍。身方、有稜、無鱗、頭一角、尾卷曲、無足。長三四寸，小者二三寸，天寒凍死，浮海面。漁人得之以爲珍物，云入藥功同海狗）云：

> 有角無鱗儼若螭，云多陽氣助生擧。世人不惜千金價，凍死波中尚
> 不知。

詩題註海馬奇特的外形及功效，天寒凍死，浮於海面，漁人尋得入藥。全詩承此而言，末句以調侃的語氣言海馬凍死波中，都還不知道自己身價非凡。全球因過度捕捉，海馬數量銳減，今澎湖海洋博物館正積極復育中，成果斐然。

（二）醋鱉

周凱〈醋鱉〉（堅白如石，背圓、腹平，有旋紋如螺，形如鱉而甚小，量大者不及指。蓋藏數年，投醋中，蠕蠕自能配合）云：

> 非石非蟲亦非鱉，腹紋隱隱作螺紋。憐他枯絕偏能活，着醋依然匹
> 耦分。

醋鱉是一極特殊的生物，外殼堅硬白色如石頭，背部圓形、腹部扁平，有旋紋如螺，外形像鱉，但比鱉小，大的還不到一指大。躲在殼中數年，好像死去般，將牠投到醋中，奇妙的是開始蠕動配合，整個活了過來。首句連用三個非字，道盡此物之怪；後兩句寫此物遇醋竟生龍活虎，道盡此物之奇，從此亦見此物命名的由來。不知先人是在怎樣的偶然，將此物投進醋中，而得此新奇的發現，可惜史料未詳載，僅見林豪《澎湖廳志》採用周凱詩記載：「醋鱉　周凱云堅白如石，背圓腹平，有旋紋如螺形，如小鱉，大不及指。蓋藏數年，投醋中，蠕蠕自能配合。」

（三）龍蟲

林豪《澎湖廳志》載：「龍蟲　一名『沙蟲』。《府志》云：『沙蠶，生海

泊沙中，似蠶，中有沙，味美，曬乾焙食亦佳。』」周凱〈龍蟲〉（出海沙中，如蚯蚓。中空，兩端如一，形色如截斷豬腸。土人朝朝采之以爲菜，味清脆，在魚菜之間）云：

> 朝餐不意進龍蟲，入口居然脆且鬆。是植是潛都不辨，中無腸胃兩
> 端同。

筆者兒時常見村人捉龍蟲爲魚餌，不意清時澎民朝朝採之以爲菜餚。透過周凱詩方知此物原來是盤中美食，食之脆且鬆。詩如實記錄澎民生活，實爲最佳史料。

（四）龍蝨

周凱〈龍蝨〉（狀如蟾蜍而小。海風起則飛至，閩人以爲果品。去翅足食之，味如蝦米。內海亦有之）云：

> 赤足捫來恣大嚼，琵琶蟲向滄波躍。倘逢海客語瀛洲，箇箇當年王
> 景略〔註33〕。

龍蝨，陳懋仁《泉南雜志》載：「龍蝨，如牛糞上蟲，似黑而薄，劈食之，小有風味。」屠本畯《閩中海錯疏·介部》云：「龍蝨，似蟾蜍而小，黑色，兩翅六足，秋月暴風起，從海上飛來，落水田或池塘，海濱人撈取，油鹽製藏珍之。」林豪《澎湖廳志》載：「水龜　即龍蝨，可醃食。」澎湖龍蝨吃法與閩中相同，醃漬而食。周凱詩小註記載澎湖內海亦有龍蝨，牠的形狀，似蟾蜍而小；常見時期，在海風起時飛至；料理方式，先去翅足；品嘗味道如蝦米。從周凱的描繪，見清時澎民於海風起時，赤腳捉龍蝨大啖的樣貌。周凱將其打趣的比擬爲王景略捉蝨談天下事。當年是桓溫大驚，今則是周凱大驚。周凱一系列的詠澎湖物產，形、神兼具，活潑俏皮似竹枝詞，每首四句，詩後皆附詁釋，可作爲采風考。

康熙三十年（1691）任臺灣海防同知的齊體物，透過〈澎湖嶼〉抒發對澎湖美好的感受：

> 海外遙聞一島孤，好風經宿到澎湖。蜃含玉舌名西子，蚌吸冰輪養
> 綠珠。盪漾金波浮玳瑁，連環鐵網出珊瑚。登臨試問滄桑客，猶有
> 田橫義士無。

〔註33〕王景略（325～375），即王猛，十六國時期前秦著名政治家。字景略，北海劇（今壽光東南）人。出身貧寒，賣畚箕爲業。志向遠大，勤奮好學，熟讀兵書。桓溫攻長安時，曾捉蝨談天下事，令桓溫大驚，拜爲軍謀祭酒。

齊體物至臺任官，一帆風順的行經澎湖。順此而下，他筆下的澎湖是多采又多姿：美味的西子、產綠珠的蚌、浮現金波的玳瑁、鮮紅的珊瑚。「綠」、「金」、「珊瑚」紅，鮮豔的顏色展現熱帶海洋物產豐富，活力十足。詩藉由「遙聞」道出對澎湖的新奇感，今親臨其地，得以對應昔日耳中所聽說的海外孤島，新鮮與喜悅自不在話下。而他遙聞下的孤島，原來是個水產豐富的地方，這是齊體物泊澎湖時，對此地的總體觀感。看著水鄉，齊氏遙想歷史中的田橫，遂問：「登臨試問滄桑客，猶有田橫義士無。」對於《史記·田儋傳》所載追隨田橫的部屬，從主而殉，深表敬仰；再回顧今日，這樣的人還存在嗎？頗有言外之意。末句將澎湖與田橫聯結，托出澎湖如仙境的感受。

　　嘉慶十七年（1812）任澎湖通判的吳性誠有〈初到澎湖歌〉，詩中描繪澎湖諸多名物，其中云：「四面枕浩瀚，波濤溯洋聲。人家田是海，繒網夕陽桁。蟳蟻鬻海月，瑣管螺蛤蛭。瑤柱西施舌，鮭菜几案呈。龍腸龍蝨類，水族萬千縈。男女競採捕，蠹薨供餁烹。」〔註34〕為澎湖豐富的水產做最佳註腳。

　　鳥獸蟲魚是地理現象，也是經濟產業的基礎，與區域生活之形構，在地志編寫中別具意義。澎湖豐富的水產以及海錯，為文人帶來了繁複的感官經驗與新的味覺審美，這樣的變化反映在詩歌的創作中。描繪水產的形貌質性、海錯滋味，展現詩人深厚的自然觀察基礎。詩人常以「小序」為實錄，或區判物種，或簡釋物性、分布、生長環境，狀物形貌，應用，食用等，成為地方志重要文獻。林豪《澎湖廳志·物產》多處引用周凱詩作，如「鯊魚　周凱云：『鯊魚胎生，小魚子時入腹中，乳至大，不能入乃止。』」引自周凱〈胎魚〉小序；「醋鱉　周凱云：『堅白如石，背圓腹平，有旋紋如螺形，如小鱉，大不及指。蓋藏數年，投醋中，蠕蠕自能配合。』」引自周凱〈醋鱉〉小序；「石帆　周凱云：『枝柯細密，相粘如帆，土人以插瓶。』」引自周凱〈鐵樹枝〉小序。

　　作為澎湖特產的水產，一則因清纂修地方志，引起博物研究風尚，一則關乎民俗生活與地方經濟，在詩人的題詠中，往往帶有相當敘事性的散文色彩。〔註35〕如周凱〈龍占〉為林豪《澎湖廳志·物產》引用：「龍占　周凱詩：『占到澎湖魚第一，不知何意亦名龍。』」詩別具知識性意義，既不同於

〔註34〕此詩收於蔣鏞：《澎湖續編·藝文》，又載陳漢光《臺灣詩錄》。
〔註35〕這樣的書寫特色與宋代鱗介的題詠相似。

杜甫「物微意不淺，感動一沉吟」的詠物情懷，也不同於六朝「體物」的賦物傳統，反而是一種蘊含人文、地理與博物色彩，多元互涉的「誌物書寫」。〔註36〕

〔註36〕 參考陳素貞：〈宋代鱗介題詠中的自然觀察與書寫〉（成功大學中文系舉辦之演講 2011/03/05），頁 22。